中國佛教典籍選刊

宗鏡録校注

三

〔五代〕延壽 集
富世平 校注

中華書局

今故現在，而汝不知，勤苦憂惱，以求自活，甚爲癡也。汝今可以此寶貿易所須，常可如意，無所乏短。」〔二〕故知本覺常成，衣珠不失。若非圓頓之教，何以直了自心？

校注

〔一〕「日月」，嘉興藏本作「月日」。

〔二〕見妙法蓮華經卷四五百弟子受記品。此乃法華七喻之一，衣珠喻，用衣中的寶珠譬喻佛性。凡夫爲無明所覆，原本具有如來藏性而不自知。

故圓覺經云：「覺成就故，當知菩薩不與法縛，不求法脱，不猒生死，不愛涅槃，不敬持戒，不憎毁禁，不重久習，不輕未〔一〕學。何以故？一切覺故。」是知一切衆生，皆本覺成就。然因覺，有不以不覺故，認隨染之覺，見勝劣之境，起忻猒之心，但逐妄輪迴，頓迷真覺。若無真，妄無所依故。如煙，無火不起。

校注

〔一〕「未」，嘉興藏本及大方廣圓覺修多羅了義經作「初」。

又，覺因不覺，若隨器之金，還待器顯，事能顯理故。所以唯真不立，單妄不成。「唯真不立」者，佛果無生故；「單妄不成」者，無所依故。如先德頌云：「一切衆生金色界，白淨無垢智無壞。寶珠自在内衣中，只欲長貧在門外。清淨寶乘住四衢，文殊引導普賢扶。肥壯白牛甚多力，一念徧遊無卷舒。如是寶乘不肯入，但樂勤苦門前立。不覺自身常在中，遺上恒言我不及。」〔一〕華嚴經頌云：「欲求一切智，速成無上覺，應以淨妙心，修習菩提行。」〔二〕又頌云：「譬如良沃田，所種必滋長，如是淨心地，出生諸佛法。」

校注

〔一〕見李通玄撰新華嚴經論卷二四。

〔二〕見實叉難陀譯大方廣佛華嚴經卷二三。下一處引文同。

是知十方諸佛中，無有一佛不信此心成佛；二十八祖内，無有一祖不見此性成祖。如今聞而不成祖佛者，皆爲信不及見不諦故。但學其語，不照其心；但執其解，不深其法。何者？信即是道故。經云：「信是道原功德母。」〔一〕見即無疑故。經云：見苦〔二〕諦，習亦除〔三〕。何況現行心外境界？但入宗鏡，方悟前非。心光透時，餘瑕自盡。

校注

〔一〕見實叉難陀譯大方廣佛華嚴經卷一四。

〔二〕「苦」，原作「若」，據諸校本改。

〔三〕按，此非經文，而是對經意的概括。對「苦」能深知深信而必然無疑，就是「見苦諦」。「習」即習諦，又稱集諦、苦習諦等。增一阿含經卷一七：「彼云何名爲苦習諦？所謂習諦者，愛與欲相應，心恒染著，是謂名爲苦習諦。」「見苦諦，習亦除」者，謂見苦諦時，亦能見習諦。

華嚴出現品云：「佛子，菩薩摩訶薩應知自心念念常有佛成正覺。何以故？諸佛如來不離此心成正覺故。如自心，一切衆生心亦復如是，悉有如來成等正覺，廣大周偏，無處不有，不離不斷，無有休息，入不思議方便法門。」〔一〕

古釋云：不離此心成佛者有二：一、衆生身心即佛所證故，佛證衆生之體，用衆生之用；二、全即佛菩提性故，一性無異，此即他果在我之因，以我因成他果故，名入不思議方便法門。是以不得意者，作衆生思故，是亦不可。設〔二〕作佛思，是亦不可；即亦不可，非即亦不可。當淨智眼，無取諸情。經云：佛子，令依此知，無幽不盡〔三〕。

校注

〔一〕見實叉難陀譯大方廣佛華嚴經卷五二。

〔二〕「設」，諸校本作「説」。按，大方廣佛華嚴經疏作「設」。

〔三〕「古釋云」至此，詳見澄觀撰大方廣佛華嚴經疏卷五〇。

涅槃經云「二十五有有我」〔一〕者，自實名我，所謂一切諸法體實。一切衆生有如來藏，能爲佛因，名有佛性〔二〕。如一切色中，皆有空性。然非獨有情具如來之正性，一切諸法中，皆有安樂性〔三〕。所以云：「若以肉眼觀，無真不俗；若以法眼觀，無俗不真。」〔四〕又云：法身流轉五道，名曰衆生〔五〕。但法身即是真如，流轉五道即是隨緣，名曰衆生，是差別義〔六〕。

校注

〔一〕見大般涅槃經卷七，南本見卷八。二十五有：衆生輪迴生死之處。

〔二〕「自實名我」至此，出隋慧遠大般涅槃經義記卷三。

〔三〕大般涅槃經卷三：「一切諸法中，悉有安樂性。」吉藏仁王般若經疏卷上：「安樂性者，即涅槃之異名也。」澄觀述大方廣佛華嚴經隨疏演義鈔卷五六：「安樂性者，即涅槃性故。」

〔四〕見李通玄撰新華嚴經論卷一。

〔五〕無上依經卷上如來界品：「阿難，是如來界無量無邊，諸煩惱𣪍之所隱蔽，隨生死流漂没六道無始輪轉，我説名衆生界。」

〔六〕「法身即是真如」至此，見澄觀述大方廣佛華嚴經隨疏演義鈔卷七五。

又，由隨緣即不變故，奪差别令體空，則末寂也；由體空差别故，奪不變令隨緣，故本寂也。以全本爲末故，本便隱；全末爲本故，末便亡也。是則真如隨緣成衆生，未曾失於真體，故令衆生非衆生也；衆生體空即法身時，未曾無衆生故，非法身也，故二雙絶。二既互絶，則真妄平等，無可異也〔一〕。故云：隨緣非有之法身，恒不異事而成立；寂滅非無之衆生，常不異真而顯現〔二〕。故知煩惱即菩提，菩提即煩惱。

所以勝天王般若經云：「佛告勝天王言：譬如無價如意寶珠，粧〔三〕飾瑩治，皎潔可愛，體圓極浄，無有垢濁。墮在淤泥，已經多時，有人拾得，取而守護，不令墮落。法性亦爾，雖在煩惱，不爲所染，後復顯現。天王，諸佛如來悉知衆生自性清浄，客塵煩惱之所覆蔽，不入自性。是故菩薩摩訶薩行般若波羅蜜，應作是念：『我當勇猛勤修精進，爲諸衆生説是甚深般若波羅蜜，除其煩惱。一切衆生皆有性浄，是故於彼勿生下劣，應當尊重。彼即我師，如法恭敬。』菩薩摩訶薩作如是心，即生般若、闍那〔四〕、大悲。」〔五〕

處胎經云：魔、梵、釋、女，皆不捨身，不受身，悉於現身得成佛故。偈云：法性如大海，不説有是非。凡夫賢聖人，平等無高下。唯在心垢滅，取證如反掌〔六〕。

華手經云：「佛言：堅意，無礙際者，即無邊際；無邊際者，即是一切衆生性也，是名際門。入是際門，則能開演千億法藏。此法藏者，即非藏也。堅意，如來衆法藏中，有所説

法，皆説是際。復有色藏，受、想、行、識藏，是藏非藏，不在自藏，是名諸藏以阿字門入。」〔七〕

釋曰：「阿」字者，即無生義。若了心無生，則無法可得。悟此唯識，乃入道之初門。所以大品經云：無有一法可得，名曰衆生〔八〕。夫言衆生者，即法身義。如不增不減經言：「舍利弗，即此法身，過於恒沙無量煩惱所纏，從無始來，隨順世間生死濤波，去來生滅，名爲衆生。」

是知若云衆生即法身者，甚爲難解。故先德引大涅槃經云：「『若有人能藕中絲懸須彌山，可思議不？』『不也，世尊。』佛言：『菩薩能以一念稱量生死，不可思議。』今明圓理難曉，但仰信而已。如聞生死有不可思議理而但仰信，不能一心即如來藏，故非圓意。」〔九〕

文殊般若經云：「佛告文殊：『若人問汝：有幾衆生界，汝云何答？』文殊言：『衆生界數，如如來界。』問：『衆生界廣狹？』答：『如佛界廣狹。』問：『一切衆生，繫在何界？』答：『如如來繫，衆生亦爾。』問：『衆生界住何處？』答：『住涅槃界。』」〔一〇〕又云：「文殊言：『如虚空無數，衆生亦無數。虚空不可得，衆生亦不可得。』」

是以於不可得中，隨世語言，有所建立。凡聖境界方便説者，是不可思議廣大神變。如大寶積經云：「文殊師利菩薩云：『復次，法無出相，説出離法，是名神變。法無差別，文字分別，是名神變。法無所行，説有修行，是名神變。法無來去，説有來去，是名神變。於一道證，建立諸果，是名神變。於一味法，分别三乘，是名神變。一切諸佛，唯是一佛，説無量佛，是名神變。一切佛土，唯一佛土，説無量土，是名神變。無量衆生，即一衆生，説無量衆生，是名神變。一切佛法，唯一佛法，説無量法，是名神變。法不可示，顯示諸法，是名神變。法無所得，修習作證，是名神變。』

「乃至〔二〕爾時，長老舍利弗語賨主天子言：『汝聞此神變，不驚怖耶？』天子答言：『我即神變，云何驚怖？』舍利弗言：『天子，以何密意而作是言？』天曰：『一切諸法，若善不善，無動而動，名大神變。是故舍利弗，作善業者，生於天上，有大威德，如是善業，不可思議。一切衆生，往來生死，亦不可思議。不可思議者，名大神變。如佛所説，四種境界不可思議：一者、業境界不可思議，二者、龍境界不可思議，三者、禪境界不可思議，四者、佛境界不可思議。以是義故，説一切法名大神變，不應驚怖。復次，舍利弗，若如來説此神變，虚空界寧有怖耶？』答言：『不也。』天曰：『若虚空不怖，云何問言汝不驚怖？』舍利弗言：『汝豈同虚空耶？』天曰：『如佛所説：若内空、外空，是虚空不？』答言：『如是。』天曰：『是故一切衆生，是虚空性。』」〔三〕

是知若一切有情、無情皆同虚空性者，何處有凡聖之異？内外之殊？且虚空性無有起盡，何故更問成佛不成佛乎？

校注

〔一〕「由隨緣即不變故」至此，見澄觀述大方廣佛華嚴經隨疏演義鈔卷七五。

〔二〕澄觀撰大方廣佛華嚴經疏卷八：「三乘亦有差別，亦無差別。衆生寂滅即是法身，法身隨緣即是衆生故。寂滅非無之衆生，恒不異真而成立；隨緣非有之法身，恒不異事而顯現。是故染浄三世一切諸法，無不平等。」

〔三〕「粧」，諸校本及勝天王般若波羅蜜經作「裝」。按，「粧」爲「妝」的異體。説文卷一二女部：「妝，飾也。」卷八衣部：「裝，裹也。」段注：「束其外曰裝。」

〔四〕闍那：意譯「智」。翻梵語卷五外道名：「闍那，應云『若那』，譯曰『智』也。」慧琳一切經音義卷二六：「毗婆舍那，亦云『闍那』，亦云『若那』，此云『惠』也，『觀』也，或云『見』也。」卷二一：「毘鉢舍那，此云『種種觀察』，謂正慧決擇也。」

〔五〕見勝天王般若波羅蜜經卷三法性品。

〔六〕詳見菩薩處胎經卷四諸佛行齊無差別品。按，此處引文，據智顗説妙法蓮華經文句卷八釋提婆達多品。

〔七〕見華手經卷一〇法門品。

〔八〕摩訶般若波羅蜜經卷二四四攝品：「菩薩摩訶薩爲衆生説法，亦不得衆生及一切法，一切法不可得故。」

〔九〕見湛然法華玄義釋籤卷七。「大涅槃經云」者，見大般涅槃經卷一八。

〔一〇〕見文殊師利所説般若波羅蜜經。下一處引文同。

〔一一〕乃至：表示引文中間有删略。

〔一二〕見大寶積經卷八六。

入法界體性經云：「佛問文殊：『汝知法界耶？』『如是，世尊，我知法界即是我界。』又問：『汝豈不樂法界耶？』文殊曰：『世尊，我不見一法非法界者，更何所樂？』」

持世經云：「若世間法與出世間法異者，諸佛不出於世也。」〔一〕何者？以覺一切法平等，故名爲佛。

校注

〔一〕見持世經卷四世間出世間品。

大集經云：「諸衆生界及法界，若能平等觀無異，不生分别一二數，是名菩薩不退印。」〔一〕又云：「若有菩薩不離凡夫，能知聖法，以凡夫心觀察聖法。」〔二〕

校注

〔一〕見大方等大集經卷六。

〔二〕 見大方等大集經卷七。

密嚴經云：如來法身住於一切衆生身中，光影外現，猶如浄綵裹摩尼珠，無所障蔽，亦復如是。是故當知如來法身，徧在一切諸衆生中，如佛所説。乃至枯樹、蕉〔一〕木，亦悉皆入，不應生害，況復餘類？是故不應稱量衆生，除諸如來，無能知者〔二〕。

校注

〔一〕「蕉」，嘉興藏本及入大乘論引，皆作「焦」。「蕉」，通「焦」。

〔二〕「密嚴經云」至此，見道泰等譯入大乘論卷下順修諸行品。按，密嚴經，有地婆訶羅和不空兩譯，皆未見此説。「密嚴經云」，入大乘論作「密藏經中説」。唐栖復集法華經玄贊要集卷三四法師功德品：「經言『悉於中現』者，問：何故持經者身浄境現其中？答：大論云：如密藏經中説，如來法身住於一切衆生身中，光影外現，猶如浄綵裹摩尼珠，無相障蔽，色不礙空也。」此密藏經，當無漢譯本。

是以諸佛法身，徧一切處。夫法身者，即自心也。是法家之身，群有之性，該今徹古，徧界盈空。十方太虚，於自心内尚如一點之雲生；百千大海，向本覺中猶若一滴之漚起。豈況假名凡聖而非我心乎？

台教云：佛者，覺義。如寶篋經云：佛界、衆生界，一界無別界〔一〕。此是圓智，圓覺諸法。徧一切處，無不明了。雖五無間〔二〕，皆生解脱想。雖惛盲倒惑，其理存焉。斯理灼然，世間常住，有佛不能益，無佛不能損。得之不爲高，失之不爲下。故言衆生即佛，此理佛也〔三〕。

校注

〔一〕大方廣寶篋經卷中：「衆生界、法界、虚空界，等無有二，無有别異。」

〔二〕五無間：八大地獄中的第八阿鼻地獄，有五種無間故。翻譯名義集卷二地獄篇：「阿鼻，此云『無間』。觀佛三昧經云：『「阿」言「無」，「鼻」言「救」』。成論明五無間：一、趣果無間，捨身生報故。二、受苦無間，中無樂故。三、時無間，定一劫故。四、命無間，中不絶故。五、形無間，如阿鼻相，縱廣八萬由旬，一人多人，皆遍滿故。」

〔三〕「台教云」至此，詳見智顗觀無量壽佛經疏。

華嚴論云：「一切處文殊師利，一切處金色世界，一切處不動智佛，今之信者，當信自心無依住性妙慧解脱，是自文殊。於心無依住中，無性妙理，有自在分别，無性可動，名不動智佛。理智無二，妙用自在，是故號曰妙德菩薩。是故一切諸佛，從此信生，故號文殊爲十方諸佛之母，亦號文殊爲童子菩薩，爲皆以信爲初生故。信心成就，即以定慧觀智力印之，契一念相應，名十住初心，便成正覺。取能行行處，號曰普賢。取妙慧無依處，號曰妙德。取善能分別知根之智，號之爲不動智佛。自契相應，名爲正覺。且能信處，號之曰信。自契相應，名爲住心，爲住佛所住妙慧解脱相，盡無生法故。若心外有佛，不名信心，名爲邪見人也。一切諸佛皆同自心，一切衆生皆同自性，性無依故，體無差别，智慧一性，應如是知。以此同體妙慧，知諸佛心及衆生心，應如是信解，不自欺誑。是故此經宗趣，爲大心衆生設〔一〕如斯法，諸佛自所乘門，一乘妙典，法界道理，令大心衆生入佛根本大智佛果故，一念契真，理智同現。即便佛故，爲法界道理，見則無初、中、後故。」〔二〕

是以世人唯信諸佛境界不可思議，不知衆生境界亦不可思議，以衆生界即佛界故。如論云「一切處不動智佛」者，夫一切之言，無處不偏，豈獨衆生界耶？所以華嚴私記〔三〕云：今多許人學，皆得與釋尊等，亦與文殊等，一念即等。若不信，始作少時努力，静思惟看。故知一念平等，理事無差，但静思凝神，迴光内照，有何異法能爲隔越？唯自心想起，妄分高下耳。

清涼疏云：「佛及衆生，若以性浄而説，現今平等而不妨迷、悟之殊。是故三乘亦有差别，亦無差别。是則染、浄三世一切諸法，無不平等，況稱性互收？如是解者，名爲善住一

切智地。如地能生，終歸於地，萬法依於佛智究竟，還至一切智。」〔四〕

校注

〔一〕「設」，嘉興藏本作「説」。按，新華嚴經論作「設」。

〔二〕見李通玄撰新華嚴經論卷八。

〔三〕按，日圓珍福州温州台州求得經律論疏記外書等目録，著録「華嚴經私記兩卷」，子注曰：「上、下，牛頭。」牛頭，即法融，傳見續高僧傳卷二一唐潤州牛頭沙門釋法融傳。印順中國禪宗史云：「宗鏡録引用了淨名經私記（五則）、華嚴經私記（四則）、法華名相（一則）。牛頭而講經的，似乎只是法融，後來者都偏重於禪，所以注明『牛頭』的，不是法融著作，就是學者所記而傳下來的。」（見印順中國禪宗史，第一一〇頁）

〔四〕見澄觀撰大方廣佛華嚴經疏卷八。

寶性論偈云：「譬如貧人舍，地有珍寶藏，彼人不能知，寶又不能言。衆生亦如是，於自心舍中，有不可思議，無盡法寶藏。雖有此寶藏，不能自覺知，以不覺知故，受生死貧苦。譬如珍寶藏，在彼貧人宅，人不言我貧，寶不言在此。如是法寶藏，在衆生心中，衆生如貧人，佛性如寶藏。爲欲令衆生，得此珍寶故，彼諸佛如來，出現於世間。」〔一〕

校注

〔一〕見究竟一乘寶性論卷一無量煩惱所纏品。

無生義〔二〕云：大師恒引如來藏經，言衆生身中有佛三十二相、八十種好，坐寶蓮華，與佛無異，但爲煩惱所覆故，未能得用。此是具有佛知見根性，未有知見用，即時猶故愚。乃至譬如小兒，具有大人六根，與大人不異，在其身中而未能有大人用。至漸長大，復須學問，乃有大人知見力用也。若根性是有，作用豈無？如種子本甘，結果非苦。只恐不知有，自認作凡夫。真性常了然，未曾暫隱覆。如佛言：「如來實無秘藏。何以故？如秋滿月，處空顯露，清淨無翳，人皆覩見。」〔三〕

校注

〔二〕無生義：據智證大師將來目録，二卷（傳教大師將來越州録中著録爲一卷），注云佛窟撰。佛窟，即釋遺則，或作惟則，牛頭慧忠法嗣。傳見宋高僧傳卷一〇唐天台山佛窟巖遺則傳。詳見本書卷四注。

〔三〕見大般涅槃經卷五。

又，祖師云：「五陰本來空，師子何曾在窟？」〔一〕故知但是衆生不了，自稱爲秘。然雖無秘藏，而有密語。密語難解，唯智能知。如百丈和尚云：只如今語言，鑒照分明，覓其形相不可得，是密語。所以宗鏡之光，無時不照，常關日用，昧者不知。所以無所希望經偈云：「衆生界悉等，平若虚空界，其能了此等，成佛道不難。」又偈云：「其無所相者，一切無所念，無心無所生，佛道不難得。」〔二〕

校　注

〔一〕據古尊宿語録卷一二池州南泉普願禪師語要：「如來藏實不覆藏，師子何曾在窟？五陰本空，何曾有處所？」此祖師者，或即南泉和尚普願。

〔二〕見無所希望經。

月藏經云：「佛言：是故於法平等，思惟觀察，不離衆生有法，不離法有衆生，如衆生體性即是我體性，如我體性即是一切法體性，如一切法體性即是佛法體性。如是觀諸法平等時，衆生即陰不可得，離陰不可得，和合不可得，離和合亦不可得，非法非非法。是人如是得住無相，是名法平等。」〔一〕

是知一切法常成正覺，無有不成正覺時。如經云：「凡真實法，不捨自相，取於餘相。若捨非正覺成等正覺，則非真實。正覺者，曾無有時不成正覺。」〔二〕

校注

〔一〕見大方等大集經卷五〇。按，開元釋教録卷一一著録大方等大集經三十卷，其中有云：「月藏經是第十二分。」子注云：「或有經本題云大乘大集經月藏分第十二。經初又云：化諸龍衆，説日藏經已，次説此經。」月藏分，見今六十卷大方等大集經之卷四六至卷五六。

〔二〕見玄奘譯佛地經論卷四。

故知一切衆生皆住覺地，非是捨不覺而取正覺。則一覺一切覺，常成正覺，無有不覺時。如虛空湛然，無有成壞。若執有成不成，斯屬情見。若以智照，何往不真？念念而常見法身，塵塵而盡成佛國。但以自眼有瞖，妙見不通，違背己靈，沉溺家寶，雖同一性，要以智明。如樂蘊奇音，指妙則宮、商應節；人懷覺性，智巧則動、用冥真。得失在人，精麁任己。所以善逝按指，發海印之光；含識舉心，現塵勞之相〔一〕。如古釋衆生佛性，譬若箜篌〔二〕，具有五義：一、有箜篌身，二、有中間聲，三、有絃緺，四、有彈箜篌人，五、有所彈得曲。此五是喻我等五陰似箜篌；身中真如佛性似聲；六度萬行似絃緺；巧便智慧似彈箜篌人；我等以巧便智修行六度，當來成佛，一塵一毛，皆徧法界，似彈奏之曲也。

校注

〔一〕大佛頂如來密因修證了義諸菩薩萬行首楞嚴經卷四：佛告富樓那，「譬如琴瑟、箜篌、琵琶，雖有妙音，若無妙指，終不能發。汝與衆生，亦復如是，寶覺真心，各各圓滿。如我按指，海印發光；汝暫舉心，塵勞先起。由不勤求無上覺道，愛念小乘，得少爲足。」善逝，佛十號之一。含識，即衆生。

〔三〕摩訶般若波羅蜜經卷二七法尚品：「譬如箜篌聲，出時無來處，滅時無去處。衆緣和合故生，有槽有頸，有皮有弦，有柱有棍，有人以手鼓之。衆緣和合而有是聲，是聲亦不從槽出，不從頸出，不從皮出，不從弦出，不從棍出，亦不從人手出。衆緣和合爾乃有聲，是因緣離時亦無去處。善男子，諸佛身亦如是，從無量功德因緣生，不從一因一緣一功德生。亦不無因緣有，衆緣和合故有。」龍樹造、鳩摩羅什譯大智度論卷九九：「復有箜篌譬喻，有槽、有頸、有皮、有絃、有棍，有人以手鼓之，衆緣和合而有聲。如聲亦不在衆緣中，離衆緣亦無聲，以因緣和合故有聲可聞。諸佛身亦如是，六波羅蜜及方便力，衆因緣和合邊生。佛身不在六波羅蜜等法中，亦不離六波羅蜜等法。」

故沈休文佛知不異衆生知義云：「故知凡夫之知，與佛之知不異。由於所知之事異，知不異也。」〔一〕沈約六道相續作佛義云：「相續不滅，所以能受知。若今生陶練之功漸積，則來果所識之理轉精，轉精之知來應，以至於佛而不斷不鍊也。若今生無明，則來果所識轉闇，轉闇之知亦來應，以至於六趣也。」〔二〕故知衆生之識，相續不斷，但由精麁分其昇降耳。

校注

〔一〕出沈休文佛知不異衆生知義，見廣弘明集卷二二。沈約，字休文。

〔二〕出沈約六道相續作佛義，見廣弘明集卷二二。

又，古師計云：一切如來因地發願，度盡衆生，生界不盡，不取正覺。現見衆生沉淪九有，故知諸佛未合有成，成則違誓，彼答不正。華嚴記中，約如實義釋，諸佛皆有悲、智二門：以大悲故，窮未來際無成佛時，故菩薩、闡提不成佛也；以大智故，念念速成。又欲化盡諸衆生界，自須速成，方能廣化，不懼違昔，盡竟誠言。又了衆生之本如故，化而無化，是則常成亦常不成，亦常化而常無化，悲、智自在，何局執耶〔一〕？

校注

〔一〕澄觀述大方廣佛華嚴經隨疏演義鈔卷三八：「疏『現在生界未盡』下，辨現在無佛義。此師計云：一切如來因地發願，度盡衆生，生界不盡，不取正覺。現見衆生沈淪九有，故知諸佛未合有成，成則違誓。從今有佛者，下通妨難。難云：若爾，今十方世界諸佛出現，何得言無？答云：皆是菩薩應成佛耳。此師之計，最爲孟浪，謗無諸佛，理實難容。若爾，云何通於違誓之義？古有多釋。一云：本擬度生，未期成佛，積行淳著，行催自成。如撥火杖，本欲燒草，不欲燒杖，撥草既多，任運燒盡。故三論師詺爲不自在佛，不欲成佛而自成故。有云：成佛若不化生，可違本誓。成竟亦化衆生，豈違本誓？難云：化生之義，雖許得存，盡竟方成，其義何在？豈得不違？如實義者，諸佛皆有悲、智二門：以大悲故，窮未來際，無成佛時，故菩薩、闡提不成佛也；以大智故，念念速成。又欲化盡諸衆生界，自須速成，方能廣化，不懼違誓，盡竟成言。又了衆生之本如故，化而無化，是則常成亦常不成，亦常化生而常無化，悲智自在，何局執耶？此乃傍來亦是人情好難問故。今許三世皆悉有佛，故下結云：謬説爲無，正説爲有。」

如上釋者，此猶是約理事雙通。若直就宗明，如華嚴經云：如來初成正覺時，於自身中見一切衆生已成佛竟，已涅槃竟〔一〕。又經云：「爾時，世尊復依一切住持藏法如來之相，爲菩薩宣説般若一切有情住持徧滿甚深理趣勝藏法門，謂一切有情皆如來藏，普賢菩薩自體徧故；一切衆生皆金剛藏，以金剛藏所灌灑故；一切衆生皆正法藏，一切皆依正語轉故；一切衆生皆妙業藏，一切事業加行依故。」〔二〕法華經云：「舍利弗當知，我本立誓願，欲令一切衆，如我等無異。如我昔所願，今者已滿足，化一切衆生，皆令入佛道。」〔三〕斯則成佛度生，大願大化悉圓滿矣。如有不信此説，自尚未成，焉能度彼？

校注

〔一〕實叉難陀譯大方廣佛華嚴經卷五二：「如來成正覺時，於其身中普見一切衆生成正覺，乃至普見一切衆生入涅槃，皆同一性，所謂無性。」

〔二〕見大般若波羅蜜多經卷五七八。

〔三〕見妙法蓮華經卷一方便品。

問：衆生即佛，佛即衆生，入一心門，因果交徹。故經云：「若彌勒得菩提者，一切衆生皆亦應得。」〔一〕此俱成佛得菩提義，爲是理成？爲是事成？

答：三乘多約理成，或云法身即等，報化未圓；亦云一念成佛，皆從理説。今一乘宗，理事齊等。古德云：「此出自華嚴大意，難以取解。然諸衆生若於人天位中觀之，具足人、法二我。小乘唯是五藴實法。大乘或説但心所現；或説幻有即空，人、法俱遣；或説唯如來藏，具恒沙性德故。衆生即在纏法身，法身、衆生，義一名異，猶據理説。更有説言：相本自盡，性本自現，不可説言即佛不即佛等。若依華嚴宗，舊來成竟，亦涅槃竟，非約同體，此成即是彼成。若尔，何以現有衆生非即佛耶？若就衆生見解位看者，尚不見唯心即空，安見圓教中事？如迷東爲西，正執西故。若諸情頓破，則法界圓現，無不已成，猶彼悟人，西處全東。」〔二〕

是以善財、龍女，皆是凡夫，一生親證〔三〕。三乘權教，信不及人，稱爲示現〔四〕。如玄義格〔五〕云：人謂善財、龍女是法身菩薩〔六〕，化爲幻技，一時悦凡人，令自强不息耳。議曰：若爾，聖有誑凡之愆，凡無即聖之分，教門徒設，用學何爲？故不然也。

校注

〔一〕見維摩詰所説經卷上菩薩品。

〔二〕見澄觀撰大方廣佛華嚴經疏卷五〇。

〔三〕善財：徧參諸善知識，皆獲開示修行法門，乃至最後參見普賢，令其入於毛孔刹中，修行菩薩廣大願因，圓滿諸佛無上道果。詳見大方廣佛華嚴經入法界品。龍女：依文殊化導，八歲成佛。妙法法華經卷四提婆達多品：「當時衆會皆見龍女忽然之間變成男子，具菩薩行，即往南方無垢世界，坐寶蓮華，成等正覺，三十二相、八十種好，普爲十方一切衆生演説妙法。」

〔四〕示現：佛菩薩應衆生機緣而化現的種種身相。

〔五〕玄義格：不詳。按，「玄義格云」者，宗鏡録此處之外，卷二三尚有二處，然皆不見他書。

〔六〕法身菩薩：又稱法性生身菩薩、法身大士，指已證無生法性，脱離生死肉身，但還受不思議變易生死的菩薩。龍樹造、鳩摩羅什譯大智度論卷三八：「法身菩薩斷結使，得六神通，生身菩薩不斷結使，或離欲得五神通。」卷七四：「菩薩有二種：一者、生死肉身，二者、法性生身。得無生忍法，斷諸煩惱，捨是身後，得法性生身。」

問：若是實從凡頓成佛者，何故經中唯此二人，别更無耶？

答：日月在天，盲者不見。經説一生成佛者，數如微塵，五千卷經，卷卷有即生得道。只如達磨禪師，傳佛心印，言下見性，便爲得道。取相之徒，指爲外道。論云：金色世界不動智佛、一切處文殊，俱是自心法性，非外來物〔一〕。又云：十信、十住、十行、十向、十地〔二〕，爲華嚴覺了自心；大方廣是佛先自見性，爲佛身心；齊修五位，爲莊飾也。亦同天台，初發心時，即觀涅槃行道〔三〕。比喻蓮華華、果同時義〔四〕，同印即心成佛。

校注

〔一〕按，李通玄撰新華嚴經論卷一〇：「一切處金色世界、寶色世界，即明自心法性是金色白淨無染，名爲所居世界。不動智佛即是自心，於無性理中，分别之智本來無動。」與此「論云」相近，然結合後文「又云」，此「論」恐非新華嚴經論。

〔二〕十信：菩薩修行中的最初十位，從凡入聖，必以信爲先導，具體謂信心、念心、精進心、慧心、定心、不退心、護法心、迴向心、戒心、願心。　十住：得信後進而住於佛地之位，依次爲發心住、治地住、修行住、生貴住、方便具足住、正心住、不退住、童真住、法王子住、灌頂住。　十行：由前十住進修功滿，自得己利，而利他之行未成，是故廣行饒益，隨順衆生，令其歡喜，然行有淺深，故始自歡喜，終至真實，而成十種，具體爲歡喜行、饒益行、無瞋恨行、無盡行、離癡亂行、善現行、無著行、尊重行、善法行、真實行。　十向：即十回向，謂救一切衆生離衆生相回向、不壞回向、等一切佛回向、至一切處回向、無盡功德藏回向、隨順平等善根回向、隨順等觀一切衆生回向、真如相回向、無縛解脱回向、法界無量回向。回即回轉，向即趣向，謂起大悲之心，救度衆生回轉十行之善，向於三處：一、真如實際是所證，二、無上菩提是所求，三、一切衆生是所度。十地：菩薩依次證得的十種境界，具體謂歡喜地、離垢地、發光地、焰慧地、難勝地、現前地、遠行地、不動地、善慧地、法雲地。

〔三〕詳見智顗説妙法蓮華經玄義卷四下等。涅槃行道，即趣向涅槃之道。摩訶止觀卷三上：「大論云：菩薩從初發心常觀涅槃行道。」大智度論卷三五：「菩薩亦如是，從初發心，常行六波羅蜜乃至十八不共法，爲度衆生，無有懈息，除不善冷，乾竭五欲泥，破愚癡無明，教導修善業，令各得所。」

〔四〕蓮華華、果同時：世間諸花，皆先花而後果，唯蓮華華果同時，果即蓮實。

鴦崛魔羅經云：「鴦崛魔羅與文殊師利普詣十方各十世界諸如來所，問如是義：云何釋迦牟尼佛住娑婆世界〔一〕，不般涅槃解脱之際？彼諸如來悉答我言：釋迦牟尼佛即我等身，彼佛自當決汝所疑。」〔二〕故知徧刹之身，只是一身，分亦不多，聚亦非一。

如首楞嚴三昧經云：「若善男子、善女人求佛道者，聞首楞嚴三昧義趣，信解不疑，當知是人必於佛道不復退轉，何況信已受持、讀誦、爲他人説、如説修行？時諸釋、梵、護世天王皆作是念：『我等今者，當爲如來敷師子座、正法座、大〔三〕人座、大莊嚴座、大轉法輪座，當令如來於我此座説首楞嚴三昧。』是中人人各各自謂：『唯我爲佛敷師子座，餘人不能。』乃至〔四〕須臾之間，於如來前有八萬四千億那由他寶師子座，悉於衆會無所妨礙。一一天子，不見餘座，各作是念：『我獨爲佛敷師子座，佛當於我所敷座上説首楞嚴三昧。』時釋、梵、護世天王敷座已竟，各白佛言：『唯願如來坐我座上，説首楞嚴三昧。』即時世尊現大神力，徧坐八萬四千億那由他師子座上。諸天各各見佛坐其所敷座上，不見餘座。有一帝釋語餘釋言：『汝觀如來坐我座上。』是釋、梵、護世天王各相謂言：『汝觀如來坐我座上。』有一釋言：『如來今者但在我座，不在汝座。』

「乃至時梵衆中，有一梵王，名曰等行，白佛言：『世尊，何等如來爲是真實？我座上是？餘座上是？』佛告等行：『一切諸法，皆空如幻，從和合有，無有作者，皆從憶想分別而起，無有主故，隨意而出，是諸如來皆是真實。云何爲實？是諸如來本自不生，是故爲實。是諸如來今後亦無，是故爲實。是諸如來非四大〔五〕攝，是故爲實。諸陰、界、入皆所不攝，是故爲實。是諸如來，如先、中、後等無差别，是故爲實。梵王，是諸如來，等無差别。所以者何？是諸如來以色如故等，以受、想、行、識如故等，以是故等。是諸如來，以過去世如故等，以未來世如故等，以現在世如故等，以如幻法故等，以如影法故等，以無所有法故等，以無所從來無所從去故等，是故如來名爲平等。如一切法等，是諸如來亦復如是。』」〔六〕

釋曰：首楞嚴三昧者，即一切事究竟堅固〔七〕。何者？以能見心性，名爲上定。信入此者，亦名王三昧。以此三昧歷一切事，豈非究竟堅固耶？如釋、梵、護世諸天，各見佛坐自座，此乃實證自心。所以經云「皆從憶想分別而起，無有主故，隨意而出，是諸如來皆是真實。云何爲實？是諸如來本自不生，是故爲實」者，以諸如來本自不生，即是自心生。然其自心，又如幻夢，皆不出平等真如之性，所以經云：「譬如真金，雖復鍛磨，不失其性。是諸大士，亦復如是，隨所試處，皆能示現不思議法性。」〔八〕

校注

〔一〕娑婆世界：釋迦牟尼佛所教化的世界，也就是我們所居住的世界。娑婆，又作「沙訶」「娑呵」「索訶」等，意譯「堪忍」「能忍」「忍土」等。悲華經卷五：「何因緣故，名曰娑婆？是諸衆生忍受三毒及諸煩惱，是故彼界名曰忍土。」智顗説妙法蓮華經文句卷二下：「娑婆，此翻『忍』，其土衆生安於十惡，不肯出離，從人名土，故稱爲忍。」

〔二〕見央掘魔羅經卷三。

〔三〕「大」，諸校本作「天」。按，經中作「大」。

〔四〕乃至：表示引文中間有删略。下一「乃至」同。

〔五〕「大」，原作「天」，據諸校本及首楞嚴三昧經改。四大，即地、水、火、風。

〔六〕見首楞嚴三昧經卷上。

〔七〕大般涅槃經卷二七：「首楞者，名一切畢竟；嚴者，名堅。一切畢竟而得堅固，名首楞嚴。」慧琳一切經音義卷二六：「首楞嚴三昧，此云『勇健定』也。此經中自釋云：首楞嚴者，於一切事究竟堅固也。」

〔八〕見首楞嚴三昧經卷下。

寶性論偈云：「如彼毗瑠璃〔一〕，清淨大地中，天主帝釋身，於中鏡像現。如是衆生心，清淨大地中，諸佛如來身，於中鏡像現。」〔二〕

故知即心而見佛者，可謂現身成道矣。如禪要經云：「佛言：善男子，若外相求，雖經劫數，終不能得。於内覺觀，如一念頃，即得阿耨多羅三藐三菩提。」〔三〕是以行、位齊成，速登妙果，以凡聖同體，迷悟似分，若信入之時，不從外得。所以云：生死與道合，如明與暗合〔四〕。故云：「水中鹹味，色裏膠青。」〔五〕

校注

〔一〕毗瑠璃：即瑠璃。四分律名義標識卷一九：「毗瑠璃，毗，或作『吠』，或無『毗』字；瑠，或作『琉』。古字但作『流離』，後人加其玉。原是梵語，何勞加玉？此翻爲『青色寶』，亦翻『不遠』，謂天竺有山，去波羅奈城不遠，山出此寶，因以爲名也。或云『紺瑠璃』，紺者，謂青而含赤色也。」

〔二〕見究竟一乘寶性論卷一。

〔三〕按，此説見佛説禪門經。此禪要經者，即禪門經。詳見本書卷二注。

〔四〕菩薩瓔珞經卷二四三界品：「闇者常在，無所歸趣，明亦如是，與闇共合。當觀此義，生死與道合，道則是生死。」

〔五〕見傅大士心王銘。心王銘，佛祖歷代通載卷九、釋氏稽古略卷二等皆有收録，亦見載於善慧大士語録卷末附傅大士傳中。

李長者論云：「此華嚴經，十住爲見道，十行、十向、十地、十一地爲加行，修行令慣熟故。佛果於初，先現以普賢悲願，令智悲大用，慣熟自在故，以自如來根本普光明智先現故，始終本末揔無延促時日分劑故，以法身根本智如實而言，不同三乘權教情所解故，皆須約本而觀之。畢竟佛果慣習已成，普賢行已滿，一往但以教化一切衆生爲常恒。從初至末，無始無終，無成無壞，但以普徧十方一切六道，以智對現利生爲永業也。從初發心起信修行時，發如是信樂，發如是志願，起如是志求，見如是道。從初發心住，以定觀力，契會法身，顯根本普光明智，照知一切自他生死海，性自解脱。但爲教化衆生，令其破執，離妄想苦故，亦不見自身成佛不成佛故。若也起心啚成佛念，當知此人去佛道遠。若也但以法身無性之力，自他性離，無成壞心，起方便力，興大願力，起大悲門，無作而作，發無限志願，教化一切法界中無性衆生，使令迷解，還令省得自心無性之理，妄想繫著自無，不言成佛，不言不成佛，不可作如是啚念之情。如此華嚴經，安立五位教門，但爲引接未得謂得，未至謂至，未滿云滿，滯染淨障，於菩提道及菩薩行，有止足心，有休息想，安立五十重因果、一百一十重法門，使不滯住、止息休廢之心，滿普賢願行，至無盡極。」〔一〕

又云：「此華嚴經，直示本身本法，出超情見，無始無終，三世相絶，一圓真報，不生不滅，不常不斷，性相無礙，自在果海法門，直授上上根人，教門行相，勢分如是，不同權學，依次第漸漸而成。只如登峰九仞，不可以絶其蹤。履十層之級者，不可亡其跡。常見官階一品，但以爲臣。聞古士夫忽有身登九五，明珠頓照，普見無方，澤霖大海，渧渧皆滿，一塵空性，法界無差。品類有情，强生留繫。根器不等，權實不同。以此教門，千差萬别，須知權實，識假修真，不可久滯權宗，迷其實教者也。」

校注

〔一〕見李通玄撰新華嚴經論卷三六。下一處引文同。

故智儼法師問：「一地即攝一切諸地功德者，一法即具，何用餘門耶？」

「答曰：若無餘門，一門即不成故。如一升攝一斗，若無升時，此斗即不成。」

「問：若無升即無斗者，今舉一升，即得一斗。以不得一升不得斗者，一行不具一切也？

「答：十升合成一斗。既無其升時，將何作斗？故知無升即無斗，有升即有斗。今舉升即斗，斗升之外，無别升斗也。如龜毛兔角，不可得也。初心即成佛，成外無别修，其相如虚空故。是故初心成佛者，非謂不具諸功德。如經説普莊嚴童子，一生得聞善熏習，二生成其解行，三生得入果海〔二〕。同一緣起，而此三生只在一念。猶如遠行，到在初步。然此初步之到，非謂無於後步，明此童子得入果海，非不久植善根。

「問：既久修始得，云何言一念得耶？

「答：言久修善根者，即在三乘教攝。從三乘入一乘，即是一念始修具足。故經云：『初發心時，便成正覺。』〔三〕譬衆川入海，纔入一滴，即稱周大海，無始無終。若餘百川水之極深，不及入大海之一滴，即用三乘中修多劫，不及一乘之一念。』〔三〕

校注

〔一〕參見佛陀跋陀羅譯大方廣佛華嚴經卷四。

〔二〕見佛陀跋陀羅譯大方廣佛華嚴經卷八。

〔三〕見智儼撰華嚴一乘十玄門（此書釋智儼撰，據題署「承杜順和尚説」）。智儼，傳見法藏撰華嚴經傳記卷三唐終南山至相寺釋智儼。又，續高僧傳卷二六唐雍州義善寺釋法順傳有附傳。

又，此時劫不定，或一念即無量劫，無量劫即一念，一生即無量生，無量生即一生，如十玄門，時處無礙。

又，「大乘明一念成佛義有二：一者、會緣以入實，性無多少故，明一念成佛；二者、行纔滿，取最後念，名爲一念成佛。如人遠行，以後步爲到。若一乘明一念成佛者，如大乘取後一念成佛，即入一乘。以後即初，初念即是成。何以故？以因果相即，同時相應故。欲論其成者，成復成，成復成也。衆生欲在後成者，在後復在後，在後復在後也。今舉一念成者，即與佛同位，未具究竟故，復有淺深之殊矣。如人始出門及以久遊行他土，雖同在空中，而遠近有別。是故十信、十住等五位各各言成佛者，而復辯其淺深，此中須善思之」〔一〕。

校注

〔一〕見智儼撰華嚴一乘十玄門。

心要牋云：「心心作佛，無一心而非佛心；處處道成，無一塵而非佛國。是故真妄、物我，舉一全收；心、佛、衆生，渾然齊致。是知迷則人隨於法，法〔一〕萬差而人不同；悟則法隨於人，人〔二〕一致而融萬境。」〔三〕

校注

〔一〕「法」，華嚴心要法門注作「法法」。

〔二〕「人」，華嚴心要法門注作「人人」。

〔三〕見澄觀撰、宗密述華嚴心要法門注。方廣錩先生整理注心要法門，收入藏外佛經文獻第七輯。又，景德傳燈録卷三〇載五臺山鎮國大師澄觀答皇太子問心要。

止觀云：觀衆生相如諸佛相，衆生界量如諸佛界量，衆生界住如虚空住，以不住法、以無相法住般若中，不見凡法云何捨？不見聖法云何取？但住實際，如此觀衆生真佛法界〔一〕。身子云：「諦了此義，是名菩薩摩訶薩。」彌勒云：「是人近佛座，佛覺此法故。」文殊云：「聞此法不驚，即是見佛。」佛云：「即住不退地，具六波羅蜜，具一切佛法矣。」〔二〕

校注

〔一〕智顗説、灌頂記摩訶止觀卷二上：「觀衆生相如諸佛相，衆生界量如諸佛界量，諸佛界量不可思議，衆生界量亦不可思議。衆生界住如虚空住，以不住法、以無相法住般若中，不見凡法云何捨？不見聖法云何取？生死涅槃垢净亦如是，不捨不取，但住實際。如此觀衆生真佛法界，觀貪欲瞋癡諸煩惱，恒是寂滅行，是無動行，非生死法，非涅槃法，不捨諸見，不捨無爲，而修佛道，非修道非不修道，是名正住煩惱法界也。」

〔二〕詳見智顗說、灌頂記摩訶止觀卷二上。湛然述止觀輔行傳弘决卷二之一：「近佛座者，座謂所依，依於實理，聞此法者，近於實理，故云近座。佛爲能覺，法爲所覺，近佛所覺，名近佛座。」

如上所説，教理無虧，只是正解難生，信力不具。若信而不解，則日夜長無明；若解而不信，則日夜長邪見。信而且解，方契此宗。契此宗人，甚爲希有，不唯十方諸佛與我相應，大地山河一時同證。如真覺大師謌云：「法中王，最高勝，恒沙諸佛同共證。我今解此如意珠，信受之者皆相應。」〔一〕

校注

〔一〕見永嘉證道歌。

百丈和尚云：「但是一切照用，任聽縱横，啼笑語言，皆成佛慧。」〔一〕如是解者，無一時不成佛，無一人不得道，天真自然，何關造作？故法華經云：「又見諸如來，自然成佛道。」〔二〕

校注

〔一〕出懷海廣録，古尊宿語録大鑑下三世收。

〔三〕見妙法蓮華經卷一序品。

法界印云：「初發心時便正覺，苦樂平等一味佛。」又云：「寂法分別名衆生，舊來不動名爲佛。」〔一〕

校注

〔一〕見健拏標訶一乘修行者秘密義記正證法界印。健拏標訶一乘修行者秘密義記，房山石經第二八册收。正證法界印，六百七十六字，似迷宮一樣排列，附於秘密義記後。

融大師頌云：「法忍先將三毒共，佛性常與六情俱。但信研心出妙寶，何煩衣外覓明珠？」〔一〕

校注

〔一〕融大師：即法融。按，此頌見聖彼得堡藏敦煌遺書一四五六號法忍抄本王梵志詩中「大丈夫，遊蕩出三途」一首。項楚先生王梵志詩中的他人作品（見敦煌吐魯番研究第一卷，又收王梵志詩校注）云：「宗鏡録所引的四句融大師頌，從語氣看，應非全篇，只是根據需要摘引了全篇中的四句而已。至於全篇，我認爲就是梵志詩『大丈夫，遊蕩出三途』一首的全文。」而「法忍抄本王梵志詩中『大丈夫，遊蕩出三途』一首，其實就是融大師的偈頌」「大曆年間法忍抄寫王梵志詩中，採入了初唐時期法融的偈頌，是完全可能的」。據此，法融此頌全篇當爲：「大丈夫，遊蕩出三途。榮名何足捨，妻子士（視）如無。法忍先將三毒共，佛性常與六情俱。但信研心出妙寶，何煩衣外覓明珠？」

傅大士頌云：「佛亦不離心，心亦不離佛。心寂即涅槃〔一〕，心能則〔二〕有物。物則〔三〕變成魔，無物即見佛。若能如是用，十八從何出？」〔四〕

校　注

〔一〕「涅槃」，龐居士語録作「菩提」。

〔二〕「能則」，龐居士語録作「然即」。

〔三〕「則」，龐居士語録作「即」。

〔四〕見于頔編集龐居士語録卷下。

龐居士偈云：「不用苦多聞，看他彼上人。百億及日月，纂在一毛鱗〔一〕。心但寂無相，即出無明津。若能如是學，幾許省精神。」〔二〕

校　注

〔一〕「纂在一毛鱗」，龐居士語録作「元在一毛塵」。

許入囊，號爲長汀子布袋師也。」景德傳燈録卷二七：「明州奉化縣布袋和尚者，未詳氏族，自稱名契此。」並録有此歌全篇。

問：凡聖皆同一心真性成佛，云何見有前後？

答：見雖前後，性且不虧，迹任昇沉，理亦無爽。如昏睡心中有覺悟之性，以眠熟未惺故，寤來即現；似嬰孩身内具大人之相，以力用未充故，長成即備。一切衆生，以無明夢未惺，覺道力未具，則佛性未現，法身未圓，豈是一切含生而不具如來藏性？

古德問云：佛性共有，諸佛成佛時，衆生盡合成佛。若言各别有，應是無常？答：佛性與一切衆生共有，所證是一，能證有前後。是故諸佛成道，我等輪迴，前後約時，性無本末。如昔人云：「法身一相，瞻仰異容；正教無偏，説聽殊旨。」〔一〕故攝論偈云：「衆生罪不現，如月於破器，徧滿諸世間，由法光如日。」

「釋云：如破器中，水不得住。水不住故，月則不現。如是有情身中，無有奢摩他水，佛月不現。佛雖不現，然徧一切施作佛事。譬如日光，徧滿世間作諸佛事，成熟有情。」〔二〕又，如今已眼不明者，皆爲執著凡聖，有所繫故。如萬迴和尚謌云：「黑白兩亡〔三〕開佛眼，不繫一法出蓮叢。真空不壞靈智性，妙用恒常無作功。聖智本來成佛道，寂光非照

自圓通。」〔四〕

校注

〔一〕見道世諸經要集序。

〔二〕見世親造、玄奘譯攝大乘論釋卷一〇。

〔三〕「黑白兩亡」，佛祖歷代通載作「明暗兩忘」。

〔四〕萬迴：俗姓張，虢州閿鄉人，傳見宋高僧傳卷一八唐虢州閿鄉萬迴傳、景德傳燈録卷二七萬迴法雲公。祖庭事苑卷六「萬迴憨」條，有云「宗鏡録嘗引一偈云」，後即引此歌。此歌亦見佛祖歷代通載卷一二。

音義

貿，莫候反。　沃，烏哭反，灌也。　透，他候反。　瑕，胡加反，過也。　皎，古了反，月光也。　淤，依倨反，濁也。　惛，呼昆反。　窟，苦骨反。　縚，力高反。　啚，同都反，思度也。　隥，都鄧反。　仞，而振反。　層，昨稜反。　級，居立反，等也。　霖，力深反。　儼，魚檢反。　纂，作管反，集也。　獃，五來反，癡獃也。　傜，餘昭反，役也。　顆，苦果反，小頭也。

丙午歲分司大藏都監開板

宗鏡録卷第二十

慧日永明寺主智覺禪師延壽集

夫正因佛性，衆生共有。經云：不由觀智所顯，則道常披露〔一〕。云何異生迷而不悟？

答：智論云：衆生心性，猶如利刀，唯用割泥，泥無所成，刀日就損。理體常妙，衆生自䨻，能善用之，即合本妙〔二〕。又，譬如一器中水，淡味恒然，若著甘草則甜，下黄連則苦。衆生心水，亦復如是，起妄染則凡，冥真空則聖，其心之性，未嘗變異。如華嚴經偈云：「譬如淨日月，皎鏡在虚空。影現於衆水，不爲水所雜。菩薩淨法輪，當知亦如是。現世間心水，不爲世所雜。」〔三〕

如華嚴疏云：「一切法有二：一是所迷，謂緣起不實故如幻，緣成故無性；二是能迷，偏計無物故如空，妄計故無相。」〔四〕

校注

〔一〕此説本書卷三五引，云「神鍇和尚曰」。神鍇，宋高僧傳作「神楷」。傳見宋高僧傳卷四周京兆崇福寺神楷傳。

〔二〕龍樹造、鳩摩羅什譯大智度論卷一四：「不持戒人，雖有利智，以營世務，種種欲求生業之事，慧根漸鈍。譬如利刀，以割泥土，遂成鈍器。若出家持戒，不營世業，常觀諸法實相無相。先雖鈍根，以漸轉利。」此處當據湛然述法華玄義釋籤卷四轉引：「大論云：衆生心性，猶如利刀，唯用割泥，泥無所成，刀日就損。理體常妙，衆生自麁。」

〔三〕見實叉難陀譯大方廣佛華嚴經卷五九。

〔四〕見澄觀撰大方廣佛華嚴經疏卷六。

又，以不覺故不知有，以不信故不承當，但起無明，空成倒想。如夜繩不動，疑之爲蛇；闇室本空，怖之有鬼。故知本無迷悟，妄有昇沉。昔迷悟而似迷，今悟迷而非悟，但以内見自隔，客塵所遮，於體上分遠近之情，向性中立凡聖之量。

如勝思惟梵天所問經云：「梵天問文殊師利：『比丘云何親近於佛？』答言：『梵天，若比丘於諸法中，不見有法，若近若遠，是則名爲親近於佛。』」〔一〕

大集經云：「不覺一法微相者，乃能了知如來出世。無出之出，即是佛出。」〔二〕

校　注

〔一〕見勝思惟梵天所問經卷四。

〔二〕見大方等大集經卷一三。

是以若不見一法，常見諸佛，則千里同風；若見一法，不見諸佛，則對面胡越。故知背心合境，頓起塵勞；背境合心，圓照法界。何者？心是所依，法是能依，能依從所依起，如水是所依，波是能依，離水無波，離心無法。又，心是能生，法是所生，如木能生火，木是能生，火是所生，離木無火，離心無法。故知不即心爲道者，如千人排門，無一得入。若了心頓入者，猶一人拔關，能通萬彙。得宗鏡之要者，其斯謂乎？

是以妙性無虧，迷悟自得，一法不動，向背俄分。如首楞嚴經云：「佛言：富樓那，又汝問言：地、水、火、風本性圓融，周偏法界，疑水火性，不相陵滅。又徵虚空及諸大地，俱偏法界，不合相容。富樓那，譬如虚空體非群相，而不拒彼諸相發揮。所以者何？富樓那，彼太虚空，日照則明，雲屯則暗，風摇則動，霽澄則清，氣凝則濁，土積成霾，水澄成映。於意云何？如是殊方諸有爲相，爲因彼生？爲復空有？若彼所生，富樓那，且日照時，既是日明，十方世界同爲日色，云何空中更見圓日？若是空明，空應自照，云何中宵雲霧之時，不生光曜？當知是明，非日非空，不異空、日。觀相元妄，無可指陳，猶邀空華，結爲空果，云何詰其相陵滅義？觀性元真，唯妙覺明。妙覺明心，先非水火，云何復問不相容者？真妙覺明，亦復如是。汝以空明，則有空現。地、水、火、風各各發明，則各各現。若俱發明，則有俱現。云何俱現？富樓那，如一水中，現於日影，兩人同觀水中之日，東西各行，則各有日隨二人去，一東一西，先無準的，不應難言：此日是一，云何各行？各日既雙，云何現一？宛轉虚妄，無可憑據。富樓那，汝以色空相傾相奪於如來藏，而如來藏隨爲色空周徧法界，是故於中風動、空澄、日明、雲暗，衆生迷悶，背覺合塵，故發塵勞〔一〕有世間相。我以妙明不生不滅合如來藏，而如來藏唯妙覺明圓照法界。」〔二〕

校注

〔一〕塵勞：即煩惱。隋慧遠維摩義記卷三末：「煩惱坌污，名之爲塵。有能勞亂，説以爲勞。」子璿集首楞嚴義疏注經卷一：「染污故名塵，擾惱故名勞。」

〔二〕見大佛頂如來密因修證了義諸菩薩萬行首楞嚴經卷四。

故知妙覺明心，湛然不動，因業發現，隨爲色空，周徧法界。衆生背其本覺，妄執情塵，翻於平等，一真覺中，認所現差別之境界，隨發明處强説是非，如於虚空體中，定其差別，實謂虛妄顛倒，無理可憑。凡挂聖智真詮，悉爲破其顛倒。若知顛倒不實，自然無法可論。

如華嚴經云：「以智入於一切佛法，爲衆生説，令除顛倒。然知不離衆生有顛倒，不離顛倒有衆生；不於顛倒內有衆生，不於衆生內有顛倒；亦非顛倒是衆生，亦非衆生是顛倒。顛倒非內法，顛倒非外法；衆生非內法，衆生非外法。一切諸法，虛妄不實，速起速滅，無有堅固，如夢如影，如幻如化，誑惑愚夫。」〔一〕

如疏釋云：「經〔二〕文有四對，前三對二互相望，後一對當體以辯。前三對中，前二不離，後一不即，即顯生之與倒，非即離也。衆生即能起顛倒之人，乃染分依他；顛倒即所起之妄，是偏計所執。初對明不離者，謂依似執實故，離生無倒；依執似起，離倒無生。第二對明不相在，重釋前義。言不離者，明因果相待緣成，非先有體，二物相在，因中無果，故倒內無生。若必有者，則應偏計是依他起。果中無因，故生內無倒〔三〕。若要令有者，則應無有不倒衆生。第三對明不即，不壞因果，能所偏計之二相故。由前三對，則知生倒非一非異，非即非離。第四對當體以辯，倒心託境方生，故非內法。若是內者，無境應有境，由情計故非外法。若是外者，智者於境不應不染。既非內外，寧在中間？則當體自虛，將何對他？以明即離。衆生亦尔，即蘊求無故非內法，離蘊亦無故非外法，既非內外，亦絕中間。本性自空，何能起倒？將何對他？明非即離。既如是知，則自無倒，爲物説此，倒惑自除。

因〔四〕謂由不達緣成不堅，妄生徧計，故云『誑惑愚夫』，實則愚夫自誑。若獼猴執月，非月執獼猴。」〔五〕

校注

〔一〕見實叉難陀譯大方廣佛華嚴經卷一九。

〔二〕「經」，大方廣佛華嚴經疏作「『一切諸法』下，通明入法，顯彼倒因。今初」。

〔三〕「倒」，原作「到」，據諸校本及大方廣佛華嚴經疏改。

〔四〕「因」，大方廣佛華嚴經疏作「二、『一切』下，通明入法顯彼倒因」，「因」本屬前，參前「經」字注，此處節略引述不當，誤留一「因」字。

〔五〕見澄觀撰大方廣佛華嚴經疏卷二二。

又，中觀論偈云：「有倒不生倒，無倒不生倒，倒者不生倒，不倒亦不倒。若於顛倒時，亦不生顛倒，汝可自觀察，誰生於顛倒？」「已顛倒者，則更不生顛倒，已顛倒故。不顛倒者，亦不顛倒，無有顛倒故。顛倒時，亦無顛倒，有二過故。汝今除憍慢心，善自觀察，誰爲顛倒者？復次，諸顛倒不生，云何有此義？無有顛倒故，何有顛倒者？

「顛倒種種因緣破故，墮在不生。彼貪著不生，謂不生是顛倒實相，是故偈説。云何名不生爲顛倒？乃至無漏法，尚不名爲不生相，何況顛倒是不生相？無顛倒何有顛倒者，因倒者有倒故。」〔一〕

校注

〔一〕見龍樹造、鳩摩羅什譯中論卷四觀顛倒品。

問：云何一切顛倒，不成妄耶？

答：只爲因情所執，遂成虚妄，以執本空，妄即非妄。如起信鈔云：所執本空與真心不動迭相成立，只爲所執本空，所以真心不動；只由真心不動，故得所執本空。何異萬像本空，明鏡不動〔一〕？何謂真妄迭相成立？以迷真起妄，妄因真立；悟妄即真，真從妄顯。

校注

〔一〕按，此説詳見起信論疏筆削記卷七，故起信鈔者，當即傳奥大乘起信論隨疏記，參見本書卷六注。

問：如何得離倒不自誑無過耶？

答：如大集經云：「如第五大，如第七情，如十九界，無出無入、無生無滅，無有造作、

無心意識，乃名無過。」〔一〕

校注

〔一〕見大方等大集經卷一二無言菩薩品。按，有地、火、水、風等四大，無有第五大；有眼、耳、鼻、舌、身、意等六情（六根），無有第七情；有六根、六境、六識等十八界，無有第十九界。因此經中喻無法爲第五大、第七情、第十九界等。維摩詰所説經卷中觀衆生品：「譬如幻師見所幻人，菩薩觀衆生爲若此。如智者見水中月，如鏡中見其面像，如熱時焰，如呼聲響，如空中雲，如水聚沫，如水上泡，如芭蕉堅，如電久住，如第五大，如第六陰，如第七情，如十三入，如十九界，菩薩觀衆生爲若此。」隋慧遠撰維摩義記卷三：「妄情所取，我性本無，是故説言如第五大、第六陰等。又復假名人相亦無，是以説言如第五大、第六陰等。於色法中，唯有地、水、火、風四大，更無第五；成身法中，唯有五陰，更無第六；（中略）根塵識等隨別開分，唯十八界，無第十九。良以此等畢竟無法，似身無我，故取爲喻。」

問：若心性本淨，云何説客塵染？

答：心本清淨，迹亦清淨，體亦清淨，用亦清淨。以不離一心，別有清淨。以妄塵不能染，真法不能淨。何者？離心無異法，豈有染能染耶？亦離心無真法，豈有淨能淨耶？則刀不能自割，指不能自觸。大莊嚴論偈云：「已説心性淨，而爲客塵染，不離心真如，別有心性淨。

「不離心之真如，別有異心，謂依他相説爲自性清浄。此中應知，説心真如，名之爲心，即説此心爲自性清浄，此心即是阿摩羅識。」〔一〕

校注

〔一〕見大乘莊嚴論卷六隨修品。又，阿摩羅識，清浄無垢之識，是九識中的第九識。隋慧遠大乘義章卷三八識義十門分別：「阿摩羅識，此云『無垢』，亦曰『本浄』。就真論真，真體常浄，故曰『無垢』。」智顗説、灌頂録金光明經玄義卷上：「云何三識？識名爲覺了，是智慧之異名爾。菴摩羅識是第九不動識，若分別之，即是佛識。阿梨耶識即是第八無没識，猶有隨眠煩惱與無明合，別而分之，是菩薩識。（中略）阿陀那識是第七分別識，訶惡生死，欣羡涅槃，別而分之，是二乘識。」新譯家認爲阿摩羅識是第八識的浄分。窺基大乘法苑義林章卷一唯識義林：「若取真如爲第九者，真俗合説故。今取浄位第八本識以爲第九，染浄本識各別説故。如來功德莊嚴經云：『如來無垢識，是浄無漏界，解脱一切障，圓鏡智相應。』此中既言無垢識與圓鏡智俱，第九復名阿末羅識，故知第八識染、浄別説以爲九也。」詳見本書卷二九、三三、五〇、五六等。

又，一切衆生未見性者，雖客塵所隱，五陰所埋，任經生死往來，其性不昧。或遇善友開發，終自顯明。以是出世間常住心寶，豈世間無常敗壞生滅之法而能隳壞？如貧女室中金藏，雖未掘而匪移；若力士額上寶珠，任鬬没而常在。猶雪山箭中藥味，暫流出而恒存；如大地底下金剛，縱穿斵而不壞。

是以大涅槃經云：「迦葉菩薩白佛言：『世尊，我從今日，始得正見。世尊，自是之前，我等悉名邪見之人。世尊，二十五有，有我不也？』佛言：『善男子，我者，即是如來藏義。一切衆生悉有佛性，即是我義。如是我義，從本已來常爲無量煩惱所覆，是故衆生不能得見。善男子，如貧女人，舍内多真金之藏，家人大小無有知者。時有異人，善知方便，語貧女人：我今雇汝，汝可爲我耘除草穢。女即答言：我不能也。汝若能示我子金藏，然後乃當速爲汝作。是人復言：我知方便，能示汝子。女人答言：我家大小尚自不知，況汝能知？是人復言：我今審能。女人答言：我亦欲見，并可示我。是人即於其家掘出真金之藏。女人見已，心生歡喜，生奇特想，宗仰是人。

「善男子，衆生佛性，亦復如是，一切衆生不能得見，如彼寶藏，貧人不知。善男子，我今普示一切衆生所有佛性，爲諸煩惱之所覆蔽，如彼貧人有真金藏，不能得見。如來今日普示衆生諸覺寶藏所謂佛性，而諸衆生見是事已，心生歡喜，歸仰如來。善方便者，即是如來。貧女人者，即是一切無量衆生。真金藏者，即佛性也。

「乃至〔一〕譬如王家有大力士，其人眉間有金剛珠，與餘力士角力相撲，而彼力士以頭觝觸，其額上珠尋没膚中，都不自知。是珠所在，其處有瘡，即命良醫欲自療治。時有明醫，善知方藥，即知是瘡因珠入體，是珠入皮，即便停住。是時良醫尋問力士：卿額上珠爲何所在？力士驚荅：大師醫王，我額上珠乃無去耶？是珠今者爲何所在？將非幻化？憂愁啼哭。是時良醫慰喻力士：汝今不應生大愁苦。汝因鬬時，寶珠入體，今在皮裏，影現於外。汝曹鬬時，瞋恚毒盛，珠陷入體，故不自知。是時力士不信醫言：若在皮裏，膿血不淨，何緣不出？若在筋裏，不應可見。汝今云何欺誑於我？時醫執鏡，以照其面，珠在鏡中，明了顯現。力士見已，心懷驚怪，生奇特想。

「善男子，一切衆生，亦復如是，不能親近善知識故，雖有佛性，皆不能見。而爲貪婬、瞋恚、愚癡之所覆蔽，故墮地獄、畜生、餓鬼、阿脩羅、旃陀羅〔二〕、刹利、婆羅門、毗舍、首陀，生如是等種種家中，因心所起種種業緣，雖受人身，聾盲瘖瘂，拘躄癃跛，於二十五有，受諸果報，貪婬、瞋恚、愚癡覆心，不知佛性。如彼力士，寶珠在體，謂呼失去，衆生亦尔，不知親近善知識故，不識如來微密寶藏，修學無我，喻如非聖。雖説有我，亦復不知我之真性。我諸弟子，亦復如是。不知親近善知識故，修學無我，亦復不知無我之處。尚自不知無我真性，況復能知有我真性？善男子，如來如是，説諸衆生皆有佛性，喻如良醫示彼力士金剛寶珠。是諸衆生爲諸無量億煩惱等之所覆蔽，不識佛性。若盡煩惱，尔時乃得證知了了，如彼力士於明鏡中見其寶珠。善男子，如來秘藏，如是無量不可思議。

「復次，善男子，譬如雪山有一味藥，名曰樂味，其味極甜。在深叢下，人無能見。有人聞香，即知其地當有是藥。過去往世，有轉輪王於此雪山爲此藥故，在在處處，造作木筩，以接是藥。是藥熟時，從地流出，集木筩中，其味真正。王既没已，其後是藥或醋或鹹、或甜或苦、或辛或淡，如是一味，隨其流處，有種種異。是藥真味停留在山，猶如滿月。凡人薄福，雖以钁斸加功困苦，而不能得。復有聖王出現於世，以福因緣，即得是藥真正之味。

「善男子，如來秘藏，其味亦尔。爲諸煩惱叢林所覆，無明衆生不能得見。一味藥者，喻如佛性，以煩惱故，出種種味。所謂地獄、畜生、餓鬼、天、人、男女、非男非女、刹利、婆羅門、毗舍、首陀，佛性雄猛，難可沮壞，是故無有能殺害者。若有殺者，則斷佛性。如是佛性，終不可斷，性若可斷，無有是處。如我性者，即是如來秘密之藏。如是秘藏，一切無能同沮壞燒滅，雖不可壞，然不可見。若得成就阿耨多羅三藐三菩提，尔乃證知。以是因緣，無能殺者。」

「迦葉菩薩復白佛言：『世尊，若無殺者，應當無有不善之業。』佛告迦葉：『實殺生。何以故？善男子，衆生佛性，住五陰中。若壞五陰，名曰殺生。若有殺生，即墮惡趣。以業因緣，而有刹利、婆羅門等、毗舍、首陀及旃陀羅，若男、若女、非男非女，二十五有差別之相，流轉生死。非聖之人横計於我大小諸相，猶若稗子，或言如豆，乃至拇指，如是種種妄生憶想，妄想之相，無有真實。出世我相，名爲佛性，如是計我，是名最善。「復次，善男子，譬如有人善知伏藏，即取利钁斸地直下，磐石沙礫，直過無難，唯至金剛，不能穿徹。夫金剛者，所有刀斧不能沮壞。善男子，衆生佛性，亦復如是，一切論者、天魔、波旬及諸人天所不能壞。五陰之相，即是起作。起作之相，喻若石沙，可穿可壞。佛性者，喻如金剛，不可沮壞。以是義故，壞五陰者，名爲殺生。善男子，必定當知佛法如是不可思議。』」〔三〕是知雖有佛性，久翳塵勞，須以止觀熏修，乃得明淨。如貧女得藏中之寶，猶力士見鏡裏之珠，方親悟自心，妙覺圓滿。

校注

〔一〕乃至：表示引文中間有删略。

〔二〕旃陀羅：屠夫、獄卒、劊子手等以屠殺爲業者。玄應一切經音義卷三：「旃陀羅，或云『旃荼羅』，此云『嚴熾』，謂屠煞者種類之名也，一云主煞人獄卒也。案西域記云：其人若行，則摇鈴自標，或拄破頭之竹。若不然，王即與其罪也。」

〔三〕見大般涅槃經卷七，南本見卷八。

又，如何行於止觀，得契真修？但了能觀之心、所觀之境，各各性離，即妄心自息，此名爲止。常作此觀，不失其照，故名爲觀。斯則即止即觀，即觀即止，無能、所觀，是名止觀。如先德云：「法性寂然名止，寂而常照名觀。」〔一〕非能、所觀，有其二事。

所以華嚴經頌云：「若有欲知佛境界，當浄其意如虚空。遠離妄想及諸取，令心所向皆無礙。」〔二〕

疏釋云：「一、離妄取，如彼浄空無雲翳故，斯即真止；二、觸境無滯，如彼浄空無障礙故，斯即真觀。此觀不作意以照境，則所照無涯；此止體性離而息妄，故諸取〔三〕皆寂。若斯，則不拂不瑩而自浄矣。無浄之浄，乃冥契法原；不修之修，則闇蹈佛境矣。」〔四〕

校注

〔一〕見智顗説、灌頂記摩訶止觀卷一上。

〔二〕見實叉難陀譯大方廣佛華嚴經卷五〇。

〔三〕「取」，原作「趣」，據諸校本及大方廣佛華嚴經疏改。取，執取，執著，爲煩惱的異名。成唯識論卷八：「惑苦名取，能所取故，取是著義，業不得名。」大乘義章卷五二障義兩門分別：「取執境界，説以爲取。」勝鬘寶窟卷中之末：「取者，是其愛之別稱。愛心取著，故名爲取。」

〔四〕見澄觀撰大方廣佛華嚴經疏卷四九。

故知唯一心真智，是我本身，湛然常存，現前明淨。自然以智慧觜，啄破無明觳，飛出三界，自在無礙〔一〕。此時方得見性了然，更有何法而堪比對？如丹霞孤寂吟云：「不迷須有不迷心，看時淺淺用時深。此箇真珠若採事〔二〕，豈同樵客負黄金〔三〕？黄金烹鍊轉爲新〔四〕，此珠含光未示人。了則毛端吞〔五〕巨海，始知大地一微塵。」〔六〕

校注

〔一〕善見律毗婆沙卷四：「『雞母伏觳，隨時迴轉。伏者，以兩翅覆。至欲生時，眼見光明，以嘴啄觳。出已鼓翅，鳴喚前出，爲大爲小？』婆羅門答：『前者爲大。』佛言：『我亦如是。何以故？無明觳裏覆障三界，我以智慧嘴，啄無明觳，前出三界，此誰大誰小？』答言：『瞿曇即大。』」

〔二〕「事」，祖堂集載孤寂吟、延壽心賦注卷一引均作「得」。

〔三〕延壽心賦注卷一：「如採樵人，負薪而歸，路逢黄金，即棄薪拾金，價逾萬倍。況捨僞歸真，不依權漸不了義教，直入一心實教之門，則所學功程，日劫相倍。」

〔四〕「新」，祖堂集載孤寂吟中作「真」。

〔五〕「吞」，祖堂集載孤寂吟中作「滴」。

〔六〕丹霞：指天然禪師。傳見宋高僧傳卷一一唐南陽丹霞山天然傳，參見景德傳燈録卷一四鄧州丹霞山天然禪師等。孤寂吟全文，見祖堂集卷四丹霞和尚。

問：諸佛心徧一切衆生心，能現凡心；衆生身徧一切諸佛身，能作聖體。爲復轉動互徧而成？爲當一體？

答：若言轉動，即成造作；若言互徧，則有二心。是以常住一心，猶若虚空之體；凡聖二號，還同空裏之華。青黄起滅雖殊，匪越太虚之性；迷悟昇沉有異，未離真覺之原。又如一室千燈，光光涉入〔一〕；一鏡萬像，影影交羅〔二〕。非異非同，不來不去。達斯旨者，唯佛洞知。是以萬有即真，無轉變相。

校注

〔一〕大方廣圓覺修多羅了義經：「如百千燈光照一室，其光遍滿，無壞無雜。」大般涅槃經卷三九：「譬如一室有百千燈，炷雖有異，明則無差。」澄觀撰大方廣佛華嚴經疏序：「一多無礙，等虚室之千燈。」大方廣佛華嚴經隨疏演義鈔卷二：「如一室内，千燈並照，燈隨盞異，一一不同。燈隨光遍，光光涉入，常別常入。經云：『一中解無量，無量中解一，了彼互生起，當成無所畏。』此之燈喻，亦可喻於相，即直就光看，不見別相，唯一光故。」

〔二〕智儼華嚴一乘十玄門：「猶如衆鏡相照，衆鏡之影見一鏡中，如是影中，復現衆影，一一影中，復現衆影，即重重現影，成其無盡復無盡也。」

華嚴經云：「知心如幻，出生一切諸法境界，周徧無盡，不匱不息。」〔一六〕

校　注

〔一〕見實叉難陀譯大方廣佛華嚴經卷四三。

大集經云："住一心中，能知一切衆生諸心。觀衆生心，悉皆平等，如幻化相，本性清淨。觀諸衆生身業平等，皆如水月。見諸衆生悉在己身，己身亦在衆生身中，猶如影現，能令衆生悉作佛身，亦令己身作衆生身，一切無有能轉動者。"〔一〕

校　注

〔一〕見大方等大集經卷六。

又，經頌云："諸佛一似大圓鏡〔一〕，我身猶若〔二〕摩尼珠。諸佛法身〔三〕入我體，我身常〔四〕入諸佛軀。"〔五〕雖然互入，而無所入。若有所入，即成二法。

校　注

〔一〕"一似大圓鏡"，大方廣佛華嚴經隨疏演義鈔作"猶如淨明鏡"。

〔二〕"猶若"，大方廣佛華嚴經隨疏演義鈔作"一似"。

〔三〕"法身"，大方廣佛華嚴經隨疏演義鈔作"常來"。

〔四〕「常」，大方廣佛華嚴經隨疏演義鈔作「遍」。
〔五〕按，澄觀述大方廣佛華嚴經隨疏演義鈔卷一〇引，云「有頌云」，或作「有經云」。

問：若實心外無法獨標宗者，無諸佛則無能化之人，無衆生則無所化之衆，全歸無寄，何以紹隆？

答：只謂了唯心故，成平等之佛；達唯識故，行同體之悲。若不直下頓悟斯宗，則自、他二利俱失。何者？不入一心平等，違成佛之正宗；不了同體大悲，墮愛見之妄想。如維摩經觀衆生品云：「尔時，文殊師利問維摩詰言：『菩薩云何觀於衆生？』維摩詰言：『譬如幻師見所幻人，菩薩觀衆生爲若此。如智者見水中月，如鏡中見其面像，如熱時燄，如呼聲響，如空中雲，如水聚沫，如水上泡，如芭蕉堅，如電久住，如第五大，如第六陰，如第七情，如十三入，如十九界，菩薩觀衆生爲若此。如無色界色，如焦穀芽，如須陀洹〔一〕身見，如阿那含〔二〕入胎，如阿羅漢〔三〕三毒，如得忍菩薩貪恚毁禁，如佛煩惱習，如盲者見色，如入滅盡定出入息，如空中鳥跡，如石女兒，如化人煩惱，如夢所見已寤，如滅度者受身，如無煙之火，菩薩觀衆生爲若此。』文殊師利言：『若菩薩作是觀者，云何行慈？』維摩詰言：『菩薩作是觀已，自念：「我當爲衆生説如斯法。」是即真實慈也。』」〔四〕

校注

〔一〕須陀洹：意譯「入流」「預流」等，聲聞四果中斷盡「見惑」的最初果位聖者。入流者，指初入聖者之流；預流者，初證聖果，預入聖道法流。
〔二〕阿那含：意譯「不還」「不來」等，聲聞四果中的第三果位聖者，已斷盡欲界煩惱，不再還來欲界受生。
〔三〕阿羅漢：意譯「不生」「應供」等，聲聞四果中的第四果位聖者。不生者，斷盡一切煩惱，已證涅槃，不再受生死果報；應供者，當受人天供養。
〔四〕見維摩詰所説經卷中觀衆生品。

净名私記〔一〕釋云：今明觀衆生品大精，只依其中一句行則足。得一句攝心，常照行之，一切萬行足。只令〔二〕汝自觀，觀汝身心，如此畢竟空，即是菩薩觀衆生。菩薩名道，道能通，通汝色心本性，令離虚妄，即是菩薩。菩薩只在汝身中，觀汝身心，如第三手，爲畢竟無身心。此中示人坐禪，用心法大好，只觀身心，如此無可作，定亂、是非、一異，一切平等，即坐禪法。不同今時，計有心可得，言我心亂，欲除亂取定，大成顛倒，須覺知魔事。又，今時欲度衆生，應須曉夜觀汝心中所起煩惱性，即是度衆生，只詺此觀煩惱智名佛耳。釋迦已觀煩惱，已得作佛竟，説教留與今。凡夫依教修行，若言別有佛，別有許多世界衆生，佛次第度竟，然後成佛。若尔，釋迦已成佛竟，今那得猶見有衆生滿世間〔三〕？當知不尔。夫言竟者，盡也。

校注

〔一〕淨名私記：或爲道邃、或爲道暹、或爲法融所撰。詳見本書卷一五注。

〔二〕「令」，原作「今」，據諸校本及冥樞會要改。

〔三〕「間」，嘉興藏本作「界」。

已上觀衆生竟，次觀如來者。

如阿閦佛品云：「尔時，世尊問維摩詰：『汝欲見如來，爲以何等觀如來乎？』維摩詰言：『如自觀身實相，觀佛亦然。我觀如來前際不來，後際不去，今則不住。不觀色，不觀色如，不觀色性，不觀受、想、行、識，不觀識如，不觀識性，非四大起，同於虛空。六入無積，眼、耳、鼻、舌、身、心已過。不在三界，三垢已離。順三脱門，三明與無明等，不一相、不異相，不自相，不他相，非無相、非取相，不此岸、不彼岸、不中流而化衆生，觀於寂滅而不永滅，不此不彼，不以此、不以彼。不可以智知，不可以識識。無晦無明，無名無相，無强無弱，非淨非穢。不在方，不離方。非有爲，非無爲。無示無説，不施不慳，不戒不犯，不忍不恚，不進不怠，不定不亂，不智不愚，不誠不欺，不來不去，不出不入，一切言語道斷。非福田，非不福田，非應供養、非不應供養，非取、非捨，非相、非無相。同真際，等法性。不可稱，不可量。過諸稱量，非大非小，非見非聞，非覺非知，離衆結縛。等諸智，同衆生，於諸法無分别。一切無失，無觸〔一〕無惱，無作無起，無生無滅，無畏無憂，無喜、無厭、無著，無已有、無當有、無今有，不可以一切言説分别顯示。世尊，如來身爲若此，作如是觀。以斯觀者，名爲正觀。若他觀者，名爲邪觀。』」〔二〕

校注

〔一〕「觸」，維摩詰所説經作「濁」。吉藏撰維摩經義疏卷六：「三業離過故，一切無失，無失故無濁，無濁則無惱。」

〔二〕見維摩詰所説經卷下見阿閦佛品。

天台淨名疏釋「不觀色，不觀色如，不觀色性」者，「不觀色者，心如幻師，幻作種種色。若知幻師是誑，則不得所幻之色。今色從心幻師幻出，尚不得此心，何處見有此色？故不應觀色。不觀如者，若見色與如異，是則泯色入如。今不見色、如之别，故不觀如。不觀性者，即不觀佛性。不觀色是空俗，不觀如是空真，不觀佛性是空中道，以其計中道有佛性而起順道愛生，是爲頂墮〔一〕。故經云：『我及涅槃，是二皆空。』〔二〕唯有空病，空病亦空。今

不觀性，是無順道愛故。」〔三〕

校注

〔一〕頂墮：墮在頂位，不進不退。即在圓教十信位愛著相似之法，不更進修而入初住之位，然在十信位已斷見、思之惑故不退墮。或謂於離三界惑之頂位而墮落不進，故稱頂墮。湛然述止觀大意：「若專住似位，名爲法愛。（中略）已得相似，六根互用。已破兩惑，永無墜苦。若愛此似位，名爲頂墮。」大智度論卷二七：「若菩薩摩訶薩無方便心行六波羅蜜，入空、無相、無作中，不能上菩薩位，亦不墮聲聞、辟支佛地，愛著諸功德法，於五衆無常、苦、空、無我取相心著，言是道、是非道，是應行、是不應行，如是等取相分別，是菩薩頂墮。」從義撰金光明經文句新記卷二：「捨邊求中，名起順道；心生染著，名法愛生；不破無明，名爲頂墮。」

〔二〕見維摩詰所説經卷中文殊師利問疾品。

〔三〕見智顗維摩經略疏卷一〇。天台，即智顗。

夫受世間差別果報，皆爲一念心異，分別情生，取衆生相爲凡，執諸佛境爲聖。如經所説，觀衆生如幻師見幻，觀如來則三際體空。二見〔一〕於是雙消，情量〔二〕爲之俱泯，則可以成諸佛之喜，除菩薩之憂。信此一心，能入宗鏡。

是以法華神力品偈云：「能持是經者，令我及分身，滅度多寶佛，一切皆歡喜。」〔三〕

校注

〔一〕二見：有見（偏於有之妄見）、無見（偏於無之妄見）；或斷見（固執身心斷滅不續生之妄見，即無見）、常見（固執身心常住無間斷之妄見，即有見）。龍樹造、鳩摩羅什譯大智度論卷七：「見有二種：一者常，一者斷。常見者，見五衆常心忍樂；斷見者，見五衆滅心忍樂。一切衆生多墮此二見中。菩薩自斷此二，亦能除一切衆生二見，令處中道。復有二種見：有見、無見。」

〔二〕情量：情即情感，量謂評量。或謂情即是思，量即是議。

〔三〕見妙法蓮華經卷六如來神力品。

古聖云：「道俗之不夷，二際之不泯，菩薩之憂也。」〔一〕

校注

〔一〕出僧叡中論序，見出三藏記集卷一一。此「古聖」者，當即僧叡，高僧傳卷六有傳。

大方等大集經云：「佛法者，名一切法。一切法者，名爲佛法。佛法性即一切法性，如一切法性即佛法性。佛法性、一切法性，無有差别。」〔一〕故知性無有異，隨見成差。其體常融，假名有别。所以經云：「一切諸法及諸佛法，但假名字，亦非是法，亦非非法。」〔二〕

校注

〔二〕見大方等大集經卷九。

〔三〕見大方等大集經卷一五。

不退轉法輪經云：「佛及菩提，有聲無實，亦無方所，諸法亦然。」〔一〕

校注

〔一〕見不退轉法輪經卷一序品。

華嚴經頌云：「知諸世間悉平等，莫非心語一切業，衆生幻化無有實，所有果報從茲起。」〔一〕又，頌云：「諸法寂滅非寂滅，遠離此二分別心，知諸分別是世見，入於正位分別盡。」

校注

〔一〕見實叉難陀譯大方廣佛華嚴經卷二九。下一處引文同。

法華經安樂行品云：「復次，菩薩摩訶薩觀一切法空，如實相，不顛倒、不動、不退、不轉，如虚空，無所有性。一切語言道斷，不生、不出、不起，無名、無相，實無所有，無量、無邊，無礙、無障，但以因緣有，從顛倒生故説。常樂觀如是法相，是名菩薩摩訶薩第二親近處。」〔一〕

又，如來壽量品云：「諸善男子，如來所演經典，皆爲度脱衆生，或説己身、或説他身，或示己身、或示他身，或示己事、或示他事，諸所言説，皆實不虚。所以者何？如來如實知見三界之相，無有生死，若退若出，亦無在世及滅度者，非實非虚，非如非異，不如三界見於三界，如斯之事，如來明見，無有錯謬。以諸衆生有種種性、種種欲、種種行、種種憶想分別故，欲令生諸善根，以若干因緣、譬喻、言詞，種種説法，所作佛事，未曾暫廢。」〔二〕

校　注

〔一〕見妙法蓮華經卷五安樂行品。

〔二〕見妙法蓮華經卷五如來壽量品。

故知若以正宗門，尚無在世之人，亦無滅度之者，何況有能化、所化之異乎？若以佛事門，則教海宏深，智燈廣照，隨機善巧，寧容暫廢耶？

所以大智度論問云：「若五陰空無佛，即是邪見，云何菩薩發心求作佛？答曰：此中言無佛，破著佛想，不言取無佛相。若有佛尚不令取，何况取無佛邪見！又，佛常寂滅、無戲論相。若人分别、戲論常寂滅事，是人亦墮邪見。離是有、無二邊，處中道，即是諸法實相，諸法實相即是佛。何以故？得是諸法實相，名爲得佛。」〔一〕

校注

〔一〕見龍樹造、鳩摩羅什譯大智度論卷九九。

大般若經云：「諸菩薩衆尚不得法，何况非法？尚不得道，何况非道？」〔一〕又云：「於生死法，不起不墮。於諸聖道，不離不修。」〔二〕

校注

〔一〕見大般若波羅蜜多經卷五九七。
〔二〕見大般若波羅蜜多經卷五七五。

釋云：於生死法不起者，自性常空故，不落離邊；不墮者，不隨流轉故，不落即邊。於諸聖道不離者，性常相應故，不落斷邊；不修者，天真具足故，不落常邊。

如清涼疏云：「不著一多，能立一切者，不著於有，能安立故。即真俗鎔融，謂世俗幻有之相，相本自空；勝義真空之理，理常自有。有是空有，非常有，斯有未曾不空；空是有空，非斷空，此空何嘗不有？有空、空有，體一名殊。名殊故真俗互乖，迢然不雜；體一故空有相順，冥然不二。一與不一，不即不離，鎔融無礙，菩薩智契其原，所以迴絶無寄而善修安立。」〔一〕

又云：「良以事虚攬理，無不理之事；理實應緣，無礙事之理。所以寂而常照，照而常寂，故終日知見而無知見也。」乃至菩薩悲、智相成，出没無礙。「悲故常行世間，智故不染世法。融通有三：一、悲無不智故，則世無不離，是以常在世間，未曾不出；二、智無不悲故，離無不世，是以恒超世表，無不遊世；三、雙融故，動静無二，唯是一念，所謂無念。無念等故，世與出世，無有障礙。」〔二〕

校注

〔一〕見澄觀撰大方廣佛華嚴經疏卷二五。下一處引文同。

〔二〕見澄觀撰大方廣佛華嚴經疏卷五一。

如華嚴經云：「菩薩摩訶薩知善巧説法、示現涅槃，爲度衆生所有方便，一切皆是心想建立，非是顛倒，亦非虚誑。何以故？菩薩了知一切諸法三世平等、如如不動、實際無住，不見有一衆生已受化、今受化、當受化，亦自了知無所修行，無有少法，若生若滅而可得者，而依於一切法，令所願不空，是爲第九如寶〔一〕住。」〔二〕又，頌云：「菩薩能於一念頃，觀等衆生無數佛，又復於一毛端中，盡攝諸法皆明見。」〔三〕以此真見故，成無緣慈，普令法界衆生見聞獲益。所以經云：「譬如日月，不作往來照明之心，以諸衆生福德力故，自行往反，壞諸暗冥。」〔四〕

若入此宗鏡中，則無一法可取，皆同性故；無一法可捨，絶異相故。是以聖人常善救人而無棄人，常善救物故無棄物。夫云善者，莫非知宗，方爲究竟之上善。若救人成同體之悲，若救物歸無相之理，則善外無法，何棄之乎？

校注

〔一〕「寶」，原作「實」，據實叉難陀譯大方廣佛華嚴經改。慧苑述續華嚴經略疏刊定記卷一四：「『如寶住』者，住於正法可貴之所，故云『寶住』。又以無住爲住，亦名『寶住』。」

〔二〕見實叉難陀譯大方廣佛華嚴經卷五五。

〔三〕見實叉難陀譯大方廣佛華嚴經卷三三。

〔四〕見大方等大集經卷八。

音義

彙，爲貴反，類也。　霽，子計反，雨止也。　霾，莫皆反。　邀，於宵反。又音梟。　隳，許規反，毀也。　筩，徒紅反，竹筩也。　掘，衢物反，掘地也。　耘，王分反。　雇，古暮反，賃也。　撲〔一〕，蒲角反，相撲。　觝，都礼反，角觝。　膚，甫無反，美也。　瘡，楚良反。　額，五陌反。　筋，居銀反，筋骨。　膿，奴紅反，血也。　瘖，於金反。　瘂，烏瓦反。　躄，必益反，跛也。　癃，力中反，病也。　跛，布火反，足病也。　钁，居縛反。方言：關東名曰鹵斫也。　雄，虎弓反，雌雄也。　沮，子魚反，又子慮反，所謂「賞罰無章，何以沮勸」〔二〕。　稗，傍拜反，稻稗也。　斵，竹角反，削也。　蹈，徒到反，踐也。　觜，即委反。　啄，竹角反。　㲉，苦角反，鳥卵也。　燋，即消反，傷也。　匱，求位反，乏。　泡，疋交反，水泡也。　詺，弥正反。　閦，初六反，衆也。

丙午歲分司大藏都監開板

校注

〔一〕「撲」，文中作「撲」，異體。

〔二〕「以沮勸」，原無，據左傳襄公二十七年補。左傳襄公二十七年：「逐我者出，納我者死，賞罰無章，何以沮勸？」

宗鏡録卷第二十一

慧日永明寺主智覺禪師延壽集

夫一切真俗等法，各有理事，通别行相，果報歷然，云何一向就己消融？未入斯宗，恐成空見〔一〕。

答：得本方了末，執末則違宗。若不觀心，法無來處。若但修有爲事行，不達自心無爲，則迷事失宗，果歸生滅。若體理行事，雙照無違，只恐一向偏修，理事俱失。如大寶積經云：「假使〔二〕造寶塔，其數如恒沙，不如刹那頃，思惟於此經。」〔三〕

校注

〔一〕空見：指否定三世因果之理，執著於空法而全然否定諸法存在的妄見。

〔二〕「假使」，大寶積經作「若人」。

〔三〕見大寶積經卷三二。

又，只爲一心是萬行之原，因茲能起同體之悲、無緣之化。如起信鈔云：「若信一味空理，則欣猒都絶；若信一向法相，則聖凡懸隔：斯皆不能起行修進〔一〕。今令信一心是凡聖之原，但由迷悟使之有異，是則必能起行修進〔二〕，望佛果故。」〔三〕是知真心不守自性，隨緣昇降，果報歷然。

又，隨緣不失自性，緣假無實，境智冥寂。所以起信論云：「所謂雖念諸法自性不生，而復即念因緣和合，善惡之業，苦樂等報，不失不壞。雖念因緣善惡業報，而亦即念性不可得。」〔四〕

校注

〔一〕「修進」，起信論疏筆削記作「趣證」。

〔二〕「起行修進」，起信論疏筆削記作「起修」。

〔三〕按，此説見起信論疏筆削記卷三，故此起信鈔者，當即傳奥大乘起信論隨疏記，參見本書卷六注。又，「望佛果故」，起信論疏筆削記作「庶幾果證矣」。

〔四〕見真諦譯大乘起信論。

若云果報不失，即須具修萬行；若云性不可得，當知唯是一心。且萬行之初，無先五戒。若依事相，報在人天。藏教但證無常，通教空無自性，别教歷别，因果不融。唯圓教觀心，即具法界。所以大涅槃經云：雖信別相，不信一體無差別相，名信不具。信不具故，所有禁戒，亦不具足。故所有多聞，亦不具足〔一〕。何謂信不具？未了一法即一切法，信豈圓耶？何謂戒不具？未知戒性如虚空，戒豈具耶？何謂聞不具？未聞如來常不説法，是爲具足多聞，聞豈具耶？若入宗鏡，寧唯戒善，乃至諸佛果德、菩薩萬行，靡有一法而非所被，則念念了知，法法圓滿。

校注

〔一〕詳見大般涅槃經卷三六。此處引文，當據湛然述止觀輔行傳弘決卷三之四：「故大經三十二云：雖信別相，不信一體無差別相，名信不具。信不具故，所有禁戒，亦不具足。信不具故，所有多聞，亦不具足。」「大經三十二云」者，指南本大般涅槃經。

且如五戒者，戒從心生，心因戒立，若心不起，爲四德萬行之基；若心妄生，作六趣三塗之本：則無善而不攝，無惡而不收。故台教云：此五戒亦是大乘法門。束此五戒爲三業〔一〕，即對三無失、三不護、三輪不思議化〔二〕、三密、三軌、三身〔三〕、三佛性〔四〕、三般若〔五〕、三涅槃〔六〕、三智〔七〕、三德〔八〕等無量三法門，横豎無邊際，與虚空法界等，亦是無盡藏法門，亦是無量義三昧。舉要言之，即是一切佛法也〔九〕。

校注

〔一〕「業」，原作「乘」，據金光明經文句改。三業，即身業、口業和意業。參後注。

〔二〕三輪：輪即車輪，有摧碾之用，以譬如來身業現通、口業説法、意業鑑機，而能摧碾衆生煩惱惑業，是故名爲三輪。觀音義疏卷下：「三輪不思議化者，若示爲佛身，亦示佛心、佛口，乃至示執金剛神身，亦示金剛心口，雖普現色身，屈曲利物，於法身智慧無所損減。浄名云：『善能分別諸法相，於第一義而不動。』不動而動，此乃不思義化故也。」

〔三〕三身：法身、應身和化身。

〔四〕三佛性：指正因、了因和緣因佛性。正因佛性，指遠離一切邪非的中正真如，是成佛的主要原因。了因佛性，照了真如之理的智慧，依之成就般若果德，故名了因佛性。緣因佛性，緣助了因，開發正因的一切善根功德。智顗説、灌頂録金光明經玄義卷上：「云何三佛性？佛名爲覺，性名不改，不改即是非常非無常，如土内金藏，天魔外道所不能壞，名正因佛性。了因佛性者，覺智非常非無常，智與理相應，如人善知金藏，此智不可破壞，名了因佛性。緣因佛性者，一切非常非無常，功德善根資助覺智，開顯正性，如耘除草穢，掘出金藏，名緣因佛性。」

〔五〕三般若：指實相、觀照和方便般若。智顗説、灌頂録金光明經玄義卷上：「云何三般若？般若名智慧。實相般若，非寂非照，即一切種智。觀照般若，非照而照，即一切智。方便般若，非寂而寂，即道種智。」

〔六〕三涅槃：指性浄、圓浄、方便浄涅槃。智顗説、灌頂録金光明經玄義卷上：「性浄、圓浄、方便浄，是爲三；不生不滅，名涅槃。諸法實相，不可染、不可浄，不染即不生，不浄即不滅，不生不滅，名性浄涅槃。

修因契理，惑畢竟不生，智畢竟不滅，不生不滅，名圓浄涅槃。寂而常照，機感即生，此生非生，緣謝即滅，此滅非滅，不生不滅，名方便浄涅槃。」

〔七〕三智：一切智（了知一切諸法總相之智）、道種智（了知一切諸法別相之智）和一切種智（通達總相與別相之智）。

〔八〕三德：法身德、般若德和解脱德。智顗説、灌頂録金光明經玄義卷上：「身者，聚也。一法具一切法，無有缺減，故名爲身。（中略）般若者，覺了諸法集、散、非集非散，即是覺了三諦之法。解脱者，於諸法無染無住，名爲解脱，是名爲三。云何爲德？一一法皆具常樂我浄，名之爲德。」

〔九〕「故台教云」至此，詳見智顗説、灌頂録金光明經文句卷一。知禮述金光明經文句記卷一下：「不殺盜婬，身業也；不妄語，口業也；不飲酒，意業也。持既順性，故立戒因，成佛三業。佛身、口、意隨智慧行，無有過失，名三無失。以無失故，不須防護，名三不護。身業現化，名神通輪；口業説法，名正教輪；意業鑒機，名記心輪。三皆摧碾衆生惑業，下地不測，故名三密。」「五戒即理，一止一作，皆與圓融三法相契。若欲別對，其理亦成，不殺衆生，順常住理，即真性軌；不婬則心浄，不飲則慧明，即觀照軌；不妄則生彼信從，不盜則全他資具，即資成軌。既即三軌，則與一切三法相冥，故知五戒攝法無遺。」

天台金光明經疏云：「五戒者，天地之大忌，上對五星，下配五嶽，中成五藏。犯之者，陵天觸地，自伐其身也。」〔一〕

一、不殺者。「害命名事殺，不害命名事不殺。法門解者，析法名理殺，體法名理不殺。若作意防護，如馬著勒，如牧牛執杖者，報在人道，百二十年，唯得肉眼。若任運性成，如河注海者，報在六天，極長者九百二十六億七千萬歲，唯得天眼。若加修定、戒、無常、苦、空、無我等慧者，報在變易，壽七百阿僧祇，唯得慧眼。若加修常、無常等慧，報在蓮華藏海，受法性身，分得五眼，分得常壽，比佛猶是諸根不具，壽命損減。若圓教人，持事不殺戒，又持理不殺戒，不壞身因，常隨一相，不斷癡愛，起於明脱〔二〕，體陰、界、入，無所傷毁。若子若果，不生不滅，成就智慧，居寂光土，常壽湛然，五眼具足，得根自在，得命自在，脩短自任〔三〕，是則名爲究竟持戒，諸根具足，命不損減。圓人何但持是之戒，唯殺唯慈，亦作事殺，亦作理殺。如仙預大王殺五百婆羅門，與其見佛之眼，與其十劫之壽〔四〕。又作法門殺者，析蕩塵累，浄諸煩惱。如樹神折枝，不受怨鳥〔五〕；如劫火燒木，灰炭雙亡〔六〕。故楞伽〔七〕經云：殺無明父，害貪愛母，斷隨眠怨，壞陰和合，斷七識身。若有作者，現證法身，此逆即順〔八〕。鴦崛云：我誓斷陰、界、入，不能持不殺戒。一切塵勞，是如來種。斷此種盡，乃名爲佛，成就金剛微妙法身，湛然應一切，垂形九道，隨其所宜，示長短命，任其所見，用缺具根而化度之。」〔九〕

二、不盜者。「不與取名事盜，與取名事不盜。法門者，如佛言『他物莫取』〔一〇〕，名法門不盜。菩提無與者而取菩提，是名法門盜。若持戒作業，求可意果者，無常速朽，悉是他物，臭如糞果，害如毒食，有智之人，所不應求。云何殷勤飲苦食毒而自傷毁？洄洑困苦〔一一〕，豈過有流？三障障佛，第一義天之所捨離〔一二〕，是盜，非不盜也。又，二乘以四諦智觀身受心法，猒惡生死，欣求涅槃；涅槃心起，即取他物，即非時取證，即不待所説因，燋種不生，見苦斷集，修道造盡，非求法也。謂有涅槃，成涅槃見。若有著空，諸佛不度。身長三百由旬而無兩翅，墮三無爲坑〔一三〕，飢餓羸瘦，體生瘡癬，豈非貧窮困苦耶？又不見佛、不聞法、不入衆數，豈非第一義天遠離耶〔一四〕？此猶名盜，非不盜也。若别人從淺至深，捨一取一，來已更復來，去已更復去，悉是辱於去來相，亦是不與而取，取已而捨，亦是貧窮。捨已更取，數數去取，即是困苦。不與第一義天相應，即是遠離，此猶名盜，非不盜也。圓人觀法實相，受亦不受，不受亦不受，亦受亦不受亦不受，非受非不受亦不受，不取是菩提，障諸取故。是法平等，無有高下，不高故不取，不下故不捨。如是觀者，觀如來藏具足無缺，是如意珠，隨意出寶。即脩羅琴〔一五〕，任意出聲，即是大富。大富故無取，即第一義天故〔一六〕不遠離，是名究竟，持不盜戒。圓人亦有盜法門者，菩提無與者而取菩提，如海吞流，不隔萬派〔一七〕；如地荷負，檐〔一八〕四重檐。衆生悉度，煩惱悉斷，法門悉知，佛道悉成。」〔一九〕

三、不婬者。「男女身會名事婬。法門解者，若心染法是婬，若闗禁七支，如猿著鎖，擎一油鉢過諸大衆〔二〇〕，割捨樂、觸樂求於未來，淨潔五欲。如市易法，如銅錢博金錢，此乃增長欲事，非不欲也。若斷欲界麤弊之欲，染著色、無色界禪定之樂，如冰魚蟄蟲，墮長壽天，是爲一難。貪著禪味，名大縛，是染欲法，非不欲也。若憎生死，愛涅槃，棄之直去，涉路不迴，諸有色聲，不能染屈，如八風不動須彌〔二一〕。若聞菩薩勝妙功德甄迦羅琴聲，迦葉起舞，不能自持，毗嵐風至，破如腐草〔二二〕。是染欲，非不染欲也。若菩薩，惡生死如糞穢，惡涅槃如怨鳥，捨於二邊，志存中道，起順道，法愛〔二三〕生，名頂墮〔二四〕。是菩薩旃陁羅既無方便，此慧被縛不能勝怨，己所修治爲無慧利，是染欲法，非不欲也〔二五〕。圓人觀一心三諦，即空何所染？即假何所淨？即中何所邊？即空、即假何所中？即空故無我、人、十六知見〔二六〕、依正等愛，即假故無空、無相、無願等愛，即中故無佛、菩提、轉法輪、度衆生等愛。三諦清淨，名畢竟淨。唯佛一人具淨戒，餘人皆名汙戒者。圓人又有染愛法門，如和須蜜多女〔二七〕，人見人女，天見天女，見者即得見佛三昧，執手者得到佛三昧，嗚者得極愛三昧，抱者得冥如三昧。亦如魔界行不汙菩薩變爲無量身，共無量天女從事，皆令發菩提心。又，先以欲鉤〔二八〕牽，後令入佛智，斯乃非欲之欲，以欲止欲，如以楔出楔，將聲止聲。」〔二九〕

四、不妄語者。「法門者〔三〇〕，未得謂得。凡夫癡人，於下苦中橫生樂想，竪我慢幢，打自大鼓，執有與無諍，執無與有諍，起六十二見〔三一〕破慧眼，不見於真實，備口四過〔三二〕。三十三天，黄葉生死，謂是真金，非想自地，謬計涅槃〔三三〕。此非妄語，誰是妄語耶？二乘競執瓦礫，歡喜持出，生滅度想，生實未盡，寧得滅度？生安樂想，所作未辦，寧得安隱？其實未得一切解脱〔三四〕。未得謂得，豈非妄語耶？佛爲别教人以〔三五〕四門説實相，執於一有，隔礙三門，乃至執非有非無，不融有無。夫實相者，言語道斷，心行處滅。云何以字字於無字？云何以數數於無數？豈非妄語耶？圓人如實而觀，如實而説。如實觀者，非内觀，乃至非離内外觀，亦不以無觀，得是智慧；如實説者，一切實，乃至非實非不實等，如是皆名諸法實。經云：諸佛皆實語。即是以佛道聲，令一切聞。圓人亦有妄語法門：無車説車，誘戲童子〔三六〕；無樂説樂，止彼啼兒〔三七〕。若有衆生因虚妄説得利益者，佛亦妄説。又言『我是貪欲尸利』〔三八〕等。我是天、是人〔三九〕，實非天人，將虚以出虚，令得不虚耳。」〔四〇〕

五、不飲酒。「法門解者〔四一〕，迷惑倒見名酒。夫酒爲不善諸惡根本，飲酒招狂，外道等是，即世間醉也。大經云：從昔已來，常爲聲色所醉，流轉生死。三界人天，通有此醉。二乘無明酒未吐，如半瘧人，大經引醉歸之〔四二〕。世間無常樂而言我浄，如來實我浄而言無常樂。如彼醉人，見日月轉，此二乘醉也。菩薩無明未盡，不了了見，夜覩晝像，譬如醉人，矇朧見道。迦葉云：自此已前，我等悉名邪見人也。此是菩薩醉〔四三〕。圓人行如來行，具煩惱性，能知如來秘密之藏，雖有肉眼，名爲佛眼。所可見者，更不復見。是則五住正習〔四四〕，一時無有餘。酒法既除，何所可醉？圓人亦有飲酒法門。鴦崛云：持真空瓶，盛實相酒，變化五道，宣揚哮吼〔四五〕。波斯匿醉，轉更多恩。末利后飲，佛言持戒。入于酒肆，自立其志，亦立他志〔四六〕。夫得其門者，逆順俱當；失其柄者，操刀傷手。」〔四七〕

校注

〔一〕見智顗説、灌頂録金光明經文句卷一。

〔二〕明脱：脱離愚癡云明，脱離貪愛云脱。維摩詰所説經卷上弟子品：「不滅癡愛，起於明脱。」注維摩詰經卷三：「肇曰：聲聞以癡曀智故，癡滅而明；以愛繫心故，愛解而脱。大士觀癡愛真相即是明脱故，不滅癡愛而起明脱。生曰：不復爲癡所覆爲明也，不復爲愛所縛爲脱也。」

〔三〕「任」，嘉興藏本作「在」。按，金光明經文句作「任」。

〔四〕詳見大般涅槃經卷一二。知禮述金光明經文句記卷二上：「大經聖行品，佛説本生，曾爲國王，名曰仙豫，愛念大乘。時世無佛，十二年事婆羅門爲師，後遂勸彼發菩提心，而婆羅門不信謗法，王乃殺之。而王不墮獄，以無殺罪故。至梵行品，佛説慈心之果住一子地，迦葉難言：若菩薩住一子地，云何佛昔爲王，斷婆羅門命耶？佛言：我以愛念故斷，非惡心也。諸婆羅門命終，生阿鼻獄，即有三念：一、自知從人道來，二、知是地獄，三、自知謗法爲王所殺。念是事已，即信大乘。尋時命終，生甘露鼓王世界，於彼壽命十劫。我於往昔乃與是十劫壽命，云何名殺？然須明於得殺法門，令其愛念成無緣慈，方合疏文『唯殺唯慈』也。」

〔五〕龍樹造、鳩摩羅什譯大智度論卷一七：「譬如空地有樹，名舍摩梨，觚枝廣大，衆鳥集宿。一鴿後至，住一枝上，其枝及觚即時壓折。澤神問樹神：『大鳥鵰鷲皆能任持，何至小鳥便不自勝？』樹神答言：『此鳥從我怨家尼俱盧樹上來，食彼樹果，來栖我上，必當放糞。子墮地者，惡樹復生，爲害必大。以是故，於此一鴿大懷憂畏。寧捨一枝，所全者大。』」

〔六〕龍樹造、鳩摩羅什譯大智度論卷二：「如草木薪火燒煙出，炭灰不盡，火力薄故。佛三毒永盡無餘，譬如劫盡，火燒須彌山，一切地都盡，無煙無炭。」

〔七〕「伽」，原作「加」，據磧砂藏本改。

〔八〕參楞伽阿跋多羅寶經卷三。按，此據經義概言之者，非原經文。

〔九〕見智顗説、灌頂録金光明經文句卷一。按，「鴦崛云」者，非原經文。

〔一〇〕見思惟略要法等。

〔一一〕湛然述止觀輔行傳弘決卷五之三：「生死難出，猶如洄洑，溺是墮水。洄洑者，逆旋流也。」

〔一二〕三障：一、煩惱障，貪欲、瞋恚、愚癡等；二、業障，五逆十惡之業；三、報障，地獄、餓鬼、畜生等苦報。知禮述金光明經文句記卷二上：「洄，轉水也。澓，深水也。漏心持戒，求可意果，正爲有流。洄澓所困，三有流轉，故曰有流，非四流中一。有漏因果，具足三障，能障見佛天中天也。亦是障於第一義天，以障隔故，義言捨離。」

〔一三〕三無爲：虚空無爲、擇滅無爲和非擇滅無爲，爲小乘所立。虚空無爲，謂真空之理離各種障礙，遍滿一切處，猶如虚空。擇滅無爲，謂聲聞之人用智揀擇，遠離見、思煩惱，證寂滅真空之理。擇即揀擇，滅即寂滅。非擇滅無爲，謂聲聞之人證果之後，諸惑不起，自然契悟寂滅真空之理，不假揀擇。無爲者，謂真空寂滅之理，本無造作。知禮述金光明經文句記卷二上：「『身長三百』下，引金翅鳥雛以爲喻也。二乘但念空、無相、無願三種三昧，如身長三百；無中假二智，如無兩翅；墮三無爲坑，如鳥墮地。若死等苦，成羅漢果也；若死苦，成辟支果也。苦等於死，名死等苦，而實未死也。或云：二乘方便是死等苦，聖位是死苦。又學人是死等苦，無學是死苦。三無爲者，一、擇滅，二、非擇滅，三、虚空。通舉言三，正一乘所證，蓋擇滅也。然此論本出大品而大論釋之，謂金翅身長三百由旬，能從一須彌至一須彌。是鳥初出，兩翅未成，意欲飛去，墮閻浮提，受若死若死等苦。中道生悔，我欲還天，不能自舉。本論菩薩墮二乘地，今借諭二乘耳。」

〔一四〕知禮述金光明經文句記卷二上：「不得大乘法食爲飢餓，無大力用爲羸，無大功德爲瘦，有無善上起見思如瘡癬，不見三身一體之佛，不聞圓頓之法，不入三賢十聖衆數。」

〔一五〕脩羅琴：即阿修羅琴。龍樹造、鳩摩羅什譯大智度論卷一七：「如阿修羅琴，常自出聲，隨意而作，無人彈者。」

〔一六〕「天故」，金光明經文句作「故天」。

〔一七〕知禮述金光明經文句記卷二上：「『盜法門』者，所謂性惡，佛所師故名之爲法，智由兹入故名爲門。圓人得門，逆順自在，能作理盜，亦作事盜。今文略事，例殺、例淫，合有其相。若理盜義，文出鴦掘。彼經偈云：『不與者菩提，無有授與者，不與而自取，故我不與取。』此意乃明究竟不取是究竟取，此取得名『如海吞流』。」

〔一八〕「檐」，嘉興藏本及金光明經文句作「擔」。後同。檐者，荷也，義同「擔」。背曰負，肩曰擔。知禮述金光明經文句記卷二上：「『四重擔』者，鴦掘經云：譬如大地，荷負重擔：一者、大水，二者、大山，三者、草木，四者、衆生。菩薩亦爾，正法住世餘八十年，爲一切衆生説如來藏是名初擔，重於大山；惡人毁駡，聞悉能忍，是第二擔，重於大水；無緣得爲國王、大臣説如來藏，唯爲下劣堪忍演説，是第三擔，重於衆生；窮守邊地惡處，豐樂之處不得止住，是第四擔，重於草木。彼經四擔，諭於四事。觀今文意，似喻四弘。」

〔一九〕見智顗説、灌頂録金光明經文句卷一。

〔二〇〕大般涅槃經卷二二：「譬如世間有諸大衆滿二十五里，王勑一臣：『持一油鉢，經由中過，莫令傾覆。若棄一滴，當斷汝命。』復遣一人拔刀在後，隨而怖之。臣受王教，盡心堅持，經歷爾所大衆之中，雖見可意五邪欲等，心常念言：『我若放逸，著彼邪欲，當棄所持，命不全濟。』是人以是怖因緣故，乃至不棄一滴之油。」

〔二一〕寶雲經卷一：「心如虚空，深廣如海，猶如須彌，八風不動。」八風者，一利、二衰、三毁、四譽、五稱、六譏、七苦、八樂。此八者，世間或愛或憎，能扇動人心，故稱。

〔二二〕龍樹造、鳩摩羅什譯大智度論卷一一：「如甄陀羅王與八萬四千甄陀羅來到佛所，彈琴歌頌，以供養佛。爾時，須彌山王及諸山樹木、人民、禽獸，一切皆舞。佛邊大衆，乃至大迦葉，皆於座上不能自安。是時，天須菩薩問長老大迦葉：『耆年舊宿，行十二頭陀法之第一，何以在座不能自安？』大迦葉言：『三界五欲，不能動我。是菩薩神通功德果報力故，令我如是，非我有心不能自安也。譬如須彌山，四邊風起，不能令動，至大劫盡時，毗藍風起，如吹爛草。』」毗藍風者，迅猛風，所至之處，悉皆散壞。

〔二三〕法愛：愛樂善法。大智度論卷四二：「法愛者，愛諸善法利益道者。」良賁述仁王護國般若波羅蜜多經疏卷中二：「順道法愛者，愛善法也。婆沙論中，名善法欲。智度論云：頂位未伏，順道法愛。」

〔二四〕頂墮：墮在頂位，不進不退。詳見本書卷二〇注。從義撰金光明經文句新記卷二：「捨邊求中，名起順道；心生染著，名法愛生；不破無明，名爲頂墮。」

〔二五〕知禮述金光明經文句記卷二上：「此別菩薩，望圓成犯，緣但中道而生順愛，若入十行，退不取小，不進求圓，如墮山頂，故名頂墮。旃陀羅者，此云『嚴幟』，乃是西土屠殺之輩，以惡業自嚴，行時摇鈴持竹以爲標幟，故以爲名。今斥但中解者，於圓菩薩猶如人中屠膾惡類也。既無即中二觀方便，乃被教道中慧所縛，既與無明怨讎共住，何能勝之？別修之慧無無作利，望畢竟淨，是染欲法，凡斥別教，多是住行及十信人，以迴向位能圓修故。」

〔二六〕十六知見：又稱十六神我，未見正道之人，於五陰等法中强立主宰，妄計有我、我所，計我之心歷諸緣而有十六種知見之别：一、我，謂於五陰等法中，無明不了，妄計有我、我所之實；二、衆生，謂於五陰等法和合中，妄計有實之衆生而生；三、壽者，謂於五陰等法中，妄計我受一期（從生至死）果報，命有長短；四、命者，謂於五陰等法中，妄計我之命根連續不斷；五、生者，謂於五陰等法中，妄計我能生起衆事，我來人中受生；六、養育，謂於五陰等法中，妄計我生爲父母養育、我能養育他人；七、衆數，謂於五陰等法中，妄計我有五陰、十二入、十八界等衆法之數；八、人，謂於五陰等法中，妄計我是能修行人，異於不能修行之人，妄計我生人道，異於餘道；九、作者，謂於五陰等法中，妄計我有身力手足而能有所作；十、使作者，謂於五陰等法中，妄計我能役使他人；十一、起者，謂於五陰等法中，妄計我能起後世罪福之業；十二、使起者，謂於五陰等法中，妄計我能令他起後世罪福之業；十三、受者，謂於五陰等法中，妄計我之後身當受罪福果報；十四、使受者，謂於五陰等法中，妄計我能令他受後世罪福果報；十五、知者，謂於五陰等法中，妄計我有五根，能知五塵；十六、見者，謂於五陰等法中，妄計我有眼根，能見一切色相。又計我能起諸邪見、正見。詳見法界次第初門卷一十六知見初門。

〔二七〕和須蜜多：又作「婆須蜜多」，意譯「世友」「天友」，華嚴經中善財童子所參訪的第二十五位善知識。後所述事，詳見實叉難陀譯大方廣佛華嚴經卷六八。晉譯見卷五〇。

〔二八〕「鉤」，原作「拘」，據嘉興藏本及金光明經文句改。知禮述金光明經文句記卷二上：「既得本性染愛法門，故能行於事染之行，亦能示於理染之觀。染觀可例取菩提義，故今略之，但依華嚴出事染相，行不污戒者，菩薩名也。先以欲鉤牽者，愛欲如鉤，能牽於人，然後令彼達欲法界，名入佛道。」

〔二九〕見智顗說、灌頂録金光明經文句卷一。

〔三〇〕按，據文意，此句前當據金光明經文句卷一補「不見言見，見言不見，名事妄語」。

〔三一〕六十二見：外道的六十二種錯誤見解。

〔三二〕知禮述金光明經文句記卷二上：「見是妄情，須生轉計，即兩舌也。宣邪惡理，即惡口也。巧飾邪言，即綺語也。諸見本邪，以邪爲正而誑於人，故標妄語，其實備四。」

〔三三〕大般涅槃經卷二〇：「嬰兒行者，如彼嬰兒啼哭之時，父母即以楊樹黄葉，而語之言：『莫啼莫啼，我與汝金。』嬰兒見已，生真金想，便止不啼。然此楊葉，實非金也。木牛、木馬、木男、木女，嬰兒見已，亦復生於男女等想，即止不啼，實非男女。以作如是男女想故，名曰嬰兒。如來亦爾，若有衆生欲造衆惡，如來爲説三十三天常樂我浄、端正自恣、於妙宫殿受五欲樂、六根所對無非是樂。衆生聞有如是樂故，心生貪樂，止不爲惡，勤作三十三天善業，實是生死、無常、無樂、無我、無浄。爲度衆生，方便説言常、樂、我、浄。」

〔三四〕知禮述金光明經文句記卷二上：「競執瓦礫者，用大經春池失珠喻也。春池譬衆生塵欲耽湎之境，失珠譬圓解潛昏，信小乘教如入水，修觀如求珠，但見偏真謂爲究竟，如得瓦礫便謂真珠，生滅度、安隱之想，猶如歡喜持出也。」「大經春池失珠喻」者，詳見大般涅槃經卷二。

〔三五〕「以」，原無，據金光明經文句補。

〔三六〕按，此即長者子爲諸子説羊車、鹿車、牛車事，詳見妙法蓮華經卷二譬喻品。

〔三七〕知禮述金光明經文句記卷二上：「衆生造惡，爲説三十三天常樂我浄，端正自恣，於妙宫殿受五欲樂。衆生聞已，心生貪樂，止不作惡，勤作善業。三十三天實是生死，無常樂我浄，爲度衆生，方便説有。」「十界冥合，本是一乘，無有三乘差別之相。佛爲機故，分别説三，令諸衆生各爲究竟，自求趣證，速出生死。如無三車説有三車，令諸樂著嬉戲之子争出火宅；天無常樂，説有常樂，如以黄葉止彼啼兒。此皆巧用妄語法門而爲利益也。」

〔三八〕諸法無行經卷下：「我是貪欲尸利、瞋恚尸利、愚癡尸利，是故我名文殊師利。諸天子，我不出貪欲瞋恚愚癡，凡夫人分别諸法求過出至到，諸菩薩於法無過無出、無至無到。」

〔三九〕參見放光般若經卷一七等。

〔四〇〕見智顗説、灌頂録金光明經文句卷一。

〔四一〕按，據文意，此句前當據金光明經文句卷一補「若穀若草，昏心眩亂者，名事酒」。

〔四二〕知禮述金光明經文句記卷二上：「引醉歸之者，謂佛引醉諭歸還二乘也。按哀歎品中，諸比丘説醉諭以諭凡夫流轉無常見常如醉，小乘修無常想故如醒，佛即引醉諭於二乘，謂於真常而見無常是醉義也。」

〔四三〕「大經云」至此，詳見大般涅槃經卷二。

〔四四〕五住：即五住地，四住地加無明住地。參見本書卷六注。又，隋慧遠大乘義章卷五五住地義八門分別：「五住之義，如勝鬘説，一、見一處住地，二、欲愛住地，三、色愛住地，四、有愛住地，五、無明住地。」「見者，所謂五利煩惱，推求名見。入見道時，一處并斷，名見一處。本爲末依，名之爲住。本能生末，稱之爲地。言欲愛者，欲界煩惱，除無明見，著外五欲，名爲欲愛。欲界非不愛己色身，著欲情多，故言欲愛。又爲別上故云欲愛。」「言色愛者，色界煩惱，除無明見，捨外五欲，著己色身，名爲色愛。色界非不可亦愛己心，著色情多，故言色愛。又爲別上故云色愛。」「言有愛者，無色界中所有煩惱，除無明見，捨離色貪，愛著己心，説爲有愛。然此有愛，若當從彼所愛爲名，應名心愛。若就背下以立其名，名無色愛。今就破患故，名有愛。破何等患？外道多取四無色定以爲涅槃，滅離心愛，對破彼見，故説有愛。」「言無明者，癡闇之心體無慧明，故曰無明。」「此五皆能勞亂行人，故曰煩惱。」正習：正使與習氣。正使是現起的煩惱正體（主體），習氣是煩惱的餘習。五住地之惑，各有正使、習氣之別。

〔四五〕按，此據經義概言之者，非原經文。

〔四六〕知禮述金光明經文句記卷二上：「波斯匿，此云『和悦』。若飲酒後，應死判生，故曰多恩。末利，即匿王正后也。王嘗嗔怒，欲殺厨人。諸臣共議：『國中唯有此人，殺已，無人知厨稱王意者。』時末利后即辦好酒美肉，沐浴名香，莊嚴身體，將諸妓女來至王所。王見后已，嗔心乃息。后即遣人詐傳王敕，勿殺厨人。匿王後以此事問佛：『后持五戒，月行六齋，一日之中，犯酒、妄二戒。八戒之中，則犯其五，謂過中食、服香花、作倡妓、高廣床、飲酒、妄語也。破戒之罪，輕耶？重耶？』佛言：『如是犯者，得大功德。何以故？爲利益故。』出未曾有經下卷。入于酒肆，即浄名居士。此上三人，皆是高位，皆住性惡權巧法門，故於持犯，得大自在。」

〔四七〕見智顗説、灌頂録金光明經文句卷一。

是知能以塵勞煩惱爲佛事者，斯乃見一切法皆實相矣。於一心實相中，不見有世間過患障礙之法，則何所捨？亦不見有出世殊勝尊妙之法，則何所取？但爲未入實相門中，見有凡、聖種種差别而生忻猒者，遂乃徇彼機宜，隨其所作，善巧方便而化導之，皆令入此一際平等無諍無失自證法門，究竟常樂。如是開示，不負前機，若解肘後之方，似探囊中之寶，實爲第一之説，括盡初終，開大施之門，復誰前後？得自己法身之髓，到一心智海之源，初「阿」已攝無邊〔一〕，過「茶」無字可説〔二〕。

校注

〔一〕阿：四十二字門之最初梵字。龍樹造、鳩摩羅什譯大智度論卷四八：「是字，初『阿』、後『茶』，中有四十。得是字陀羅尼菩薩，若一切語中聞『阿』字，即時隨義，所謂一切法從初來不生相。」

〔二〕茶：四十二字門之最後梵字。或作「荼」（日知録卷七「荼」條曰：「『荼』字自中唐始作『茶』。」）。摩訶般若波羅蜜經卷五：「『茶』字門，入諸法邊竟處故不終不生，過『茶』無字可説。何以故？更無字故。」大智度論卷四八：「若聞『茶』字，即知一切法必不可得。波茶，秦言必。茶外更無字，若更有者，是四十二字枝派。」

問：夫戒是軌持，全依事相，大綱所立，出自四分等律文。今宗鏡中，云何於萬行之門，皆稱第〔一〕一？

答：夫萬行之由，皆爲契真顯本。若違真逐末，不識教宗。凡一切衆生，皆本具自性之律，若鈍根者，則漸以相示；若上器者，直從性明。如傅大士云：「持律本爲制生心，我今無心過戒律。」首楞嚴云：「持犯但束身，非身何所束？」〔二〕如是之機，如是之教，豈須戒耶？已自知各具佛性戒故，然於初心凡夫〔三〕及出假菩薩〔四〕，亦不壞於事相，遮、性二戒〔五〕悉皆等持。以初心自行根劣故，須理、事相資；以久行化他圓滿故，須權、實雙備。

校　注

〔一〕「第」，諸校本作「等」。
〔二〕見大佛頂如來密因修證了義諸菩薩萬行首楞嚴經卷六。
〔三〕初心凡夫：在凡位的初發心者，初心即初發心。
〔四〕出假菩薩：證知空理而不住於空，由空理而對現象界起假觀，一一了别差别之相以化益衆生的菩薩。出假即從空出假（從空觀出而入假觀）。
〔五〕遮、性二戒：即遮戒、性戒。遮戒者，謂飲酒等戒，遮即遮止。飲酒等多有過失，能犯諸戒，是故佛特遮止，令不毁犯，乃能守護餘之律儀，是名遮戒。性戒者，謂殺、盜、邪婬、妄語。此四者，自性是戒，不待佛制。人若持之即得福，犯之即受罪，是名性戒。

且如凡夫、二乘、菩薩、諸佛，凡持戒者，莫不皆由一心所起。以凡夫全不自知垢淨之戒因從自心生，罪福之戒果當自心受；二乘雖知由心轉變，執有前塵；權小菩薩雖不執前境實有，住無自性空，都不了外本無空，皆自心變；諸大菩薩正了唯心，空有雙泯，無明未盡，功德未圓，理行猶虧，尚居因位〔一〕；諸佛則圓證真唯識性，離念清淨。故經云：「唯佛一人持淨戒，其餘盡名破戒者。」〔二〕

校注

〔一〕因位：即修習佛因之位，也就是未至佛果以前的修行階位。

〔二〕按，此說多見於智顗所撰論、疏。如智顗說妙法蓮華經玄義卷三下：「唯佛一人具淨戒，餘人皆名污戒者。」維摩經略疏卷三引，云「大經云」。

如六行法〔一〕云：次就戒明人心別有六不同：先明麤凡依戒起罪，謂有愚人身雖持戒，不知看心，復不護口，自謂己能，毀他破戒，由此惡說，壞人敬信，便成罪業，當生惡道；次明凡夫身口持戒，未學觀慧，唯成福行；次明二乘出世道戒，謂二乘人觀生空時，離凡我倒，則成道戒；次明大乘小菩薩觀相空慧，心淨明時，離取相罪，即名〔二〕爲戒；次明大乘大菩薩戒，謂觀唯心，本無外色，無色可破，相空亦無，離取相過，故名爲戒。此則不同小菩薩戒，雖離著有，仍著空相。此大菩薩知空亦空，無空可著，則證大空。故智論云：「破諸法皆空，唯有空在，而取相著之。大空者，破一切法空，空亦復空。」〔三〕以此文證，著空是過，大根離之，故名爲戒；次明佛戒，謂證唯心，離念常淨，無明垢盡，即成佛戒。但佛心中具諸功德，離過義邊，則名爲戒。諸大菩薩雖具功德，無明未盡，則不同佛。故佛淨戒，與因有異。

校注

〔一〕六行法：當即釋道正撰之凡聖六行法。詳見本書卷二注。

〔二〕「名」，原作「明」，據諸校本改。

〔三〕見龍樹造、鳩摩羅什譯大智度論卷三六。

如上所説六種持戒，雖即優劣不同，皆是一心所作。以凡小不了唯心，證空取相。取相者，成罪福之垢；證空者，背圓常之門。若入宗鏡之中，自成戒德，則不爲空有諸緣所動，豈非第一耶？

戒法既爾，萬行例然。所以華嚴論云：「夫小乘戒爲情有宗，爲如來創爲凡夫造業處，言是應作、是不應作，説善、不善。如此立教，未爲實有。如此有教，且約凡情虛妄之處，横繫諸惡，以教制之，令生人天。是故戒序云：『若欲生天上，及生人中者〔一〕，常當護戒足，勿令有毁損。』〔二〕衆生有爲作業，虛妄非實德，故生人天無常，虛妄非實，未得法身智身，非爲實有宗，且爲情有宗，於小乘中爲軌持教也。如華嚴經持戒即不然。經云：身是梵行耶？身業四威儀，乃至佛法僧、十衆〔三〕、七遮〔四〕、和尚、羯磨〔五〕、壇頭〔六〕等是梵行耶？如是諦觀求梵行者，了不可得，是故名爲清淨梵行。如梵行品説〔七〕。如是清淨行者，名持佛性戒，得佛法身故。乃至初發心時，便成正覺，以持佛性戒故，與佛體齊，理事平等，混真法界。如是持戒，不見自身能持戒者，不見他身有破戒者，非凡夫行，非賢聖行，不見自身發菩提心，不見諸佛成等正覺，若好若惡，若有少法可得，不名净行。當如是觀，如是性戒，即法身也。法身者，即如來智慧也。如來智慧者，即正覺也。是故不同小乘有取捨故。」〔八〕

校注

〔一〕「若欲生天上，及生人中者」，四分律比丘戒本作「欲得生天上，若生人間者」。

〔二〕見四分律比丘戒本。

〔三〕十衆：即「由十衆」，是十種得具戒法的一種。據阿毗達磨俱舍論卷一四，「有十種得具戒法」，其中第九爲「由十衆」。普光述俱舍論記卷一四云：「謂於中國僧多之處，極少猶須十人，多亦不遮。」

〔四〕七遮：即七逆，是能障礙受戒的七種重罪：一、出佛身血，二、殺父，三、殺母，四、殺和尚，五、殺阿闍梨，六、破羯磨轉法輪僧，七、殺聖人。此七逆障戒，故名爲遮。

〔五〕羯磨：意譯「作法辦事」「作業」等，謂在授戒、懺悔等儀式時的作法。玄應一切經音義卷一四：「羯磨，居謁反，此譯云『作法辦事』。」慧苑新譯大方廣佛華嚴經音義卷上：「羯磨，此云『辦事』，謂諸法事由茲成辦也。」

〔六〕「頭」，嘉興藏本作「場」。按，新華嚴經論中作「頭」。壇頭，即「壇場」。

〔七〕實叉難陀譯大方廣佛華嚴經卷一七梵行品：「佛子，菩薩摩訶薩修梵行時，應以十法而爲所緣，作意觀察。所謂身、身業、語、語業、意、意業、佛、法、僧、戒。應如是觀：爲身是梵行耶？乃至戒是梵行耶？若身是梵行者，當知梵行則爲非善、則爲非法、則爲渾濁、則爲臭惡、則爲不浄、則爲可厭、則爲違逆、則爲雜染、則爲死屍、則爲蟲聚。若身業是梵行者，梵行則是行住坐卧、左右顧視、屈伸俯仰。若語是梵行者，梵行則是音聲風息、唇舌喉吻、吐納抑縱、高低清濁。若語業是梵行者，梵行則是起居問訊、略説、廣説、諭説、直説、讃説、毁説、安立説、隨俗説、顯了説。若意是梵行者，梵行則應是覺、是觀、是分別、是種種分別、是憶念、是種種憶念、是思惟、是種種思惟、是幻術、是眠夢。若意業是梵行者，當知梵行則是思想、寒熱、飢渴、苦樂、憂喜。若佛是梵行者，爲色是佛耶？受是佛耶？想是佛耶？行是佛耶？識是佛耶？爲相是佛耶？好是佛耶？神通是佛耶？業行是佛耶？果報是佛耶？若法是梵行者，爲寂滅是法耶？涅槃是法耶？不生是法耶？不起是法耶？不可説是法耶？無分別是法耶？無所行是法耶？不合集是法耶？若僧是梵行者，爲預流向是僧耶？預流果是僧耶？一來向是僧耶？一來果是僧耶？不還向是僧耶？不還果是僧耶？阿羅漢向是僧耶？阿羅漢果是僧耶？三明是僧耶？六通是僧耶？若戒是梵行者，爲壇場是戒耶？問清浄是戒耶？教威儀是戒耶？三説羯磨是戒耶？和尚是戒耶？阿闍梨是戒耶？鬚髮是戒耶？著袈裟衣是戒耶？乞食是戒耶？正命是戒耶？如是觀已，於身無所取，於修無所著，於法無所住；過去已滅，未來未至，現在空寂；無作業者，無受報者；此世不移動，彼世不改變。此中何法名爲梵行？梵行從何處來？誰之所有？體爲是誰？由誰而作？爲是有，爲是無？爲是色，爲非色？爲是受，爲非受？爲是想，爲非想？爲是行，爲非行？爲是識，爲非識？如是觀察，梵行法不可得故，三世法皆空寂故，意無取著故，心無障礙故，所行無二故，方便自在故，受無相法故，觀無相法故，知佛法平等故，具一切佛法故，如是名爲清淨梵行。」

〔八〕見李通玄撰新華嚴經論卷一。

然雖無取捨，於理、行二門，亦不廢具修。如寒山子詩云：「五嶽俱成粉，須彌一寸山。大海一滴水，吸在我心田。生長菩提子，徧蓋天中天。爲報慕道者，慎勿遶十纏。」〔一〕

校注

〔一〕按，此詩項楚先生寒山詩注編號爲二五九。「吸在我心田」作「吸入在心田」，「爲報慕道者，慎勿遶十纏」作「語汝慕道者，慎莫遶十纏」。

夫九結十纏〔二〕，性雖空寂，初心學者且須離之。是以諸佛所説深經，先誡不可於新發意菩薩前説，慮種子習重，發起現行，又觀淺根浮，信解不及。如淨名經云：「佛説婬、怒、癡性，即是解脱。」〔三〕又云：「不斷婬、怒、癡，亦不與俱。」〔三〕故云得之者隱，傍之者現。若於婬、怒、癡情生味著，得其事者，則道隱；若傍善觀之，了其性者，則道現。雖了而不著，故云「亦不與俱」。若非久行根熟菩薩，方〔四〕能理事無礙。如先德偈云：「久種善根深，逢塵塵不侵。不是塵不侵，自是我無心。」〔五〕

校注

〔一〕九結：九種結縛衆生令其不能出離生死的煩惱：愛結（即貪愛）、恚結（瞋恚）、慢結（憍慢）、癡結（無明）、疑結（疑惑三寶）、見結（身見、邊見、邪見）、取結（見取見、戒禁取見二種之取著）、慳結（慳惜己身命財寶）、嫉結（嫉妒他榮富）。　十纏：十種纏縛衆生令其不能出生死、證涅槃之妄惑：一無慚、二無愧、三嫉、四慳、五悔、六睡眠、七掉舉、八昏沈、九瞋忿、十覆。煩惱纏心，名之爲纏。

〔二〕見維摩詰所説經卷中觀衆生品。

〔三〕見維摩詰所説經卷上弟子品。

〔四〕「方」，據文意，疑當作「不」。

〔五〕于頔編集龐居士語録卷下：「久種善根深，同塵塵不侵。非關塵不染，自是我無心。」

問：法身無像，真土如空，皆是一心，無別依、正，云何教中廣談身、土？

答：只於自心性、相，分身、土之名，以自心相義名身，自心性義名土。清涼疏「問：法性身土，爲别？不别？别則不名法性，性無二故；不别則無能依、所依。

「答：經論異説，統收法身，略有十種：一、依佛地論，唯以清淨法界而爲法身，亦以法性而爲其土〔一〕。性雖一味，隨身、土相而分二别。智論云：在有情數中，名爲佛性；在非情數中，名爲法性〔二〕。假説能、所，而實無差。唯識論云：『雖此身、土體無差別，而屬佛法，性、相異故。』〔三〕謂法性屬佛，爲法性身；法性屬法，爲法性土。性隨相異，故云爾也。今言如虚空者，唯識論云：『此之身、土，俱非色攝。雖不可説形量大小，然隨事相，其量無邊，譬如虚空徧一切處。故如虚空言，通喻身、土。』

「二、或唯大智而爲法身，所證真如爲法性土。故無性攝論云：『無垢無罣礙，智爲法身故。』〔四〕若爾，云何言身相如虚空？智體無礙，同虚空故。

「三、亦智亦如而爲法身。梁攝論中及金光明經皆云：唯如如及如如智獨存名法身故〔五〕。此則身含如智，土則唯如。

「四、境智雙泯而爲法身。經云：如來法身，非心非境。土〔六〕亦隨爾，依於此義。諸契經中，皆説如來身、土無二。此則依真之言，顯無能所，方曰依真成如空義。

「五、此上四句，合爲一無礙法身，隨説皆得，土亦如之。

「六、此上總別五句，相融形奪，泯兹五説，迥然無寄，以爲法身，土亦如也。此上單就境智以辯。

「七、通攝五分及悲願等，所行恒沙功德，無不皆是此法身收，以修生功德必證理故，融攝無礙。即此所證真如體大，爲法性土。依於此義，身、土迥異。今言身相，即諸功德。言如虚空，即身之性。華嚴經云：『解如來身，非如虚空，一切功德無量妙法所圓滿故。』〔七〕「八、通收報、化，色相功德，無不皆是此法身收故。攝論中三十二相等，皆法身攝。又，法華經云：『微妙浄法身，具相三十二。』〔八〕然有三義：一、相即如故，歸理法身；二、智所現故，屬智法身；三、當相並是功德法故，名爲法身。其所依土，則通性相，浄穢無礙。我此土浄，而汝不見。衆生見燒，浄土不毁。色即是如，相即非相。身土、事理，交互依持，通有四句：一、謂色身依色相土，二、色身依法性土，三、法身依法性土，四、法身依色相土。此上猶通諸大乘教。「九、通攝三種世間，皆爲一大法身，具十佛故。其三身等，並此中智正覺攝故。土亦如之，即如空身而示普身，于何不具？此唯華嚴。「十、上分權實，唯以第九屬於此經。若據融攝及攝同教，總前九義爲一總句，是謂如來無礙身土」〔九〕。

校　注

〔一〕詳參玄奘譯佛地經論卷三。

〔三〕按，大智度論中未見此説。大方廣佛華嚴經疏卷三〇：「經云：佛性除於瓦石。論云：在非情數中，名爲法性；在有情數中，名爲佛性。明知非情非有覺性故。應釋言：以性從緣，則情非情異，爲性亦殊。」非情，與「有情」相對，指草木、山河、大地、土石等無情識者。

〔三〕見玄奘譯成唯識論卷一〇。下一處引文同。

〔四〕見無性造、玄奘譯攝大乘論釋卷一。

〔五〕「梁攝論」者，參真諦譯攝大乘論釋卷一三。又，金光明最勝王經卷二分別三身品：「爲除諸煩惱等障，爲具諸善法故，唯有如如、如如智，是名法身。」

〔六〕「土」，原作「上」，據諸校本改。

〔七〕見實叉難陀譯大方廣佛華嚴經卷二五。

〔八〕見妙法蓮華經卷四提婆達多品。

〔九〕見澄觀撰大方廣佛華嚴經疏卷一〇。

又，「諸土無礙，通有十種。諸教説土〔一〕，或謂但是無常，或云心變，理事懸隔，一多不融，故今要辯無礙：一、理事無礙，謂全同真性而刹相宛然。經頌云『華藏世界海，法界無差別，莊嚴悉清淨』〔二〕故。二、成壞無礙故，謂成即壞，壞即成等。三、廣狹無礙，不壞相而普周故。經頌云『體相如本無差別，無量國土悉周徧』〔三〕等。四、相入無礙。經頌云：『以一刹種入十方，十方入一亦無餘。』亦是一多無礙。五、相即無礙。經云：無量世界即一界故〔四〕。六、微細無礙。經頌云『清淨珠王布若雲，炳然顯現諸佛影』〔五〕等。七、隱顯無礙，謂染浄異類，隱顯等殊，見不同故。八、重現無礙，謂於塵中見一切刹，刹内塵中見刹亦然，重重無盡，如帝網故。九、主伴無礙，凡一世界，必有一切以爲眷屬。經頌云：『毗盧遮那昔所行，種種刹海皆清浄。』〔六〕種種刹即眷屬也。十、三世無礙，一念融故」〔七〕。

校注

〔一〕「土」，原作「上」，據諸校本改。
〔二〕見實叉難陀譯大方廣佛華嚴經卷一〇。
〔三〕見實叉難陀譯大方廣佛華嚴經卷八。下一處引文同。
〔四〕實叉難陀譯大方廣佛華嚴經卷一七：「一世界即是不可説世界，不可説世界即是一世界。」
〔五〕實叉難陀譯大方廣佛華嚴經卷八：「清浄珠王布若雲，一切香河悉彌覆。其珠等佛眉間相，炳然顯現諸佛影。」
〔六〕見實叉難陀譯大方廣佛華嚴經卷八。
〔七〕見澄觀撰大方廣佛華嚴經疏卷一一。

如上無礙，皆是一心。若有異法相參，則不能融攝。如大集經云：「佛言：善男子，云何菩薩自浄其國，如諸佛土？若菩薩知一切法無國無非國，至一切處無至無不至。若菩薩見法對六情皆知是佛法，亦不見凡夫法、佛法有異，作是念：此一切法皆是佛法，佛法至一切處故，一切諸法及佛法但假名字，亦非是法，亦非非法，是故我等不應取著。以自土浄故知諸佛國浄，此與法平等等〔一〕，眼界是佛界，耳、鼻、舌、身、意、法界是佛界，我不應分別有尊有卑。菩薩如是至一切法平等處，是爲菩薩自浄其國，如諸佛土。」〔二〕則知主伴依正，不離五蘊。五蘊性空，即是平等。

校注

〔一〕「此與法平等等」，大方等大集經作「此法與平等等」。

〔二〕見大方等大集經卷一五。

又，見法從緣，則知國由心現。國由心現，故有而即空。空爲法性，萬法由生。見法性原，是真智慧〔一〕。所以諸佛他受用土，隨根不同，見有差別故。法華經云：「我浄土不毁，衆生見燒盡。」〔二〕

校注

〔一〕「見法從緣」至此，見澄觀撰大方廣佛華嚴經疏卷五三。

〔二〕見妙法蓮華經卷五如來壽量品。

昔人云：「如人於餓鬼火處見水，餓鬼於人水處見火。亦如羅刹宮殿與人宮殿同在一處，互不相見。他受用土，亦復如是。若自受用土，故是徧周，不即三界，不離三界故；若法性土，即起滅常如。故知佛土難思，不可作存滅、染浄之見矣。」〔一〕

校注

〔一〕見澄觀述大方廣佛華嚴經隨疏演義鈔卷二七。

又，古德釋有三義：一、自性身土，既同所證，明是體同，如一室之空。二、自受用，如千燈光，同徧室内。三、他受用及變化二土，正證於前，亦相似名同，而隨機見異〔一〕。如首楞嚴經云「循業發現」〔二〕者，隨衆生業果，皆能顯現。如釋迦出世，國土狹小，海水增盈；彌勒下生，世界寬弘，四大海減〔三〕。菩薩在會，無諸丘坑；聲聞處中，穢惡充滿〔四〕。故知隨諸一切有情而出應現，寬狹、浄穢，總是衆生心量〔五〕所成，佛果無作。裕公云：心則諸佛證之以爲法身，境則諸佛證之以爲浄土，則二皆所證，智爲能證〔六〕。

校注

〔一〕澄觀述大方廣佛華嚴經隨疏演義鈔卷三四：「於中四種身土，文分爲三：初釋自性身土，既同所證，明是體同，如一室之空。二、自受用，如千燈光，同照室内。三、餘二身土，即他受用及變化者，正證於前，亦相似名同，而隨機見異。」故「古德」者，即澄觀。

〔二〕見大佛頂如來密因修證了義諸菩薩萬行首楞嚴經卷三。

〔三〕詳見彌勒下生成佛經。

〔四〕參見妙法蓮華經、維摩詰所説經等。

〔五〕心量：謂心起妄想，對外境起種種度量。

〔六〕「裕公云」至此，見澄觀述大方廣佛華嚴經隨疏演義鈔卷一。裕公，釋靈裕，傳見續高僧傳卷九隋相州演空寺釋靈裕傳。

慈恩疏云：「問：净土以何爲體？

「答：准攝論云，以唯識智爲體，爲佛及菩薩唯識智爲體〔一〕。即金剛般若論云：『智習唯識通，如是取净土。』〔二〕若佛地論，以佛自在無漏心爲體，非離佛净心外，别有寶〔三〕等净心色也。」〔四〕

校注

〔一〕真諦譯攝大乘論釋卷一五：「菩薩及如來唯識智，無相無功用，故言清净。離一切障，無有退失，故言自在。此唯識智，爲净土體故，不以苦諦爲體。」

〔二〕見金剛般若波羅蜜經論卷上。

〔三〕「寶」，原作「實」，據阿彌陀經疏改。參後注。

〔四〕見窺基撰阿彌陀經疏。玄奘譯佛地經論卷一：「最極自在淨識爲相，謂大宫殿最極自在，佛無漏心以爲體相，唯有識故，非離識外別有實等，即佛淨心如是變現似衆寶等。」

又云：色等即是佛淨心所感，離佛自心之外，別無能感。如是假實之色，皆不離佛淨心。即此淨心，能顯假實之色故，經云「青色青光，黄色黄光」〔一〕等是也。

校注

〔一〕見阿彌陀經。

天台無量壽疏云：「夫樂邦之與苦域，金寶之與泥沙，胎獄之望華池，棘林之比瓊樹，誠由心分垢淨，見兩土之昇沉；行開善惡，覩二方之麤妙。喻於形端則影直，源濁則流昏。乃至〔一〕可謂微行妙觀、至道要術者哉！此經心觀爲宗，實相爲體。」〔二〕

記云：「妙觀、至道者，業行雖多，以心觀爲要術，一念心起，淨土宛然，無作體如，故言『微行』。一心三觀，皆空、假、中。能、所雖分，互照不思議境，要在心原，即觀功也。横周豎窮，平等無二；三觀因圓，三德果滿，皆由心要義成，故言『至道要術』。」〔三〕

校　注

〔一〕乃至：表示引文中間有删略。

〔二〕見智顗觀無量壽佛經疏序。

〔三〕見法聰撰釋觀無量壽佛經記。

肇法師云：「萬事萬形，皆由心成，心有高下，故丘陵是生。」〔一〕又云：「佛土常淨，豈待變而後飾？蓋是變衆人之所見耳。」

校　注

〔一〕見注維摩詰經卷一。下一處引文同。

是以衆生見爲土石山河，皆是自業之影起；菩薩純爲妙慧，即是真智之所爲。離凡、聖心，無真、俗境。如華嚴論云：「此〔一〕華嚴經明緣起法界門，理、事無二，無緣不寂，無事不真。十方世界，一真性海，大智圓周，爲國土境界。總爲性海，爲一真法界。非有情無情，隨業説故。爲華嚴中純真境界，總爲智故。十住菩薩以慧爲國，十行菩薩以智爲國，十迴向、十地以妙爲國，不説情與無情二見差別。以華嚴經爲彰本法，異三乘權學教故，是無

情是有情，有生有滅故。」〔二〕

校注

〔一〕「此」，原作「北」，據諸校本及新華嚴經論改。

〔二〕見李通玄撰新華嚴經論卷二。

問：一切身土，八微〔一〕所成，云何唯心而無質礙？

答：執色極微有質礙性，是小乘宗，非通大旨。人水鬼火，豈在異方？毛海芥山，誰論巨細〔二〕？一塵一識，萬境萬心矣。若迷心而觀色，則通塞宛然；若了色而明心，乃是非絶矣。所以古德云：「若知色即空，觀色非耶？若迷色不空，觀色是耶？若知空即色，觀空非耶？若觀空異色，觀空是耶？此乃解惑異途，自分姸醜，何關色、空二境，以辯邪正耶？若曉此宗途，常色觀而恒正；若迷斯旨趣，雖空觀以恒邪。」〔三〕

校注

〔一〕八微：地、水、火、風、色、香、味、觸。隋慧遠大乘義章卷八十二入義六門分別：「言十微者，色等五塵，地等五大。言八微者，前十微中除聲及空。」五塵即色、聲、香、味、觸；五大指地、水、火、風、空。杜順華嚴五教止觀第一法有我無門：「言八微者，堅、濕、煖、動、色、香、味、觸者是也。」

〔二〕唐懷感撰釋淨土群疑論卷一：「唯執極微有質礙性，此乃是薩婆多宗部執異計，豈是大乘通相妙旨？只如大乘時節長短、世界大小，皆悉不定。時即演七日爲其一劫，促千載而爲片時；量即納須彌於芥子，内巨海於毛孔，豈限長短巨細者哉？質礙亦爾，礙無定礙。其礙即以木礙木，以石礙石也。不礙者，人水、鬼火、天珠、魚宅，本同一處，何有異方？以兹類彼，義可知矣。」

〔三〕見唐懷感釋淨土群疑論卷二。

且夫衆生不了二空，皆爲執心色實有，觀心不妙，照境無功，既不解即色明空，又不能微細剖析，罔知麤細色聚，焉窮真妄心原？今對深淺之機，略標性相之義，令圓頓之根不濫，使中下之智無遺。

如先德云：如來出世，本爲度生〔一〕。有情迷執根深，妄計實有我法，佛即巧設方便，令除顛倒之心。於色聚中，遣其分析，顯彼二執，我法皆空。觀心析時，有如刀用。顯所析者，色雖無量，不越兩般：一者俱礙，二者所礙。俱礙色者，謂五根五境，能造四大，此乃總體。於中别者，即青、黄、赤、白，此四是實；長、短、方、圓、麤、細、高、下、若正、若不正，此十是假。依實有故，名爲形色。能礙於他，亦被他礙，故名俱礙。依此分析，成極略色，極略色即法處〔二〕收。復有光影、明暗、煙雲、塵霧、迥色〔三〕、表色〔四〕、空一顯色〔五〕等，皆是假有〔六〕，由被他礙，不能礙他，名所礙色。依此假想分析之時，名極迥色，極迥色即法處攝。

校注

〔一〕般若譯大方廣佛華嚴經卷三八：「諸佛出世，本爲利樂諸衆生故。」隋吉藏撰中觀論疏卷六：「如來出世，本爲拔衆生老病死苦。」

〔二〕法處：意根所對的境界。

〔三〕玄奘譯大乘阿毗達磨雜集論卷一：「迥色者，謂離餘礙觸方所可得；空一顯色者，謂上所見青等顯色。」參本書卷五五。

〔四〕表色：謂行、住、坐、卧、取、捨、屈、伸，雖是所行之事，而有表對，顯然可見，故名表色。表，顯也，對也。

〔五〕顯色：謂青、黄、赤、白、光影、明暗、煙雲、塵霧、虚空等色，明顯可見，故名顯色。顯即明顯，色即質礙之色。在上空現者，名空一顯色。詳參本書卷五四注。

〔六〕假有：謂因緣和合而生者。因緣所生之法，雖無實性，然係假施設爲有者，故稱假有。

三〔一〕、顯示行相及所依定者，謂瑜伽師作觀行時，依四静慮〔二〕根本定心，與慧俱時，託彼根境及與外色爲質，於自識上變影而緣，於一色聚之中，初析爲二，觀此二分色上，我法都無，了了分明，不沉不掉。復恐二分色裏，我法猶存，更以慧心，析爲四別。如是乃至隣虚一相，更不可析，名色後邊。若更析之，便爲非色。依斯假立極略、極迥二種極微，推覓我法，實體都無，達徧計空。悟依他假，便能引起二空無漏根本智生，即證二空所顯真理。

校　注

〔一〕按，此云「三」，前闕「一」「二」，或由轉引致誤。

〔二〕四静慮：即四禪定，初禪、二禪、三禪和四禪。實叉難陀譯大方廣佛華嚴經卷三五：「離欲惡不善法，有覺有觀，離生喜樂，住初禪；滅覺觀，内浄一心，無覺無觀，定生喜樂，住第二禪；離喜住捨，有念正知，身受樂，諸聖所説能捨有念受樂，住第三禪；斷樂，先除苦喜憂滅，不苦不樂，捨念清浄，住第四禪。」大般若波羅蜜多經卷四六：「離欲惡不善法，有尋有伺，離生喜樂，入初静慮具足住，是初定；尋伺寂静，内等浄心一趣性，無尋無伺，定生喜樂，入第二静慮具足住，是第二定；離喜住捨，具念正知，身受樂，聖説住捨，具念樂住，入第三静慮具足住，是第三定；斷樂斷苦，先喜憂没，不苦不樂，捨念清浄，入第四静慮具足住，是第四定。」

又，佛國者，如今一國之内，皆天子所握領，無不屬於國者。今亦爾，隨心一想一緣，有情無情、若色若心，皆是實智所照之境，無不了其性相，故名佛國。

天台浄名疏云「隨成就衆生則佛土浄，隨佛土浄則説法浄，隨説法浄則智慧浄，隨智慧浄則其心浄，隨其心浄則一切功德浄。是故寶積，菩薩欲得浄土，當浄其心，隨其心浄則佛土浄」〔一〕者，「觀心性本浄，猶如虛空，即是性浄之境，境即國也。觀智覺悟此心，名之爲佛。初觀名因，觀成名果。若論自行，即是心王無染；若論化他，即是心數解脱。智慧數爲大臣，能排諸數上惑，以還心原清浄土也，故云『心浄即佛土浄』也」〔二〕。

又，「隨四教所明四心，此四種心浄即四種佛國悉浄。此四種心，只是一自性清浄心。此心若浄，一切佛土皆悉浄也」〔三〕。如鏡明則照遠，鈴響則聲高，心浄則智行俱清，意虛則境界咸寂。凡曰垢浄，無有不由心者，乃一浄一切浄矣。或見成、住、壞、空，皆是衆生善惡業現。

校注

〔一〕見維摩詰所説經卷上佛國品。

〔二〕見智顗撰維摩經玄疏卷六。

〔三〕見智顗撰維摩經文疏卷八。

如首楞嚴經云：「思報招引惡果。此思業交，則臨終時先見惡風吹壞國土，亡者神識〔一〕被吹上空，旋落乘風，墮無間獄。」〔二〕

古釋云：思者，意也〔三〕。國土不壞，由心分別，見國土壞。由意思影像，法塵生滅，報處還然，能受生滅之遷變。又，生人見國土，死人則見壞，皆由意生法生，心滅境滅。

校注

〔一〕神識：有情靈妙不可思議的心識，猶今之所謂「靈魂」。

〔二〕見大佛頂如來密因修證了義諸菩薩萬行首楞嚴經卷八。無間獄，即無間地獄，爲八熱地獄之一。無間，音譯「阿鼻」，一劫之間，受苦無間，故稱無間。

〔三〕達摩岌多譯金剛般若論卷下：「思者，意所攝。」按，錢謙益楞嚴經疏解蒙鈔卷八引作「思者業也」。阿毗達磨順正理論卷一〇：「思是意業，有心皆有。」子璿集首楞嚴義疏注經卷八：「思是意業，無質迅疾，猶如於風。」

十四科浄土義〔一〕云：經有恒沙佛國者，皆是聖人接物之近迹，佛實無土。何以明之？夫未免形累者，故須託土以自居。八住已上，永脱色累，照體獨立，神無方所，用土何爲？而言有者，以衆生解微惑重，未堪真化，故以人天福樂引之，令行戒善。或以三乘四果〔二〕誘之，勸修道品。然涉善之功，自然冥歸菩提。因起貪報之惑，故流轉生死。實即土屬衆生，故無國而不穢；浄屬於佛，故無國而不浄。故經云：「我浄土不毀。」〔三〕此之謂矣。

校注

〔一〕十四科：竺道生撰。詳見本書卷一六注。

〔二〕四果：聲聞修行所得的四種果位，即須陀洹果（預流果）、斯陀含果（一來果）、阿那含果（不還果）、阿羅漢果。

〔三〕見妙法蓮華經卷五如來壽量品。

問：所明淨土，敬如高旨，但尋玄宗，不以事爲淨，淨取無穢。此即行業不同，報至不雜，是以石砂之人不得同天踐七珍之土。今疑畜生業與人異，而同履石砂之地，以乖所立義耶？

答：畜生所以得與人同踐石砂者，良由一毫微善同人，俱免燒煮之痛，以善微故，不及人爲苦，然爐鑊與石砂爲善輕重雖異，而事實相隣，所以猶與人同踐石砂之地。善勝事精而域絶，故石砂之人絶階於七珍之土也。

問：淨穢似無定質，如釋摩男捉瓦成金〔一〕，餓鬼見水成火〔二〕，云何淨穢域絶耶？

答：因緣之法，誠有此理，但經云如釋摩男，此莫不是示旨，欲明法無定相，以祛衆生封滯之甚耳。餓鬼惑故，見水爲火，不遂是火也。所以域絶者，石砂之人不得同生安養故也。

校注

〔一〕釋摩男：摩訶那摩之略，拘利太子之尊稱，是佛陀初轉法輪所度化的五位比丘之一。湛然止觀輔行傳弘決卷九之三：「如大經中釋摩男執諸瓦礫，皆悉成寶，亦是過去心力所致。」

〔二〕楞伽阿跋多羅寶經卷二：「大慧，云何離性非性惑亂？謂一切愚夫種種境界故。如彼恒河，餓鬼見不見故，無惑亂性。於餘現故，非無性。」宗泐、如玘楞伽阿跋多羅寶經注解卷二：「如彼恒河等者，承上愚夫所見，舉以爲喻。餓鬼雖近恒河，而不見水，以其見水是火，故云『見不見』也。」大覺四分律行事鈔批卷一四瞻病送終篇：「若言境是實者，具如水境，何以人見是水、餓鬼見水是火、天見是一道瑠璃、魚見是屋宅？故知境一，見則不同。明知境唯是空，隨情妄取，横言有境，横言水火等也。」

釋云：「浄取無穢」者，不以形爲浄，取無形爲浄。又云：七珍無石砂之穢爲浄，不取七珍爲浄。若畜生與人善業相隣，所以同履石砂。「善勝事精」者，人天業殊故，人絶階七珍之土。畜生不及人爲苦者，緣遭鞭楚烹宰及自互相食噉等苦，人無此事，故云「不及人爲苦」。鑪鑊者，輕趣與人同處故，經云諸小地獄在鐵圍山間，或海邊曠野等是也。若阿鼻獄等，即與人別居，天善爲勝，七珍事精，所以與人限域隔絶。

問中難釋摩男，明人中即受天報，何故云人絶階於七珍之土？又舉餓鬼，欲明人不絶鬼限域，可即人報成鬼報耶？答云「示旨」者，示現意也，意除封迷常之極。所云「不遂是火」者，餓鬼雖自業惑所迷，見水爲火，然水不從惑成火。遂者，從也。「因緣之法，誠有此理」者，謂如來説法，有二種門：一、謂因緣門，二、謂因果門。因緣門者，即無定質；因果門者，即有定義。

又，經明一切世間淨穢國土，皆是菩薩行所成，衆生業共感。若娑婆緣熟，即華藏是娑婆；若華藏緣熟，即娑婆是華藏。若無行無感，世界不成，則離心之外，更無一法。如華藏世界海者，略有二因：一、約衆生如來藏識，即是香海，亦法性海。依無住本，是謂風輪，亦妄想風。於此海中，有因果相。恒沙性德，即是正因之華。世、出世間未來果法，皆悉含攝，故名爲藏。若以法性爲海，心即是華，含藏亦爾。然此藏識相分之中，半爲外器，不執受故；半爲内身，執爲自性，生覺受〔一〕故。如來藏識，何緣如此？法如是故，行業引故。二、約諸佛，謂以大願風，持大悲海，生無邊行華，含藏二利染淨果法，重疊無礙，故所感剎相狀如之〔二〕。所以重重無盡，皆是凡聖之心，真如性故。上之大海，既是藏識。今明心華之内，攝諸種子，一一種子，不離藏識海，故有多香海，然一一具於性德故，皆有莊嚴故〔三〕。

校　注

〔一〕覺受：對苦、樂等的感覺、感受。日僧良光撰略述法相義卷中執非執受：「生覺受者，唯是身根。以餘四根色、香、味、觸不離身根，同聚一處，亦名覺受。」

〔二〕「略有二因」至此，見澄觀撰大方廣佛華嚴經疏卷一一。

〔三〕「上之大海」至此，見澄觀撰大方廣佛華嚴經疏卷一一。

又，夫一切諸法，隨緣幻生，體、用俱無，隱、顯互起。或多中現一，一中現多。若不知起盡之根由，則任運但隨境轉，或隨好境而忻集，或逐惡緣而怖生。若能明了一切凡、聖等法，悉是自心境界，以此一印，衆怖潛消。所以持地經云：「佛告阿逸多：菩薩於一切法、於一切菩薩法莫生恐怖。於一切辟支佛法，亦莫恐怖。於一切聲聞法，亦莫恐怖。於一切凡夫法，亦莫恐怖。乃至〔一〕於静於亂，亦莫恐怖。於假於實，亦莫恐怖。於信不信，亦莫恐怖。於善念不善念，亦莫恐怖。於住不住，亦莫恐怖。如是，菩薩於一切法，莫生恐怖。阿逸多，我於往昔修如是等無畏法故，得成正覺，悉能了知一切衆生心之境界，而於所知不起知相，以我所證隨機演説，能令聞法諸菩薩等獲得光明陁羅尼印。得法印故，永不退轉。」〔二〕

釋曰：了一無畏法，能除〔三〕五怖畏〔四〕，入此一心門，當生歡喜地〔五〕。又云：心浄得佛土功德浄。故云：欲得浄土果者，當浄其心。舉果勸因，謂由心也。云何稱浄？若行者不得心處，則心無起滅。無起滅故，是曰浄心〔六〕。

校注

〔一〕乃至：表示引文中間有删略。

〔二〕見大乘方廣總持經。阿逸多：彌勒名。慧琳一切經音義卷二七：「阿逸多，『阿氏多』，云『無能勝』，彌勒名。」玄應一切經音義卷二五：「阿氏多，常尔反，此云『無勝』，舊言『阿耆多』，或作『阿逸多』，皆訛也，是彌勒今生名。」按，據開元釋教録卷四等，鳩摩羅什譯經中有持地經一卷，闕本。此云「持地經云」者，或誤。又，本書凡引持地經三處，此處之外，還有卷六九和卷九六兩處，皆出持世經。而大乘方廣總持經一卷，隋毗尼多流支譯，據開元釋教録卷一九大乘入藏録，與持世經等四經同秩，此或爲延壽引時不察而致此誤的原因。

〔三〕「除」，諸校本作「持」。

〔四〕五怖畏：又稱五恐怖、五怖、五畏，是見道以前的人所起的五種恐懼。一、不活畏，又稱不活恐怖，謂初學者雖行布施，但因恐懼自己不能過活，常積聚資財，未能盡施所有。二、惡名畏，又稱惡名恐怖，謂初學者爲度化衆生而同入酒肆等處，然不能安行自若，恒懼他人譏謗。三、死畏，又稱死恐怖、命終畏，謂雖起廣大心而施與財物等，但仍畏死，不能捨身。四、惡道畏，又稱惡趣恐怖、惡趣畏、墮惡道畏，謂恐懼造作不善業而墮於惡道。五、大衆威德畏，又稱衆中恐怖、大衆畏、處衆怯畏，謂於王廷執理處或善解法義威德大衆前，恐懼自己言行有失，不能於其前爲獅子吼。此五種怖畏，在入初地時即遠離之。

〔五〕歡喜地：十地之初地。菩薩經一大阿僧祇劫修行，初證真如平等聖性，具證二空之理，能成就自利利他之行，心多生歡喜，故稱歡喜地。

〔六〕隋慧遠維摩義記卷一末：「若菩薩欲得淨土常淨其心者，舉果勸因。隨其心淨則佛土淨，明因得果。」

又，大品經云：「空故，離故，不生故，寂滅故，名之爲淨〔一〕。隨其心淨則佛土淨者，明因則是心，此明心外無境界，隨心而生。心既清淨，外報相亦淨。淨穢從心，自無體質，豈有相礙而異處？是故行業不同，各各異見。行業同故，所以見不異，如聲和響順，形直影端。淨穢之異，皆由心作。若無心分別，垢淨何生？見垢實性，即無淨相，豈有二法相待而論差別乎？故華嚴經頌云：「佛刹無分別，無憎無有愛，但隨衆生心，如是見有殊。」〔二〕

所以對機立教，於分別門中，論衆生淨心非唯一種，不可雷同。古釋有四：一、真實淨，謂無漏善心；二、相似淨，謂有漏善心；三、究竟淨，謂佛世尊；四、不究竟淨，謂十地已下乃至凡夫。又，四句料簡體相淨穢：一、體淨相穢，謂佛現穢土相，佛心清淨無漏故。經云：「爲欲度斯下劣人故，示是衆惡不淨土耳。」〔三〕二、體穢相淨，如十地已還本識及有漏六、七識，并地前凡夫一切有漏心所現淨土，是有漏故，名體穢；以依如來清淨佛土，自識變似淨土相現，名相淨。三、體相俱淨，如佛及十地已還無漏心中所現淨土。四、體相俱穢，如有漏心所現穢土。若分別淨土淨心，更有多種。復有究竟淨心、未究竟淨心，有有漏浄心、無漏浄心，有有相浄心、無相浄心，有伏現行浄心、斷種子浄心，有自力浄心、他力浄心。諸佛隨機，説無定法〔四〕。

校注

〔一〕出處俟考。摩訶般若波羅蜜經卷七十無品：「内空無所有故，菩薩前際不可得，乃至無法有法空無所有故，菩薩前際不可得；内空空故，内空離故，内空性無故，乃至無法有法空空故、離故、性無故，菩薩前際不可得。」或即此説所本。

〔二〕見實叉難陀譯大方廣佛華嚴經卷一三。

〔三〕見維摩詰所説經卷上佛國品。

〔四〕懷感撰釋浄土群疑論卷一：「釋曰：浄有多種，有真實浄、有相似浄、有究竟浄、有非究竟浄。真實浄者，謂無漏善心；相似浄者，謂有漏善心；究竟浄者，謂諸佛世尊；非究竟浄者，謂十地已下乃至凡夫。有體浄相穢、有體穢相浄、有體相俱浄、有體相俱穢。體浄相穢者，謂佛心無漏清浄故，所現之土亦復清浄，然所現土現於穢相，名體浄相穢。故維摩經言：『爲欲度斯下劣人故，示是衆惡不浄土耳。』體穢相浄者，如十地已還本識及有漏六、七識，并地前凡夫一切有漏心所現浄土，是有漏故，名爲體穢；以依如來清浄佛土，自識變似浄土相現，故名相浄也。體相俱浄者，如佛及十地已還無漏心中所現浄土，名體相俱浄。體相俱穢者，如有漏心所現穢土等是也。（中略）浄土有多種，非是一途，有究竟浄心、有未究竟浄心，有有漏浄心、有無漏浄心，有有相浄心、有無相浄心，有伏現行浄心、有斷種子浄心，有自力浄心、有他力浄心，其義非一，不可爲難。諸佛如來逗機説法，或就究竟作語，或就未究竟爲語，如是等説，其義不定。」

若論大旨，尚不得一浄，何況多門？此乃一心真如，不守自性，隨緣對處，有淺有深，或垢或浄。不可滯理妨事，守一疑諸。迷卷舒之門，起通局之見。雖同一旨，約相差别不無；雖云有異，順體一如不動。何者？若言其一，則安養寶方，娑婆丘隴；若言其異，十方佛國，一道清虚。若言其有，無邊浄刹猶若虚空；若言其無，妙土交羅如天帝網。所以精超四句，妙出百非，道不可以一言詮，理不可以一義宣。

故如上所説，身土唯心，但將世間所見所聞之法驗之，自然可解。且如河嶽不靈，爲人所感。何者？土木瓦石，豈有所知？皆精志在人，從識所變。或非人所附，俱不出心。如皇唐國史：德宗皇帝貞元七年〔一〕，驃國〔二〕有使，重譯來朝，上乃親聘。使者云：「自秦漢已來，未曾通於中國。」上又問：「何以知朕臨朝？」對曰：「我國三年，牛馬頭向東而卧，水無巨浪，海不揚波，所以知中夏有華風，乃陛下之聖德。」乃至珠還合浦〔三〕、劒去吴都〔四〕、虎負子而過江〔五〕、鳳呈祥而入境〔六〕，牛虎無計度分别，珠劒本屬於無情，豈能感德知恩、抱强負弱？全是人心之所變，真唯識義之所成。如篤善則天堂現前，習惡則火車盈側，命富則珠珍溢藏，業貧則茆土攢身。但以宗鏡照之，萬事難逃影響矣。

校注

〔一〕「如皇唐國史：德宗皇帝貞元七年」，冥樞會要作「又如唐德宗朝」。

〔二〕舊唐書卷一九七南蠻驃國傳：「驃國，在永昌故郡南二千餘里，去上都一萬四千里。」

〔三〕後漢書卷七六上循吏列傳孟嘗：「（合浦）郡不産穀實，而海出珠寶，與交阯比境，常通商販，貿糴糧食。先時宰守並多貪穢，詭人採求，不知紀極，珠遂漸徙於交阯郡界。於是行旅不至，人物無資，貧者餓死於道。嘗到官，革易前敝，求民病利。曾未踰歲，去珠復還，百姓皆反騎業，商貨流通，稱爲神明。」

〔四〕吴越春秋卷四闔閭内傳：「湛盧之劍，惡闔閭之無道也，乃去而出，水行如楚。」

〔五〕後漢書卷七九上儒林列傳劉昆：「先是崤、黽驛道多虎災，行旅不通。昆爲政三年，仁化大行，虎皆負子度河。」

〔六〕孔叢子記問：「天子布德，將致太平，則麟鳳龜龍先爲之呈祥。」

音義

靡，文彼反，無也。　基，居之反，址也。　佩，蒲昧反。　洄，户恢反。　洑，房六反。　翅，施智反。　癬，息淺反，癬疥也。　派，普賣反。　擎，渠京反。　蟄，直立反。　甄，側隣反。又音堅。　腐，扶雨反。　㨝〔一〕，先結反。　謬，靡幼反。　誘，與久反。　瘧，魚約反。　朦，莫紅反。　朧，盧紅反。　匿，女力反。　柄，兵詠反。　槮，沙檻反。　肘，陟柳反。　探，他含反，取也。　創，初亮反，初也。　纏，直連反。　邦，博江反。　棘，紀力反。　瓊，渠營反。　鈴，郎丁反。　域，与逼反。　亨，許庚反。　偪，落猥反。　隴，力踵反。

丙午歲分司大藏都監開板

校注

〔一〕「揳」，文中作「楔」，異體。

宗鏡録卷第二十二

慧日永明寺主智覺禪師延壽集

夫真心無形，妙體絶相，云何有報化、莊嚴等事？

答：諸佛法身如真金，相好似金莊嚴具。以金作具，體用全同；從心現色，性相無二。如起信論：「問云：若佛法身無有種種差别色相，云何能現種種諸色？答：以法身是色實體故，能現種種色。謂從本已來，色、心無二，以色本性即心自性，説名智身；以心本性即色自性，説名法身。依於法身，一切如來所現色身徧一切處，無有間斷。十方菩薩隨所堪任，隨所願樂，見無量受用身，無量莊嚴土，各各差别，不相障礙，無有斷絶。此所現色身，一切衆生心意識不能思量，以是真如自在甚深用故。」〔一〕

校　注

〔一〕見實叉難陀譯大乘起信論卷上。

故知所現一切依、正二報，供具莊嚴等無邊佛事，皆從一心而起。如華嚴經云：「以從波羅蜜所生一切寶蓋，於一切佛境界清浄解所生一切華帳，無生法忍所生一切衣，入金剛法無礙心所生一切鈴網，解一切法如幻心所生一切堅固香，周徧一切佛境界如來座心所生一切佛衆寶妙座，供養佛不懈心所生一切寶幢，解諸法如夢歡喜心所生佛所住一切寶宫殿，無著善根無生善根所生一切寶蓮華雲、一切堅固香雲、一切無邊色華雲、一切種種色妙衣雲、一切無邊清浄栴檀香雲、一切妙莊嚴寶蓋雲、一切燒香雲、一切妙鬘雲、一切清浄莊嚴具雲，皆徧法界，出過諸天供養之具，供養於佛。其諸菩薩一一身各出不可説百千億那由他菩薩，皆充滿法界、虚空界，其心等於三世諸佛，以從無顛倒法所起。」〔一〕

解深密經云：「爾時，曼殊室利白佛言：『世尊，如來成等正覺，轉正法輪，入大涅槃，如是三種，當知何相？』佛告曼殊室利：『善男子，當知此三皆無二相，謂非成等正覺、非不成等正覺，非轉正法輪、非不轉正法輪，非入大涅槃、非不入大涅槃。何以故？如來法身究竟浄故，如來化身常示現故。』」〔二〕

校　注

〔一〕見實叉難陀譯大方廣佛華嚴經卷二三。

釋曰：「非成等正覺」者，以法身究竟浄故，離常見故，入第一義諦故，非衆生見聞故。「非不成等正覺」者，以化身常示現故，離斷見故，約世俗諦故，隨機熟有情心現故。然法、報雖分，真、化一際。

校注

〔一〕見解深密經卷五如來成所作事品。

又，法身普徧有二：一、隨相各別徧，以法身徧在一切大小相中不壞相故；二、圓融揔攝徧，以法身無相能融一切有相揔攝歸一體故。色身即體之用徧，智身修成如體之徧，遂則十身布影，散分十刹之中；一體分光，不動一塵之内。色身如日之影，隨現世間；智身似日之光，照臨法界〔一〕。

校注

〔一〕澄觀述大方廣佛華嚴經隨疏演義鈔卷一八：「先隨相各別遍，二圓融總攝遍。今初且寄三身以明下，明攝十以爲三故。今明法身本體遍，智身修成如體而遍，色身即體之用遍。法身如虛空遍，智身如日光遍，色身如日影遍。」

又，佛身諸根，一一相好，皆徧法界，以諸根體同故。若眼爲門，諸根相好及佛刹土莫不皆是一眼中現。如經云衆生身中有如來眼、如來耳等，以佛法身共衆生性無別體故〔一〕，皆從無性而起，起不違真；因法界而生，生不礙事。所以一切諸佛於一切世界，皆是得菩提處。若以真身，則稱性徧周；若以應身，則隨機普現。所以天親云：廣略相入者，諸佛有二種身：一、法性法身，二、方便法身。由法性法身故，生方便法身；由方便法身故，顯出法性法身。此二種身，異而不可分，一而不可同，是故廣略相入〔二〕。法身無相故，則能無不相。是故相好莊嚴，即是法身也。法身無知故，則能無不知。是故一切種智，即是真實智慧〔三〕。故華嚴論云：「法身相好，一際無差。」〔四〕

校注

〔一〕隋慧遠撰大般涅槃經義記卷二：「二乘人入涅槃時，真心不滅，名爲亦想。二乘之實，是如來藏。如來之藏，是佛法身。是法身中，具佛眼、耳、鼻、舌等性，名爲亦色。故經説言衆生身中有如來眼、如來耳等，以佛法身共衆生性無別體故。」大般涅槃經卷九：「一切衆生悉有佛性，以佛性故，衆生身中即有十力、三十二相、八十種好。我之所説，不異佛説。」

〔二〕北魏曇鸞注解無量壽經優婆提舍願生偈注卷下：「何故示現廣略相入？諸佛、菩薩有二種法身：一者、法性法身，二者、方便法身。由法性法身生方便法身，由方便法身出法性法身，此二法身，異而不可分，一而不可同。是故廣略相入，統以法名。菩薩若不知廣略相入，則不能自利利他。」按，無量壽經優婆提舍爲婆藪槃豆菩薩（天親）造，然此處所引乃曇鸞注無量壽經優婆提舍願生偈中「略説入一法句故」語，非天親所云。參下注。

〔三〕唐道綽撰安樂集卷上：「天親菩薩論云：『若能觀二十九種莊嚴清浄，即略入一法句。一法句者，謂清浄句。清浄句者，即是智慧無爲法身故。』何故須廣略相入者？但諸佛、菩薩有二種法身：一者、法性法身，二者、方便法身。由法性法身故生方便法身，由方便法身故顯出法性法身。此二種法身異而不可分，一而不可同，是故廣略相入。菩薩若不知廣略相入，則不能自利利他。無爲法身者，即法性身也，法性寂滅故，即法身無相也。法身無相故，則能無不相。是故相好莊嚴，即是法身也。法身無知故，則能無不知。是故一切種智，即是真實智慧也。」

〔四〕見李通玄撰新華嚴經論卷一。

曉公起信論疏序云：「原〔一〕夫大乘之爲本〔二〕也，蕭焉寂滅，湛爾沖玄。玄之又玄〔三〕，豈出萬像之表？寂之又寂〔四〕，猶在百家之談。非象表也，五目不能覩其容〔五〕；在言裏也，四辯莫能談其狀。」〔六〕此明真體，與一切法非一非異〔七〕。

校注

〔一〕「原」，起信論疏作「然」。

〔三〕「本」，起信論疏及大方廣佛華嚴經隨疏演義鈔引皆作「體」。
〔三〕「又玄」，起信論疏及元曉大乘起信論別記中皆作「又玄之」。
〔四〕「又寂」，起信論疏及元曉大乘起信論別記中皆作「又寂之」。
〔五〕「五目不能覩其容」，起信論疏及元曉大乘起信論別記中皆作「五眼不能見其軀」。
〔六〕見元曉撰起信論疏卷上。按，此處引文或據澄觀述大方廣佛華嚴經隨疏演義鈔卷一轉引。
〔七〕「曉公起信疏序云」至此，見澄觀述大方廣佛華嚴經隨疏演義鈔卷一。

華嚴經疏序云：「冥真體於萬化之域，顯德相於重玄之門。」〔一〕記釋云：此明無礙，則與諸法非一異矣。如肇公云：「道遠乎哉，觸事而真。」〔二〕亦體即萬化矣。故云「冥真體於萬化之域，顯德相於重玄之門」者，明相不礙體也。「重玄」即是理體，明「德相」只在體上。若離體有相，相非玄妙。勝德之相，名爲德相。言重玄者，借老子之言。老子云：「玄之又玄，衆妙之門。」彼以有名無名，同謂之玄。河上公云：「玄者，天也。」天中復有天。莊子云：天即自然。則自然亦自然也。依此而生萬物，故云「衆妙之門」〔三〕。

校注

〔一〕見澄觀撰大方廣佛華嚴經疏序。
〔二〕見肇論不真空論第二。

〔三〕「記釋云」至此，詳見澄觀述大方廣佛華嚴經隨疏演義鈔卷一。

今宗鏡中亦復如是，無法不收，無德不備，可謂心之至妙幽玄矣。清涼記引華嚴經頌云：「佛以法爲身，清淨如虛空。」〔一〕

校注

〔一〕見實叉難陀譯大方廣佛華嚴經卷六。「清涼記」云者，見澄觀述大方廣佛華嚴經隨疏演義鈔卷一等。

問云：佛身既如虛空，何緣現於金色等？云何令人悟於虛空？

答：有三意：一、體雖無相，爲物現相，物宜見故，隨他意耳。二、若不現相，云何令人悟於無相？如不因言，豈顯無言之理？三、如虛空，言取其清淨無相，非離相求相，即無相不乖空故〔一〕。經頌云：「佛住甚深真法性，寂滅無相同虛空，而於第一實義中，示現種種所行事。」〔二〕此一偈總收前三意。肇論云：「用即寂，寂即用，用寂體一，同出而異名，更無無用之寂主於用也。」〔三〕寂、用元是一體，同從理出而有異名也。非謂離用之外，別有一寂爲用之主也〔四〕。故云：「般若之體，非有非無。虛不失照，照不失虛。故曰不動等覺而建立諸法。」〔五〕如鏡鑒像，虛不失照；似日遊空，照不失虛。

校注

〔一〕澄觀撰大方廣佛華嚴經隨疏演義鈔卷二八：「疑云：既以法爲佛身，清净如虚空，何緣現金色等？云何令人悟於虚空？答：有三意：一、體雖無相，爲物現相，物宜見故，隨他意耳。二者、若不現相，云何令人悟於無相？如不因言，豈顯無言之理？上二意，即爲物現相句中通之。三、如虚空，言取其清净，無相非離相求相，即無相故，不乖空故。」

〔二〕見實叉難陀譯大方廣佛華嚴經卷三九。

〔三〕見肇論般若無知論第三。

〔四〕「寂、用元是一體」至此，見元康肇論疏卷中般若無知論。

〔五〕見肇論般若無知論第三。元康肇論疏卷中般若無知論：「『不動等覺而建立諸法』者，此是舊大品放光經語耳，今經云實際也。實際是平等正覺所知之法也，故名實際爲等覺耳。亦可言覺謂般若，實際般若等，故詔實際爲等覺。」

又，不動等覺建立諸法，則寂而常用；不壞緣生而觀實相，則用而常寂。斯乃千差萬用，别相異名，俱同出一真心體矣。所以又云：「經稱聖人無爲而無所不爲。無爲故，雖動而寂；無所不爲故，雖寂而動。雖寂而動故，物莫能一；雖動而寂故，物莫能二。物莫能二故，逾動逾寂；物莫能一故，逾寂逾動。」〔一〕法性如是，動寂難量，焉能一其寂而二其動哉？故名不能名，相不能相矣。

又云：「所以聖人戢玄機於未兆，藏冥運於既化，總六合以鏡心，一去來以成體。古今通，始終同，窮本極末，莫之與二，浩然大均，乃曰涅槃。」〔二〕所以聖人玄機，預察於未來鋒芒未兆之事，冥運過去已變化之緣，則心鏡能照萬事，十方三世，無有遺餘。今古去來，始終本末，莫不同一心無二之體。

校注

〔一〕見肇論涅槃無名論動寂第十五。

〔二〕見肇論涅槃無名論通古第十七。

是以入佛境界經云：「如來如實知本際、中際、後際，如彼法本際不生、未來際不去、現在際不住，如實知如〔一〕。彼法足跡，如一法，一切法亦如是；如一切法，一法亦如是。文殊師利，而一、多不可得。」〔二〕

故知生、佛同一莊嚴，同一慈心，同一悲體。如諸法無行經云：「文殊師利言：『一切衆生，皆成就大悲，名不動相。』『文殊師利，云何是事名不動相？』『世尊，一切衆生，無起無作相，皆入如來平等法中，不出大悲之性，以惱悲無分別故。是故一切衆生，皆成就大

悲，名不動相。』」〔三〕

校注

〔一〕下二「如」字，原無，據如來莊嚴智慧光明入一切佛境界經補。參下注。

〔二〕如來莊嚴智慧光明入一切佛境界經卷下：「一切法假名法者，謂五陰、十二入、十八界。彼法如來如實覺，非顛倒覺。如彼法住本際、中際、後際，如來如實知本際、中際、後際。如彼法本際不生、未來際不去、現在際不住，如實知如。彼法足迹，如一法，一切法亦如是；如一切法，一法亦如是。文殊師利，而一、多不可得。」

〔三〕見諸法無行經卷下。

故知萬法不動，悲惱何分？一真匪移，垢淨誰别？然雖現莊嚴，皆如海印。如古德云：「謂香海澄停，湛然不動。四天下中色身形像，皆於其中而有印文，如印印物。亦猶澄波萬頃，晴天無雲，列宿星月，炳然齊現，無來無去，非有非無，不一不異。如來智海，識浪不生，澄停清淨，至明至静，無心頓現一切衆生心念根欲。心念根欲，並在智中，如海含像。故經頌云：『如海普現衆生身，以此説名爲大海。菩提普印諸心行，是故正覺名無量。』〔一〕非唯智現物，心亦依此智，頓現萬形，普應諸類。賢首品頌云：『或現童男童女形，天龍及與阿脩羅，乃至摩睺羅伽等，隨其所樂悉令見。衆生形相各不同，行業音聲亦無量，如是一切皆能現，海印三昧威神力。』」〔二〕以此海印三昧之力頓現一切，爲衆生不知故，佛方便力垂諸教迹。是以昔人云：「佛興由生迷實，説法示於真實。不動真際，建立諸法，則性不可壞；不壞假名，而説實相，則相不可壞。斯則天魔外道等皆法印故，無能壞。」〔三〕且五逆〔四〕四魔〔五〕尚法界印，況無漏浄智一真相好而能障實相之妙旨耶？故華嚴經頌云：「清浄慈門刹塵數，共生如來一妙相，一一諸相莫不然，是故見者無猒足。」〔六〕法華經偈云：「深達罪福相，徧照於十方。微妙浄法身，具相三十二。」〔七〕則法身爲一切法之印，無有一法出此印文。

校注

〔二〕見實叉難陀譯大方廣佛華嚴經卷五二。

〔三〕見澄觀述大方廣佛華嚴經隨疏演義鈔卷一。「賢首品頌云」者，見實叉難陀譯大方廣佛華嚴經卷一四。

〔三〕見澄觀撰大方廣佛華嚴經疏卷二五。

〔四〕五逆：罪惡極逆於理，故謂之逆。又稱五無間業，是感無間地獄苦果之惡業故。善見律毗婆沙卷一二：「殺父、殺母、殺阿羅漢、出佛身血、破和合僧，此五重罪，此是五逆罪。」

〔五〕四魔：一、煩惱魔，二、五衆魔（陰魔），三、死魔，四、自在天子魔。詳見本書卷三注。

〔六〕見實叉難陀譯大方廣佛華嚴經卷四。
〔七〕見妙法蓮華經卷四提婆達多品。

台教云：「如無行經云：『五逆即菩提，菩提即五逆。』〔一〕逆與菩提，不出心性，故無二相。體既不二，故不可壞，以逆本來無自性故。苦即實相，陰、死二魔即法界印。煩惱即實相，煩惱魔即法界印。業即實相，天魔即法界印。魔既即印，印豈壞印？大論云：有菩薩教人修空，斷一切念，後時纔起一念有心，便爲魔動。即便憶念本所修空，魔爲之滅〔二〕。修空尚爾，況復觀之即法界印！」〔三〕是知心有即縛，心無即解。若了於心，何縛何解？

校注

〔一〕見文殊師利所説摩訶般若波羅蜜經卷上。
〔二〕參見龍樹造、鳩摩羅什譯大智度論卷七二。
〔三〕見湛然述止觀輔行傳弘決卷一之一。

問：心無自性，生滅無恒，體用俱空，如何起行？
答：雖自體常空，不壞緣生之因果，而無有作者，寧亡善惡之業門？故心王論〔一〕云：

「觀心空王，玄妙難測。無形無相，有大神力。能滅千災，成就萬德。本〔二〕性雖空，能施法則。觀之無形，呼之有聲。爲大法將，持〔三〕戒傳經。水中鹹味，色裏膠青。決定是有，不見其形。心王亦爾，身内居停。面門出入，應物隨情。自在無礙，所作皆成。」

校注

〔一〕按，善慧大士語録卷三、景德傳燈録卷三〇及心賦注卷二皆云「傅大士心王銘」。

〔二〕「本」，善慧大士語録卷三及景德傳燈録卷三〇、釋氏稽古略卷二、佛祖歷代通載卷九等引皆作「體」。

〔三〕「持」，善慧大士語録卷三及景德傳燈録卷三〇、釋氏稽古略卷二、佛祖歷代通載卷九等引皆作「心」。

清涼疏釋經云：「『法界如幻』〔一〕者，即體從緣，一切法如實際，即事而寂。世人皆謂實際不變，而謂諸法無常。理實圓融，世間之相即是常住。然古德以七喻展轉釋疑：「一疑云：世間幻火，不成燒用，佛現益物，豈同幻耶？釋云：如影，亦有應質、陰覆等義，豈是實耶？然諸法喻，各有三義：一、緣成義，二、無實義，三、有用義。意取無實，故不著也。

「二疑云：若佛如影，菩薩何以起行往求？因既不虚，果寧非實？釋云：如夢，夢亦三義，無體現實，與覺爲緣，謂有夢走而驚覺故。菩薩行亦爾，證理故空，無明未盡故似實，能與佛果爲緣，勤勇不已，豁然覺悟，如夢渡河〔二〕。

「三疑云：若菩薩行如夢，何以經説此是菩薩行？此是二乘行？釋云：如響，緣成無本，稱聲大小。聖教亦爾，機感無本，隨機異聞。

「四疑云：果行可然，世間未悟，此應是實？釋云：如化，心業神力所持，無實有用。

「五疑云：若皆如化，何有差别之身？釋云：如幻。

「六疑云：身若〔三〕如幻，何有報類不同？釋云：如心。」〔四〕以心無形如幻故，雖如幻不定，無有自性，然隨緣現，能成衆善。

校注

〔一〕實叉難陀譯大方廣佛華嚴經卷二〇：「我應觀一切法界如幻，諸佛如影，菩薩行如夢，佛説法如響，一切世間如化，業報所持故；差别身如幻，行力所起故；一切衆生如心，種種雜染故；一切法如實際，不可變異故。」

〔二〕實叉難陀譯大方廣佛華嚴經卷三八：「譬如有人，夢中見身墮在大河，爲欲渡故，發大勇猛，施大方便。以大勇猛、施方便故，即便覺寤，既覺寤已，所作皆息。菩薩亦爾，見衆生身在四流中，爲救度故，發大勇猛，起大精進。以勇猛、精進故，至不動地。既至此已，一切功用靡不皆息，二行、相行悉不現前。」

〔三〕「若」，諸校本作「者」。按，大方廣佛華嚴經疏作「若」。

〔四〕見澄觀撰大方廣佛華嚴經疏卷二三。按，大方廣佛華嚴經疏卷二三此後有：「七、總結可知，上來古德之釋，既二經小異，略加添改。」澄觀述大方廣佛華嚴經隨疏演義鈔卷四四：「『七、總結可知』者，彼亦釋疑，謂有疑云：衆生既爾，何故菩薩説法赴機？故此釋云：所説法如實際。即此言説，常同實際故。今疏中將初爲總，故將後實際以爲總結，所以名爲『略加添改』，餘義多同，但是取意有小異耳。」

如大寶積經云：「菩薩摩訶薩復作是念：此緣起法，因果不壞，雖復是心法性，無有自性、無有作用、無有主宰，然此諸法，依止因緣而得生起，我當隨其所欲積集善根，既積集已，修相應行，終不捨離是心法性。復次，舍利子，菩薩摩訶薩云何此中積集之相？舍利子，是諸菩薩摩訶薩作如是觀：積集之相，是心本性，猶如幻化，無有一法而可施者，是心法性而能布施一切衆生，迴向積集莊嚴佛土，是則名爲善根積集。

「又，舍利子，是心本性，如夢所見，其相寂静，是心法性而能積集守護尸羅〔一〕，皆爲迴向神通作用，是則名爲善根積集。又，舍利子，是心本性，猶如陽燄，究竟滅盡，是心法性而能修習一切可樂忍辱之力，迴向積習莊嚴菩提，是則名爲善根積習。又，舍利子，心本性者，如水中月，究竟遠離積習之相。是心法性而能發起一切正勤，迴向成熟無量佛法，是則名爲善根積習。又，舍利子，心本性者，不可取得、不可覩見，是心法性而能修習一切静慮、解脱、三摩地、三摩鉢底〔二〕，迴向諸佛勝三摩地，是則名爲善根積習。

「又，舍利子，觀此心性，本非色相，無見無對，不可了知，是心法性而能修習一切慧句差別説智，迴向圓滿諸佛智慧，是則名爲善根積習。又，舍利子，心無所緣，無生無起，是心法性而能建立無量善法，攝受色相，如是名爲善根積習。又，舍利子，心無所因，亦無所生，是心法性而能攝受覺分法因，是則名爲善根積習。

「又，舍利子，心性遠離六種境界〔三〕，亦不生起，是心法性而能引發菩提境界，因所生心，是則名爲善根積習。舍利子，如是名爲菩薩摩訶薩依般若波羅蜜多故，於一切心隨心觀察，修習念住。復次，舍利子，是菩薩摩訶薩又依般若波羅蜜多故，於一切住隨心觀，爲求證得勝神通故，繫縛其心，修學通智，得神通已，但以一心而能善知一切心相。既了知已，依心自體宣説諸法。」〔四〕

又云：「化樂天王白佛言：世尊，彼實際者，徧一切處，無有一法而非實際。世尊，謂菩提者，亦是實際。世尊，何者是菩提？一切法是菩提，離自性故。乃至五無間業亦是菩提。何以故？菩提無自性，五無間業亦無自性，是故無間業亦是菩提。」〔五〕

校注

〔一〕尸羅：戒。大乘義章卷一三藏義七門分別：「言尸羅者，此名『清涼』，亦名爲『戒』。三業炎非，焚燒行人，事等如熱，戒能防息，故名清涼。清涼之名，正翻彼也。以能防禁，故名爲戒。何故律教名之爲戒？

亦有兩義：一、詮戒行，故説爲戒；二、能生戒，故説爲戒。」

〔二〕三摩地：意譯「定」「等持」，謂修習此定，心則端直，安住一境而不動，即心平等攝持之意。慧琳一切經音義卷二六：「奢摩他，亦云『三摩地』，亦云『三昧』，此云『定』也、『止』也。『定』有多名，此總稱也。或名『三摩鉢底』也。」三摩鉢底：意譯「等至」，謂修習此定，正受現前，大發光明，處染不染，無有退轉，即已至身心平等之意。慧琳一切經音義卷一三：「三摩鉢底，梵語也，唐云『定』，或云『等至』，初入定。」

〔三〕六種境界：即六塵，六根所取之色、聲、香、味、觸、法六境，也是六識所感覺認識的六種境界。

〔四〕見大寶積經卷五二。

〔五〕見大寶積經卷六七。

是以了心本性，自體無生，從無生中，建立諸法。觀無性之心，説無性之教，隨净緣而無性成佛，隨染緣而無性爲凡。不見纖塵，暫出性空之理；未有一念，能違平等之門。所以大般若經偈云：有法不成有法，無法不成無法，有法不成無法，無法不成有法〔一〕。

釋曰：有不成有、無不成無者，以一體故，無能成、所成；有不成無、無不成有者，自既不成，焉能成他？故知各無自體，互不成就。

校　注

〔一〕大般若波羅蜜多經卷三六五：「無法不應能知無法，有法不應能知有法，無法不應能知有法，有法不應能知無法。」

大集經云：「一切諸法，究竟無生。一切諸法，無性無生，無起無出。是以緣不生因，因不生緣，自性不生自性，他性不生他性，自性不生他性，他性不生自性。是故説一切諸法，自性無生。」〔一〕

校　注

〔一〕見大方等大集經卷一七。

勝思惟梵天所問經云：「爾時，普華菩薩語舍利弗：『汝入滅盡定，能聽法耶？』答言：『善男子，入滅盡定，無有二行而能聽法也。』『大德舍利弗，汝信諸法皆是自性滅盡不？』答言：『如是諸法，皆是自性滅盡之相，我信是説。』普華曰：『若如是者，則舍利弗常一切時不能聽法。何以故？以一切諸法，常是自性滅盡相。』」〔一〕

校注

〔一〕見勝思惟梵天所問經卷三。

是以諸法本空，但是緣起。緣會則似有，緣散則似無。有無唯是因緣，萬法本無生滅。如真金隨工匠而器成，即金體不變〔一〕；似虛谷任因緣而響發，與法性無違〔二〕。如有頌云：「如人掘路土，私人造爲像。愚人謂像生，智者言路土。後時官欲行，還將像填路。像本無生滅，路亦非新故。」〔三〕

校注

〔一〕大般涅槃經卷一三：「譬如金師，以一種金，隨意造作種種瓔珞，所謂鉗鎖、環釧、釵璫、天冠、臂印，雖有如是差別不同，然不離金。」

〔二〕金光明最勝王經卷四：「譬如空谷響，唯佛能了知。法界無分別，是故無異乘。」唐慧沼金光明最勝王經疏卷四：「譬如虛谷，本無音聲，隨響緣別，出種種聲，餘不能了，唯佛能知。」

〔三〕湛然止觀義例卷上：「諸色心現時，如金銀隱起。金處異名生，與金無前後。亦如官路土，私人掘爲像。智者知路土，凡愚謂像生。後時官欲行，還將像填路。像本不生滅，路亦無新故。」

是知但是一土，生滅唯是因緣，例如一心萬法，更無前後。何者？掘路成像時，土亦不滅；壞像填路時，土亦不增：以不失本土故。如成佛時，心亦不增；爲凡時，心亦不減。以心隨緣時，不失自性故。

又，像生但是緣生，像滅唯從緣滅，像無自體故。如成佛但是浄緣生，爲凡亦是染緣起，凡、聖本無生故。是知萬法從緣，皆無自性，本未曾生，今亦無滅。如文殊師利觀幻頌云：「此會衆善事，從本未曾爲，一切法亦然，悉等於前際。」〔一〕所以正作時無作，以無作者故；當爲時不爲，以無自性故。任從萬法縱横，常等未生之際；假使群生出没，不離無性之宗。

校注

〔一〕大寶積經卷八五：「時彼幻師與四天王、釋提桓因并來眷屬及所幻化給侍人等，即持飲食，施佛及僧，同會衆人，悉皆充足。（中略）文殊師利菩薩曰：此會衆善事，如本未曾爲，一切法皆然，常等於前際。」

又，昔有龐居士命女靈照曰：「吾當先逝，汝可後來。專候日中，可蜕斯榖。」靈照曰：「午即午矣，有蝕陽精。」居士怪之，自臨牕下。其靈照忽爾迴登父座，俄爾坐亡。居士笑云：「甚爲鋒捷！空華落影，陽燄翻波。吾道於先，吾行於後。」遂往于相公爲喪主，告于公曰：「但願空諸所有，慎勿實諸所無。」言訖而逝〔二〕。斯亦不墮有無之見，妙得無生之旨矣〔二〕。

校注

〔一〕按，以上龐居士事，亦見龐居士語録卷上、祖堂集卷一五龐居士、景德傳燈録卷八襄州居士龐藴等。

〔二〕惠洪集林間録卷下：「龐公臨終偈曰：『空花落影，陽焰翻波。』永明和尚嘆味其言曰：『此爲不墮有無之見，妙得無生之旨也。』學者可深觀之。」

問：菩提即自身心者，云何教中説菩提者不可以身心得〔一〕？

答：夫言菩提之道即心者，乃是自性清浄心，湛然不動，蓋是正覺無相之真智。其道虚玄，妙絶常境，聰者無以容其聽，智者無以運其知，辯者無以措其言，像者無以狀其儀。以迷人不了，執色陰爲自身，認能知爲自心。故經云「身如草木」，無所覺知；「心如幻化」，虚妄不實〔二〕。所以除其執取之心，故云「菩提者不可身心得」也。菩提非是觸塵，不可以身得；菩提非是法塵，不可以心得。若就了人，即達陰身本空，妄心無相，以本空故，法身常現；以無相故，真心不虧。如此發明，五陰即菩提，離是無菩提。不可以菩提而求菩提，不可以菩提而得菩提。文殊云：「我不求菩提。何以故？菩提即我，我即菩提故。」〔三〕

校注

〔一〕鳩摩羅什譯維摩詰所説經卷上菩薩品：「菩提者，不可以身得，不可以心得。」此説又見曇無讖譯大方等大集經卷二、曇摩流支譯如來莊嚴智慧光明入一切佛境界經卷下等。

〔二〕大方等大集經卷一一：「身如草木，心如幻化。」按，「無所覺知」「虚妄不實」，當是分别對「身如草木」「心如幻化」的子注。

〔三〕大般若波羅蜜多經卷五七四：「曼殊室利白言：『世尊，我於無上正等菩提尚無住心，況當欲證！我於菩提無求趣意。所以者何？菩提即我，我即菩提，如何求趣？』」

維摩經云：「不觀是菩提，離諸緣故。」〔一〕菩提非所觀之境，則無能緣之心。所觀境空，即實相菩提；能緣心寂，即自性菩提。

校注

〔一〕見維摩詰所説經卷上菩薩品。

大般若經云：「龍吉祥言：『頗有能證菩提者不？』妙吉祥曰：『亦有能證。』龍吉祥言：『誰爲證者？』妙吉祥曰：『若無名姓施設語言，彼爲能證。』龍吉祥言：『彼既如是，云何能證？』妙吉祥曰：『彼心無生，不念菩提及菩提座，亦不愍念一切有情，以無表心、無見心等，能證無上正等菩提。』龍吉祥言：『若爾，尊者以何心等當得菩提？』妙吉祥曰：『我無所趣，亦非能趣，都無所學，非我當來詣菩提樹，坐金剛座，證大菩提，轉妙法輪，拔濟生死。所以者何？諸法無動，不可破壞，不可攝受，畢竟空寂。我以如是非趣心等，當得菩提。』

「龍吉祥言：『尊者所説，皆依勝義，令諸有情信解是法，解脱煩惱。若諸有情煩惱解脱，便能畢竟破魔罥網。』妙吉祥曰：『魔之罥網，不可破壞。所以者何？魔者不異菩提增語。何以故？魔及魔軍，性俱非有，都不可得，是故我説魔者不異菩提增語。』龍吉祥言：『菩提何謂？』妙吉祥曰：『言菩提者，徧諸時處一切法中，譬如虛空，都無障礙。於時處法，無所不在。菩提亦爾，無障礙故，徧在一切時處法中。如是菩提，最爲無上。仁今欲證何等菩提？』

「龍吉祥言：『欲證無上。』妙吉祥曰：『汝今應正〔一〕，無上菩提，非可證法。汝欲證者，便行戲論。何以故？無上菩提，離相寂滅。仁今欲取，成戲論故。譬如有人作如是説：我令幻士坐菩提座，證幻無上正等菩提。如是所言，極成戲論。以諸幻士尚不可得，豈令能證幻大菩提？幻於幻法，非合非散，無取無捨，自性俱空。諸佛世尊説一切法，不可分別，皆如幻事，汝今欲證無上菩提，豈不便成分別幻法？然一切法，皆不可取，亦不可捨，無成無壞。非法於法能有造作及有滅壞，無法於法能有和合及有別離。所以者何？以一切法，非合非散，自性皆空，離我、我所，等虛空界，無説無示、無讚無毁、無高無下、無損無益、不可想像、不可戲論，本性虛寂，皆畢竟空，如幻如夢，無對無比，寧可於彼起分別心？』龍吉祥言：『善哉，尊者！我今由此，定得菩提。何以故？由尊者爲我説深法故。』妙吉祥曰：『吾於今者，未曾爲汝有所宣説若顯若密、若深若淺，云何令汝能得菩提？所以者何？諸法自性，皆不可説。汝謂我説甚深法者，爲行戲論，然我實非能説者，諸法自性亦不可説。如有人言：我能辯説幻士識相，謂諸幻士識有如是如是差別。彼由此説，害自實言。所以者何？夫幻士者，尚非所識，況有識相！汝今謂我説甚深法，令汝證得無上菩提，亦復如是。以一切法皆如幻事，畢竟性空尚不可知，況有宣説！』」〔二〕

校注

〔一〕「正」，清藏本作「知」，經中作「止」。據大正藏校勘記，明本大般若波羅蜜多經作「證」。

〔二〕見大般若波羅蜜多經卷五七六。

是以一切衆生之性，即是無相平等菩提。於自性中，云何有能證、所證之差別乎？如般若經云：覺法自性，離諸分別，爲菩提故〔一〕。又經云：「諸所有行，皆有所是，無所是是菩提。」〔二〕何者？若有所是，即立所證之境，便有能證之心。能、所盡處，名爲大覺。大覺之義，唯悟自心。

校注

〔一〕按，此説澄觀撰大方廣佛華嚴經疏卷一三引，亦云「大般若云」。大般若波羅蜜多經卷三三〇：「世尊，是菩薩摩訶薩行深般若波羅蜜多，雖能如是離諸分別，而佛十力、四無所畏、四無礙解、大慈、大悲、大喜、大捨、十八佛不共法等無量勝功德未圓滿故，未證無上正等菩提。」或爲此所本。

〔二〕見勝思惟梵天所問經卷三。

如大毗盧遮那成佛經云：「爾時，金剛手菩薩復白佛言：『世尊，誰尋求一切智？誰爲菩提成正覺者？誰發起一切智智？』佛言：『秘密主自心尋求菩提及一切智。何以故？本性清浄故。心不在内、不在外及兩中間，心不可得故。乃至〔一〕欲識知菩提，當如是識知自心。』」〔二〕

校注

〔一〕乃至：表示引文中間有刪略。

〔二〕見大毗盧遮那成佛神變加持經卷一入真言門住心品。

生。若能如是解，是名菩薩修菩提心。」

莊嚴菩提心經云：「佛言：菩提心者，非有非造，離於文字。菩提即是心，心即是衆生。若能如是解，是名菩薩修菩提心。」是則心外無菩提，何所求耶？菩提外無心，何所得耶？如華嚴經云：「知一切法無相是相，相是無相，無分別是分別，分別是無分別。非有是有，有是非有，無作是作，作是無作，非説是説，説是非説，不可思議。知心與菩提等，知菩提與心等，心及菩提與衆生等。」〔一〕又頌云：「雖盡未來際，徧遊諸佛刹，不求此妙法，終不成菩提。」〔二〕

校注

〔一〕見實叉難陀譯大方廣佛華嚴經卷五四。

〔二〕見實叉難陀譯大方廣佛華嚴經卷二三。

故知心法妙故，當體即是。若向外遠求，則失真道。故云善財徧巡諸友，不出娑羅之林；慈氏受一生成佛之功，不離一念無生性海〔三〕。所以淨名經云：「若彌勒得阿耨多羅三藐三菩提者，一切衆生皆亦應得。所以者何？一切衆生即菩提相。若彌勒滅度者，一切衆生亦當滅度。所以者何？諸佛知一切衆生畢竟寂滅，即涅槃相，不復更滅。」〔四〕

校注

〔一〕李通玄新華嚴經論卷三三：「今生以此信還能發心，不離一生。一百一十城之法門，一時頓印無虧。信處成一百一十之法門，不出娑羅之林，而身遍遊諸國，只爲塵含法界，性自如然，智該三世，古今一念。」

〔二〕見維摩詰所説經卷上菩薩品。

故知已成不更成，已滅不更滅，爲未知者方便説成，方便説滅。若執方便，則失本宗。如大莊嚴法門經云：爾時，文殊師利語金色女言：「如是五陰體性，即是菩提體性。菩提體性，即是一切諸佛體性。如汝身中五陰體性，即是一切諸佛體性。諸佛體性，即是一切衆生五陰體性，是故我説『汝身即是菩提』。復次，覺五陰者，名覺菩提。何以故？非離五陰佛得菩提，非離菩提佛覺五陰。此方便知，一切衆生悉同菩提，菩提亦同一切衆生，是故我説『汝身即是菩提』。」〔一〕

校注

〔一〕見大莊嚴法門經卷上。

大寶積經云：「菩提者，名心平等，無所起故。菩提者，名衆生平等，本無生故。乃至〔一〕菩提者，性相如是。若於此法有所願求，徒自疲勞。何以故？如菩提性，菩薩應行，能如是行，名爲正行。」〔二〕

校注

〔一〕乃至：表示引文中間有删略。

〔二〕見大寶積經卷八六。

思益經偈云：「菩薩不壞色，發行菩提心，知色即菩提，是名行菩提。如色菩提然，等入於如相，不壞諸法性，是名行菩提。不壞諸法性，則爲菩提義，是菩提義中，亦無有菩提，正行第一義，是名行菩提。」〔一〕

校注

〔一〕見思益梵天所問經卷三志大乘品。

瓔珞經云：「發心住者，是人始從具縛，未識三寶。乃至〔一〕值佛菩薩教法中起一念信，便〔二〕發菩提心。」〔三〕既云始從凡夫最初發心，明知此中發心，該於初後。

問：此既是初，何得乃具後諸行位及普賢德耶？

古德釋此，略有二門：一、行布次第門，謂從微至著，從淺至深，次第相承，以階彼岸。二、圓融通攝門，謂一位即具一切位等，如華嚴經所説。亦如大品等中，一行具一切行。此中有二門：一、緣起相由門，二、法界融攝門。前中普攬一切始終諸位，無邊行海，同一緣起，爲普賢行德。良以諸緣相望，略有二義：一、約用，由相待故，有有力無力義，是故得相收及相入也。二、約體，由相作故，有有體無體義，是故得相即及相是也〔四〕。

校注

〔一〕乃至：表示引文中間有删略。按，大方廣佛華嚴經疏引已删略作「乃至」。

〔二〕「信便」，原作「便信」，據清藏本、菩薩瓔珞本業經、大方廣佛華嚴經疏改。按，一念信，即一念浄信、清浄信心。吉藏撰金剛般若疏卷四：「一念信爲佛智見，得無量功德。」明元賢述金剛經略注：「何以故，一念浄信即獲如是無量福德？以其心契般若，妄執盡消，無復于五蘊等法執有我、人等相，亦無五蘊等法相，亦無無五蘊等非法相。」如觀注金剛經筆記：「發菩提心之人，於自利、利他法中，應如是知者，即知一切法無我，得成於忍。如是見者，即若見諸相非相，即見如來。如是信者，即一念浄信。」

〔三〕見菩薩瓔珞本業經卷下釋義品。

〔四〕「瓔珞經云」至此，詳見澄觀撰大方廣佛華嚴經疏卷一六。

又有二菩提：一、性浄，二、圓浄。從緣起者，即是圓浄。圓浄復二：一、明緣起，萬行爲緣故。二、明性起，全是真如性浄功德之所顯。又，緣起無性，即性浄故。如法華經偈云「諸佛兩足尊，知法常無性，佛種從緣起，是故説一乘」〔一〕義耳〔二〕。又有二義：一、約行布展轉義，二、約圓融展促無礙義。如善財見仙人執手，一一佛所經無量劫，故知脩短難思，特由於此。如賢首菩薩云：「信大乘者猶爲易，能信此法倍更難。」〔三〕以初心即具一切德，故難信也〔四〕。

校注

〔一〕見妙法蓮華經卷一方便品。

〔二〕「又有二菩提」至此，見澄觀述大方廣佛華嚴經隨疏演義鈔卷五〇。

〔三〕見實叉難陀譯大方廣佛華嚴經卷一五。

〔四〕「又有二義」至此，見澄觀撰大方廣佛華嚴經疏卷一六。

又，設於夢中驚懼怖令發菩提心，尚得稱爲大菩薩摩訶薩，何況正信之發、開發之發！如大涅槃經如來性品云：「迦葉菩薩白佛言：『世尊，云何未發菩提心者得菩提因？』佛告迦葉：『若有聞是大涅槃經，言我不用發菩提心，誹謗正法，是人即於夢中見羅刹像，心中怖懼。羅刹語言：咄！善男子，汝今若不發菩提心，當斷汝命。是人惶怖，寤已，即發菩提之心。是人命終，若在三惡趣及在人天，續復憶念菩提之心。當知是人是大菩薩摩訶薩也。』」〔一〕

校注

〔一〕見大般涅槃經卷九。

問：經云：佛言學我法者，唯證乃知。今言菩提者，不可以身心得，無修無證，則初發菩提心人，如何趣向？

答：若能信悟菩提，無相不可取，無性不可修。如是明達，即是真證。如大樹緊那羅王所問經云：「菩薩已〔二〕，復應更作如是思惟：『是中何者是我？誰爲我所法？誰能得成諸佛菩提？爲身得耶？爲心得耶？』乃至〔三〕如是觀時，分明了了見是身相不得菩提，亦知是心不得菩提。何以故？諸法無有以色證色、以心證心故。然彼於言説中，知一切法雖無色、無形、無相、無漏，無可覩見、無有證知、亦非無證。何以故？以一切諸如來身無有漏故。又，諸如來身無漏故，心亦無漏。又，諸如來心無漏故，色亦無漏。」〔三〕

校注

〔一〕「菩薩已」，此處節引不當，致句意不明。大方等大集經賢護分作「菩薩如是具足觀察諸佛、如來乃至成就一切種已」。詳見下注。

〔二〕乃至：表示引文中間有删略。

〔三〕見大方等大集經賢護分卷二觀察品第六。按，大方等大集經賢護分，又稱大方廣大集賢護經、賢護菩薩經、賢護經等，五卷，隋闍那崛多譯。大樹緊那羅王所問經，又稱説不可思議品、大樹緊那羅王經等，四卷，姚秦鳩摩羅什譯。兩經不同，此言「大樹緊那羅王所問經云」者，當誤。

若能如是知無所發、能發此心，若入宗鏡中，是名真發。既能發心，便又爲他開示，則諸聖同讚，功德無涯。如經偈云：「發心畢竟二不别，如是二心先心難，雖自未度先度他，是故我禮初發心。」〔一〕

校注

〔一〕見大般涅槃經卷三八，南本見卷三四。

音義

戢，阻立反。　掘，衢物反。　龐，薄江反。　蜕，舒芮反。　觳，苦角反，鳥卵殼。　鋒，敷容反。　捷，疾葉反。　措，倉故反。　罥，姑泫反，挂也。　著，陟慮反。　咄，當没反。

丁未歲高麗國分司大藏都監奉敕彫造

宗鏡録卷第二十三

慧日永明寺主智覺禪師延壽集

夫菩提之道，不可圖度，約一期方便，寧無指示？如何是菩提之相？

答：若約究竟菩提，體常冥寂。如浄名經云：「寂滅是菩提，離諸相故。」〔一〕若以無相之相，於方便門中不無顯示，令初發菩提心人分明無惑故。如先德云：「謂寂照無二爲菩提相，猶如明鏡，無心爲體，鑒照爲用，合爲其相。亦即禪宗即體之用自知，即用之體恒寂，知寂不二爲心之相。」〔二〕又云：「理智相攝，以離理無智，離智無理，如珠之明故。」〔三〕以珠是體，明是用，用不離體，體不離用，明不離珠，珠不離明故。

校注

〔一〕見維摩詰所説經卷上菩薩品。

〔二〕見澄觀述大方廣佛華嚴經隨疏演義鈔卷八〇。

〔三〕見澄觀述大方廣佛華嚴經隨疏演義鈔卷八一。

問：有念即衆生，無念即佛，云何言凡、聖一等？

答：衆生雖起念，不覺念本無念，與佛無念等，妄墮有念中。佛得無念，知念本無。衆生雖現在念中，佛知念即無念，斯則佛無念，與衆生無念義同。又，以衆生不知念空，於念成事，似有差别。若實了念空，則於苦樂境不生執受。何者？以境從念生，心空則境何有？既無有境，相縛自除，能、所俱空，誰生取著？既不取著，生死自無。如圓覺經云：「知是空華，即無流轉，亦無身心受彼生死。」〔一〕

校注

〔一〕見大方廣圓覺修多羅了義經。宗密述大方廣圓覺修多羅了義經疏卷上之一：「『知是空華』，悟妄也，一皆頓出生死。『即無輪轉』，無生死之法也。既知萬法如空華，豈更見有輪轉？還丹一粒，點鐵成金，真理一言，點凡成聖。亦釋因不異果，如斯因地，方謂真修。『亦無身心受彼生死』，無生死之人也。謂若計有我是免輪迴之者，即是未免我執。我、我所忘，方爲解脱，即是照五蘊空，度一切厄，外遺世界，内脱身心，不計身身同虚空，不計心心同法界。」

問：即心成佛之宗，曹谿正意；見性達道之旨，靈鷲本懷。如今信不及人，謂不現證。古今悟者，請垂指南。

答：若親見，無一人而非佛；若不信，無一佛而非人。迷則常作佛之衆生，悟則現證衆生之佛。人佛不異，妄見成差；迷悟雖殊，本性恒一。如過去有佛，号住無住，發願使己國衆生同日同時成佛，即日同滅度〔一〕。又，賢劫前有佛，号平等，亦願己國及十方衆生亦同日成佛，即日滅度〔二〕。

校注

〔一〕菩薩瓔珞經卷四音響品：「爾時，解釋菩薩白佛言：『世尊，頗有菩薩摩訶薩發弘誓心：若我成佛時，一切衆生皆得一時成佛不乎？』佛言：『有！過去無數阿僧祇劫有佛，名號住無住如來，（中略）國土名法妙，人壽三萬歲。爾時，住無住如來壽十萬歲，發弘誓心，使己國土衆生同日同時盡成佛道，即於彼日盡取滅度。』」

〔二〕詳見大寶積經卷五四。

如寶積經云：「是時，妙慧童女重白目連：『以我如是真實言故，於未來世當得成佛，亦如今日釋迦如來。乃至〔一〕若我此言非虚妄者，令斯大衆身皆金色。』説是語已，衆皆金色。」〔二〕

校注

〔一〕乃至：表示引文中間有删略。

〔二〕見大寶積經卷九八。

又，思益經云：「思益菩薩放右掌寶光，一切四衆皆如佛相。下方四菩薩踊出，欲禮世尊，乃發願言：『今此衆會，其色無異。當知一切法亦復如是，此語不虚，願釋迦如來現異相，令我禮敬。』即時釋迦如來踊起七多羅樹〔一〕，坐師子座。」〔二〕

校注

〔一〕多羅樹：一種棕櫚科喬木。又稱「貝多羅樹」，其葉長廣，其色光澤，多用於書寫經文。慧苑新譯大方廣佛華嚴經音義卷下：「多羅樹，似此方椶櫚樹，然西域者其高例十丈餘，故經中取爲定量。」隋慧遠大般涅槃經義記卷一之上：「七多羅者，一多羅樹去地七仞，一仞七尺，一樹合有四十九尺，七樹合有三百四十三尺。」

〔二〕見思益梵天所問經卷二難問品。

又，最勝王經云：「佛言：『修菩提行者，於諸聖境，體非一異，不捨於俗，不離於真，依於法界，行菩提行。』時善女天白佛言：『世尊，如上所説菩提正行，我今當學。』時梵天王問曰：『此菩提行，難可修行，汝今云何於菩提行而得自在？』善女天〔一〕曰：『我今依於此法，得安樂住，是實語者，願令一切五濁惡世〔二〕無量無數無邊衆生，皆得金色三十二相，非男非女，坐寶蓮華，受無量樂。』乃至〔三〕説是語已，一切五濁惡世所有衆生，皆悉金色，具大人相，非男非女，坐寶蓮華，受無量樂，猶如他化自在天宫。」〔四〕

釋曰：「於諸聖境，體非一異」者，即是不捨於俗，是不一；「不離於真」，是不異。若一，即壞真俗；若異，即成斷常。不斷不常，即是依於法界；非真非俗，乃曰修習菩提，故云「我依此法，得安樂住」。所以善女天〔五〕悟五濁質成真金之色，閻浮提迷大人相成惡業之身。是知若智照之，即世法而成佛法；若以情執之，即佛法而成世法。一心實不動，二見自成差，同共一法中，别成凡聖解。若了非男非女之體，現具三十二相，坐寶蓮華；若執是男是女之形，常繫二十五有，沉無明海。故知信力所及，發真實言，可驗現證法門，頓明心佛矣。

校注

〔一〕「善女天」，原作「善天女」，據嘉興藏本及金光明最勝王經改。

〔二〕五濁：住劫中人壽二萬劫以後的五種渾濁不浄之法：一、劫濁，謂至二萬歲以後見等四濁起時；二、見濁，劫濁時衆生盛起身見、邊見等見惑；三、煩惱濁，劫濁時衆生盛起貪、瞋、癡等一切修惑煩惱；四、衆生濁，劫濁時衆生爲見濁、煩惱濁之結果，人間果報漸衰，心鈍體弱，苦多福少；五、命濁，此亦爲見濁、煩惱濁之結果，壽命漸少，乃至十歲。五濁以劫濁爲總，以其他四濁爲别。有四濁故，時之濁亂，故爲劫濁。又四濁中以見濁、煩惱濁爲濁之自體，此二者成衆生濁與命濁。妙法蓮華經卷一方便品：「諸佛出於五濁惡世，所謂劫濁、煩惱濁、衆生濁、見濁、命濁。」

〔三〕乃至：表示引文中間有删略。

〔四〕見金光明最勝王經卷五依空滿願品。

〔五〕「善女天」，原作「善天女」，據嘉興藏本改。

問：此猶叙古引文，如何是即今之佛？

答：如今一念纔起，了不可得，無有處所，是過去佛；過去不有，未來亦空，是未來佛；即今念念不住，是現在佛。但一念起時，莫執莫斷，不取不捨，則三際無蹤，一念圓具十法界非因非果，而因而果之法。若能如是一念而達者，則念念相應，念念成佛，凡聖悉等，今古皆齊。故云：「了了〔一〕識心，惺惺〔二〕見佛。是佛是心，是心是佛。念念佛心，心心念佛。欲得早成，戒心自律。淨戒律心〔三〕，淨心即佛。除此心王，更無别佛。欲求萬法，莫染一物。心性雖空，含真〔四〕體實。入此法門，端坐成佛。」〔五〕如是則十方諸佛，同一法身，若欲念外施功，心外求佛，便落他境，無有得時，遂即前後情生，凡聖緣起，徒經時劫，

枉用功夫。所以華嚴論云：「不如一念緣起無生，超彼三乘權學等見。」〔六〕

校注

〔一〕「了了」，傅大士心王銘作「了本」。
〔二〕「惺惺」，傅大士心王銘作「識心」。
〔三〕「浄戒律心」，傅大士心王銘作「浄律浄心」。
〔四〕「含真」，傅大士心王銘作「貪嗔」。
〔五〕見傅大士心王銘。
〔六〕見李通玄撰新華嚴經論卷一。

問：一念成佛，已入信門，如何得目前了了分明而見？

答：目前無物，是真見佛。如文殊師利巡行經，以經中説文殊徧巡五百比丘房，皆見寂定，因以爲名。最後難舍利弗，以顯甚深般若。問舍利弗言：「我時見汝獨處一房，結加趺坐，折伏其身，汝爲當坐禪耶？不耶？」答云：「坐。」難云「爲當欲令未斷者斷故坐禪耶」等，因此廣顯性空無得之理意。五百比丘從座而起，於世尊前高聲唱言「從今已去，更不復見文殊身，不復聞其名字。如是方處速應捨離，所有文殊一切住處，亦莫趣向。所以者何？文殊煩惱、解脱一相説故」等。舍利弗令文殊爲決了，文殊言「實無文殊而可得故。若實無文殊可得者，彼亦不可見」等，廣爲説法，四百比丘漏盡得果。一百比丘更謗，陷入地獄。後還得道，廣如彼説〔一〕。所以無見是真見，無聞是真聞，不見不聞文殊，是真見真聞文殊矣。

若不信此説，雖起謗而陷獄，以曾聞故，終熏種而得道，何況聞而信耶？則成道不隔於一念。故知宗鏡，見聞無不獲益矣。

所以寶積經云：「無畏女言：『大迦葉，諸法永無，不可示現。是故大迦葉，一切法皆無。若法本無，云何可見彼清淨法界？大迦葉，若欲見清淨如來，彼善男子善女人，應善淨自心。』時大迦葉語無畏言：『云何善淨自心？』女言：『大迦葉，如自身真如及一切法真如，若信彼者，不作不失，如是見自心清淨故。』迦葉問言：『自心以何爲體？』女言：『空爲體。若證彼空，信自身故，即信真如空，以一切法性寂靜故。』」〔二〕

又云：「如來者，即虚空界。是故虚空即是如來，此中無一物可分别者。」〔三〕

校　注

〔一〕詳見文殊尸利行經。又，「文殊師利巡行經」至此，見澄觀述大方廣佛華嚴經隨疏演義鈔卷八四。

校注

〔一〕見大寶積經卷九九。

〔二〕見大寶積經卷一〇三。

華手經云：「一切法如即是如來，如來即是一切法如。是故世尊，無所住處是如來義。」〔一〕

校注

〔一〕見華手經卷一如相品。

又，報化如影，空無去來。心浄佛現，則云佛來，佛亦不來；心垢不現，即云佛去，佛亦不去。斯即來而非來，去而非去。佛既無來去，心亦不生滅。如是解者，可見真佛矣。故金剛經云：「若人言：『如來若來若去，若坐若卧。』是人不解我所説義。如來者，無所從來，亦無所去，故名如來。」〔一〕則知若人若法，俱不出一如之道。如是通達，六根所對，無非見自性如如佛矣。此以不見爲真見，見實爲真佛。肇法師云：「佛者，何也？蓋窮理盡性大覺之稱也。」〔二〕生法師云：「以見實爲佛。」〔三〕如是則亦名真見道，亦名真供養。

校注

〔一〕見鳩摩羅什譯金剛般若波羅蜜經。

〔二〕見注維摩詰經卷九。肇法師者，僧肇。

〔三〕注維摩詰經卷九引僧肇曰：「既無所見，乃爲見實也，以實見爲佛，見實所以見佛也。」此處「生法師（即道生）云」者，或誤。

問：如何是真供養？

答：契如理之心，無見佛之想，了自法身，是真供養。寶積經云：「真供養者，無佛想，無能見佛，何況供養？若供養佛，當供養自身。」〔一〕

校注

〔一〕見大寶積經卷八九。

問：自身如何供養？

答：若捨己徇塵，是名違背。能迴光反照，隨順真如，境智冥合，是真供養。故維摩經云：「無前無後，一時供養。」〔一〕此是運無捨無得之意，起一際平等之心，則徧十方供養一

切如來，盡法界含靈一時受潤。如是之供，施莫大焉！所以寶雨經云：「如理思惟，即是供養一切如來。」〔二〕

校注

〔一〕見維摩詰所説經卷上菩薩品。

〔二〕見寶雨經卷一〇。

問：云何如理思惟？

答：但一切不思惟，是真思惟，以頓悟一心，無法可思量故。是以十方諸佛，證心成道，故稱如理。若了自心，能順佛旨，即是供養一切如來。若不依此如理悟心，則隨事施爲，心外見佛，設經多劫，皆不成真實供養，爲背諸佛指授故。如華嚴經頌云：「設於念念中，供養無量佛，未知真實法，不名爲供養。」〔一〕云何真實法？所謂了心真如無生之旨故。是以思益經問云：「誰能供養佛？佛言：『能通達無生際者。』」〔二〕文殊般若經云：「佛問文殊：汝云何供養佛？答言：世尊，若幻人心數滅，我則供養佛。」〔三〕

校注

〔一〕見實叉難陀譯大方廣佛華嚴經卷二三。

〔二〕見思益梵天所問經卷一分別品。

〔三〕見文殊師利所説般若波羅蜜經。

台教云：「供養佛者，只是隨順佛語。今順佛教修三觀心〔一〕，即是供養佛；爲破五住得解脱故，即供養法；三諦理和，即供養僧。又，衆行心資觀智心，即供養佛；觀智心開發境界，即供養法；境智心和，即供養僧。」〔二〕此是真實供養，亦名法供養。如義海云：「謂以無生心中，施一切珍寶，乃至微塵，皆能攝於法界，即以此法界塵而作供養。此供養，乃至徧通三世一切諸如來前，無不顯現，彼諸如來，無不攝受。何以故？由塵即法界，是理與佛法界相應，是故徧至一切，名廣大供養，無空過者。」〔三〕何謂無空過？以心通即法通，法徧即心徧，一切處無非見理故，悉皆通達，則是一一承事無空過者，亦不礙香華等種種供養。以内外唯心故，破執顯宗，故有是説。

校注

〔一〕智顗説、灌頂記金光明經文句卷六：「三觀心者，觀身不得身，身空但有名字，名字無量，或捨身名檀，乃至身空名智慧，六度、十度、八萬塵沙法門，名字即空。説空不定空，假非定假，非空非有，即顯中道。」知禮述金光明經文句記卷六下：「言三觀心者，寄身等境，示空、假、中能觀三觀心也。近有講人不知，便謂後人妄加『心』字，亦由向迷心爲所觀，致有踳駮，斯之疏謬，不可云也。止如十六觀經本明佛觀，疏云：『心觀爲宗。』或不見斯意，乃妄有穿鑿。今之學者，切宜思之。『觀身不得身』者，先明身觀，推檢四大，本無實性，名身性空。『但有名字』，即身相也。名字多種，且舉六度、十度等，如身行布施名檀，身離諸非名戒，身受所辱名忍，身勤前行名進，身能安靜名禪，身了體空名慧，身行其巧名方便，身立盟誓名願，身利及於他名力，身出生死名智。身乃至身行八萬塵沙法門行者，隨受名字，達名無名，名身相空。推檢性相雖空，而色心諸法宛然，故空不定空，假不定假，非空非假，皆真實妙性，名顯中道也。觀身既然，口、意例解。」

〔二〕見智顗説妙法蓮華經文句卷二上。

〔三〕見法藏述華嚴經義海百門修學嚴成門第七。

又，若於正觀心中，不唯供養，乃至行道禮拜、一切施爲，皆須就己，方得其力。如三藏勒那云：「正觀修誠禮者，此明自禮自身佛，不緣他境他身佛。何以故？一切衆生，自有佛性，平等本覺，隨順法界，緣起熾然，但爲迷故，唯敬他身，己身佛性，妄認爲惡。若能反照本覺，則解脱有期。經云：不觀佛，不觀法，不觀僧，以見自身、他身平等正法性故〔一〕。如涉遠道，要藉自身。欲見佛性，要觀己佛。體同無二，是名正觀禮。」〔二〕

校注

〔一〕見大方廣寶篋經卷上：「若不自觀，亦不觀他，不觀佛、不觀法、不觀僧，不觀難、不觀易，不觀作、不觀不作，一體一身，一切佛身等入法身，見於自身同入法性，見如不見，無近無遠，大德智燈，是則名爲親近於佛。」

〔二〕見法苑珠林卷二〇致敬篇儀式部：「於齊代初，有西國三藏，厥號勒那，覩此下凡居在邊鄙，不閑禮儀，情同猴馬，悲心内溢，爲翻七種禮法。文雖廣周，逐要出之。從麁至細，對麁爲邪，對細爲正，故階級有七，意存後三也。」七種禮法者，我慢禮、求名禮（唱和禮）、身心恭敬禮（恭敬禮）、發智清浄禮、徧入法界禮、正觀修誠禮和實相平等禮。此處所引，即其中第六「正觀修誠禮者」。

問：若心外無相，相外無心，如是圓通，名真供養者，云何教中説供養諸佛得福無量？

答：如前已説，諦了一心，理事無礙，云何堅執，疑境疑心？故維摩經云：「各見世尊在其前。」〔一〕法華經偈云：「乾闥、緊那羅，各供養其佛。」〔二〕

校注

〔一〕見維摩詰所説經卷上佛國品。

〔二〕見妙法蓮華經卷一序品。乾闥，即乾闥婆，樂神。注維摩詰經卷一：「乾闥婆。什曰：天樂神也。處地十寶山中，天欲作樂時，此神體上有相出，然後上天也。」慧琳一切經音義卷一二：「健達縛，梵語虜質也，唐云『食香』，以香自資故。亦云『香行神』，或云『齅香』，又言『尋香神』，或云『居香山』，或云『身有異香』。有言音樂神者，義譯也。舊云『乾闥婆』，亦云『乾沓和』，皆諸國音之輕重不同。」緊那羅，亦奉侍帝釋而奏伎樂者。注維摩詰經卷一：「緊那羅。什曰：秦言『人非人』。似人而頭上有角，人見之，言：『人耶？非人耶？』故因以名之。亦天伎神也，小不及乾闥婆。」慧琳一切經音義卷一一：「真陀羅，古云『緊那羅』，音樂天也，有美妙音聲，能作歌舞，男則馬首人身能歌，女則端正能舞。次此天女，多與乾闥婆天爲妻室也。」

牛頭初祖〔一〕釋云：如觀貪即見貪性，貪即是衆生；悟貪性智即是佛，貪衆生自見佛在其前。一切例爾。又，「各供養其佛」者，即是於一一法門，各自發明，如理思惟，即是各供養佛。設爾事法香華供養者，經云十方諸佛，機宜感出，既隨感現，何離自心？如靈山四衆八部，各隨根力心念，見佛不同。如龍見是大龍王，鬼見是大鬼王等，則心外無法之詮，有文有理；空外執色之見，無理無文。設有惡慧邪見之人，抱疑不信之者，擬陳狂解，强欲破之，似將一蚊觜〔二〕，擬吸大海之水；如以十指爪，欲壞妙高之山〔三〕。我此圓頓之詮，真如之理，如刀斷水，似風吹光，徒自勞神，反招深咎。

校注

〔一〕牛頭初祖：即法融。按，法融有法華名相一卷，此説或出其中。

〔二〕灌頂撰大般涅槃經疏卷一七：「言蚊嘴者，鳥口尖者曰嘴，蚊口似此，以類名之。」大般涅槃經卷一五：「假使蚊嘴能盡海底，如來終不爲諸衆生作煩惱因緣。」

〔三〕妙高之山：即須彌山。大般涅槃經卷一六：「假使擲羂能繫縛風，齒能破鐵，爪壞須彌，如來終不爲諸衆生作煩惱因緣。」

問：如上剖析，義理雖明，猶是因他方便强説，云何得如今親自現證，得見自心之佛？

答：當自審問。

問：如何審問？

答：還就人覓，豈有歇時？欲絶纖疑，應須親到。

問：豈無他助之力，發自智照之心？

答：無正無助，非自非他。若以智求，智則成解，解背圓宗；若起照心，照則立境，隨照失旨。皆是影〔一〕事，不契斯宗。若了真心，自然無心合道。合道則言語道斷，無心則境智俱閑。如龐居士偈云：「須彌頽，五嶽崩，大海竭，十方空。乾坤尚納毛頭裏，日月猶潛毫相中。此是西國那提子，示疾不起現神通。妙德啓口問不二〔二〕，忘言入理顯真宗。」〔三〕

校注

〔一〕「影」，原作「彰」，據磧砂藏、嘉興藏本改。影事者，非真實也。

〔二〕妙德：即文殊菩薩。李通玄新華嚴經論卷八：「（文殊）理智無二，妙用自在，是故號曰妙德菩薩。」維摩詰所説經卷中入不二法門品：「文殊師利曰：『如我意者，於一切法無言無説，無示無識，離諸問答，是爲入不二法門。』於是文殊師利問維摩詰：『我等各自説已，仁者當説何等是菩薩入不二法門？』時維摩詰默然無言。文殊師利歎曰：『善哉，善哉！乃至無有文字、語言，是真入不二法門。』説是入不二法門品時，於此衆中，五千菩薩皆入不二法門，得無生法忍。」

〔三〕按，此偈主要頌維摩詰所説經卷中不思議品。

問：如上所説，即心成佛之旨，事已皎然，只如禪宗從上先德云：如今須知十方諸佛出身處，空知有佛，不得成佛〔一〕。如何是諸佛出身處？

答：石牛生象子，木女孕嬰兒，諸佛從中出，最初成道時。

校注

〔一〕洞山悟本禪師語録之餘：「師曰：今時學者欲得學，直須體取佛向上人始得。如今學者只知有十方諸佛，且不知有十方諸佛出身處，空知有佛，不得成佛。」洞山悟本禪師語録之餘，筠州洞山悟本禪師語録卷尾附。洞山悟本禪師者，即洞山良价。傳見宋高僧傳卷一二唐洪州洞山良价傳。

問：既衆生已成，理事圓備，則諸佛何以出世，更化衆生？

答：衆生不如是知，所以須化。故經云：俱同一性，所謂無性〔一〕。大悲相續，救度衆生，隨門不同，種種有異。約成佛門，一切成也。同一無性，故得現成。妄性本虚，生元是佛，真性叵得，非今始成，故皆成也。物物無性，故成種智。證斯同體，而起大悲，一得永常，故云相續。只由不知無性故，教化不絶〔二〕。雖現報化，法體不遷。如隨色之摩尼，衆相現而本體不動；似應聲之虚谷，群響發而起處無心。不著自他，豈見衆生之相？本非出没，常冥大覺之原。

校注

〔一〕按，此説經中多見，如佛馱跋陀羅譯大方廣佛華嚴經卷三五：「如來菩提皆悉一性，所謂無性。」摩訶般若波羅蜜經卷二二嘆浄品：「菩薩摩訶薩若知諸法一性，所謂無性無起無作，則遠離一切礙相。」

〔二〕「大悲相續」至此，見澄觀撰大方廣佛華嚴經疏卷五〇。華嚴經云：「佛身無有生，而能示出生，法性如虚空，諸佛於中住。」〔三〕又頌云：「無體無住處，亦無生可得，無相亦無形，所現皆如影。」

校　注

〔一〕見實叉難陀譯大方廣佛華嚴經卷六。下一處引文同。

思益經云：「大迦葉言：『善男子，幻所化人，離於自相，無異、無別、無所志願。汝亦如是耶？若如是者，汝云何能利益無量衆生？』網明言：『阿耨多羅三藐三菩提性，即是一切衆生性。一切衆生性即是幻性，幻性即是一切法性。於是法中，我不見有利，不見無利。』」〔一〕又云：「網明菩薩白佛言：世尊，若有菩薩希望功德利而發菩提心者，不名發大乘也。所以者何？一切法無功德利，以無有對處故。」若有衆生可度而求功德之利，斯則心外見法，全不識心，何名發大乘心也？以絶待心無對處故。

校　注

〔一〕見思益梵天所問經卷二問談品。下一處引文同。

如楞伽經云：「佛語外道言：若能了達有無等法，一切皆是自心所見，不生分別，不取外境，於自處住。自處住者，是不起義。不起於何？不起分別。此是我法，非汝有也。」〔一〕我法者，即衆生心也。以不知不信故，自成疎外，有亦同無。所以祖師西來，只爲直示衆生，令自知有，頓入凡聖平等真原。

校注

〔一〕見大乘入楞伽經卷四。

如勝天王般若經云：「菩薩摩訶薩行般若波羅蜜，得心微細，作是思惟：世間熾然大火之聚，所謂貪欲火、瞋恚烟、愚癡闇，云何當令一切衆生皆得出離？若能通達諸法平等，名爲出離。如實知法，猶如幻相，善觀因緣而不分別。」〔一〕

校注

〔一〕見勝天王般若波羅蜜經卷一顯相品。

是以若欲捨劣就勝、猒異忻同，欲令凡聖一倫、垢淨平等者，無有是處。但明宗鏡，萬法自齊，即究竟出離三界火宅義〔一〕，亦是與諸子同住秘密藏義〔二〕。如云：「若夫以齊而齊不齊者，未齊矣；以齊而齊於齊者，未齊焉。余聞善齊天下者，以不齊而齊天下者也！何須夷嶽實淵，然後方平？續鳧截鶴，於焉始等？」〔三〕

校注

〔一〕火宅：謂三界衆生爲五濁、八苦逼迫，不得安穩，猶如大宅被火所燒而不能安居。火，喻指五濁、八苦等；宅，喻指三界。

〔二〕秘密藏：佛教諸經的通稱。

〔三〕出道安二教論歸宗顯本第一，見廣弘明集卷八。

故知但了法法皆如，自然平等，則青松緑蕙，不見短長；鵬翥蜎飛，自忘大小。如肇論云：「是以經云『諸法不異』〔一〕者，豈曰續鳧截鶴、夷嶽盈壑，然後無異哉？誠以不異於異，故雖異而不異耳。乃至〔二〕經云：『般若與諸法，亦不一相，亦不異相。』〔三〕信矣！」〔四〕莊子南華經云：「長者不爲有餘，短者不爲不足。故鳧脛雖短，續之則憂；鶴脛雖長，斷之則悲。故性長非所斷，性短非所續。」〔五〕以明境智雖異而同，不待同而後同也〔六〕。

校注

〔一〕見大般若波羅蜜多經卷三八八等。

〔二〕乃至：表示引文中間有删略。

〔三〕見龍樹造、鳩摩羅什譯大智度論卷一〇〇。

〔四〕見肇論般若無知論第三。

〔五〕見莊子駢拇。唐玄宗天寶元年（七四二），下詔稱莊子爲南華真經，後簡稱爲南華經。

〔六〕元康撰肇論疏卷中：「『豈曰續鳧截鶴』下，此語出莊子。莊子外篇駢拇章云：『長者不爲有餘，短者不爲不足，故鳧脛雖短，續之則憂；鶴脛雖長，斷之即悲。故性長，長非所斷；性短，短非所續。』今借此語，以明境智雖異而同，不待同而後同也。」

若能如上了達同異二門，或諸佛出世、不出世，衆生可度、不可度，乃至有無、高下，皆絶疑矣。

若執同則滯寂，若執異則兩分，迷此同異二門，皆智不自在。金剛辯宗〔一〕云：以有鏡故，男女之像於中現。以有法身故，而能處處應現往。只緣鏡中本無像，所以能現男女像；佛身本無身，所以能現一切身。衆生機感，無緣之慈任運能應。若定有身，即爲所礙。

校　注

〔一〕按，圓仁入唐新求聖教目録著録有道液述金剛辨宗二卷，另玄日天台宗章疏著録有道暹述金剛辨宗三卷。道液，據宋高僧傳卷二唐洛京智慧傳，爲資聖寺僧，貞元年間般若譯大乘理趣六波羅蜜多經時證義之一。子璿録金剛經纂要刊定記卷三有云：「引資聖略明，即道液法師疏也。」「道液法師疏」者，或即其金剛辨宗。又，道暹，「天台人，大歷中入京傳教，盛有著述」（佛祖統紀卷二二未詳承嗣傳）。宋高僧傳卷六唐蘇州開元寺元浩傳中有云：「後有行滿、道暹、明曠，皆著述，廣天台之道歟。」道暹著述中，亦或即有金剛辨宗。此處引金剛辯宗，未知孰是。

肇論云：「佛非天非人，而能天能人耳。」〔一〕故一切菩薩，皆以無所得爲方便，能入無量無邊塵勞幻網，以心外無法故，方成無所得慧。若心外有一毫所得，云何成無緣之慈、同體之化？以宗鏡明，故能廣照世間。觀生也，如石女之懷兒；觀住也，若陽燄之翻浪；觀異也，同浮雲之萬變；觀死也，猶狂華之謝空。是以深達無生，知皆無我，空生空滅，幻墜幻昇。愍彼愚迷，盲無慧目，遂乃發無能作之智照，開無所捨之檀門，秉自性空之戒心，具無所起之精進，圓無所傷之法忍，修無所住之禪門。了無身而相好莊嚴，達無説而縱横辯説。遊戲性空之世界，建立水月之道場，陳列如幻之供門，供養影響之善逝，徧習空華之萬行，施爲谷響之度門，降伏鏡像之魔軍，大作夢中之佛事〔二〕，廣度如化之含識，同證寂滅之菩提。

校　注

〔一〕肇論涅槃無名論位體第三：「原夫能天能人者，豈天人之所能哉！果以非天非人，故能天能人耳。」

〔二〕澄觀述大方廣佛華嚴經隨疏演義鈔卷一八：「幻化身安坐水月道場者，涅槃云：吾今此身是幻身矣。則所得道之處，如水中月。故昔人云：修習空華萬行，安坐水月道場，降伏鏡像天魔，證成夢中佛果。」

意云：若因若果，皆從緣生，如幻夢故。」

問：絶待真心，本無名相，云何成佛又作異生？若云隨順世法，立此假名，又因何法而得成立？

答：實際理中，本無凡、聖可得，以一切衆生迷無性理，以無性故，不覺起妄，於真空中，妄立名相，故名爲凡；了名相空，復稱爲聖。凡聖之号，因五法成，猶如幻化，名相非真。且如幻以術成，形因業有，術業俱假，形幻同空，但有迷、悟之名，本無凡、聖之體。

五法者，瑜伽論云：一、名，二、相，三、妄想，四、正智，五、真如〔一〕。古釋云：名、相、妄想三法成凡，正智、真如成聖。名、相、妄想者，是凡夫法。名、相二法，是凡夫境。妄想一法，是凡夫六識迷事緣境而起，故名妄想。經偈云：「不了心及緣，則生二妄想。」〔二〕正智、真如者，是聖人法。正智，是聖人對治金剛緣修無漏斷惑智，亦名能覺智。真如，是聖人心中所證之理。真如是體，正智是用。異者未曾異，同者未曾同。同者是真如，異者是正智。正智常用，故障生滅；真如常體，故無生滅。體用無礙，法界不思議真實義也。

又，凡夫心惑，不達名相空故，妄計爲有。迷有不空，名之爲妄。從妄起心，名之爲想。正智者，覺知名相本來空寂，以知空故，妄想自息，息妄歸真，顯理分明，正智現前，不立名相，故名正智。經偈云：「了心及境界，妄想不復生。」真如者，即此正智心性真故，即名真如。故知但是一法，無中執有成凡，達有本空成聖。

校注

〔一〕玄奘譯瑜伽師地論卷一三：「復有方廣大乘五事，謂相、名、分別、真如、正智。」卷七二：「云何五事？一、相，二、名，三、分別，四、真如，五、正智。何等爲相？謂若略説所有言談，安足處事！何等爲名？謂即於相所有增語。何等爲分別？謂三界行中所有心、心所。何等爲真如？謂法無我所顯、聖智所行、非一切言談安足處事。何等爲正智？謂略有二種：一、唯出世間正智，二、世間出世間正智。」隋慧遠維摩義記卷一末：「名、相、妄想、正智、如如，是其五法。名、相、妄想，是生死法。名之與相，是生死境，境體無實，但是名有，説之爲名；事相差別，説之爲相。妄想是其生死之情。正智、如如，是涅槃法。正智能證，如如所證。」

〔二〕見楞伽阿跋多羅寶經卷三。下一處引文同。

不唯五法，乃至恒沙，義出無邊，理恒一道。此唯心之道，即是如來行處，步步履法空故；亦是摩訶衍處，念念無所得故。如持世經云：「佛言：諸善男子，是故我説一切法是如來行處，如來行處是無行處。何以故？一切法行處，是中無法可行，是故説無行處。」〔一〕

校　注

〔一〕見持世經卷一初品。

文殊悔過經云：「文殊師利言：吾往古時，希望諸法，求空處所，遊於閑居，限節知足，少欲爲得，不能識知一切法空，心無所著，爾乃可謂静處宴坐，住於法界。」〔一〕

釋曰：若了人、法二空，見真唯識性，即常在三昧，住真法界矣。

校　注

〔一〕見文殊師利悔過經。

問：云何説入此宗鏡，一念相應，見道速疾，超過劫量？

答：實有斯理，世況可知。若不直下頓悟自心功德圓滿，即於心外妄求，徒經劫數。若能内照，如船遇便風，一念圓成，所作無滯。如大涅槃經云：「譬如有人在大海中乘船欲渡，若得順風，須臾之間，則能得過無量由旬。若不得者，雖復久住，經無量歲，不離本處。有時船壞，没水而死。衆生如是，在於愚癡生死大海，乘諸行船，若得值遇大般涅槃猛利之風，則能疾到無上道岸。若不值遇，當久流轉無量生死。或時破壞，墮於地獄、畜生、餓

鬼。」〔一〕

故知不遇宗鏡之風，有爲行船，終不能速度生死之波，直至涅槃之岸。有兹大利，廣集無勞，唯囑後賢轉相傳授。如法句經云：「善知識者，有大功德，能令汝等於貪欲、瞋恚、愚癡、邪見、五欲、五蓋〔二〕衆塵勞中，建立佛法，不起一心，得大功德。譬如有人持堅牢船渡於大海，不動身心而到彼岸。」〔三〕

校注

〔一〕見大般涅槃經卷九。

〔二〕五欲：色、聲、香、味、觸，能起人貪欲之心，故又稱五欲。智顗説、灌頂記摩訶止觀卷四下：「五塵非欲，而其中有味，能生行人須欲之心，故言五欲。」五蓋：貪欲蓋、瞋恚蓋、睡眠蓋、掉悔蓋、疑蓋。智顗撰法界次第初門卷上之上：「通名蓋者，蓋以覆蓋爲義，能覆蓋行者清淨善心，不得開發，故名爲蓋」「引取心無厭足爲貪欲」「忿怒之心名爲瞋恚」「意識惛熟曰睡，五情暗冥名眠。若心依無記，則增長無明，故意識惛惛而熟，五情暗冥，無所覺知，謂之睡眠也」「邪心動念曰掉，退思憂悴爲悔。若縱無明謬取，則戲論動掉心生，既所爲乖失，退思則有憂悔也」「癡心求理，猶預不決，名之爲疑。若修道定等法，無明暗鈍，不別真僞，因生猶預，心無決斷，皆謂疑也」。

〔三〕見敦煌本法句經煩惱即菩提品第九。

故知入宗鏡中，即凡即聖，可謂不斷煩惱而入涅槃，不斷五欲而浄諸根矣。所以華嚴論云：「十住初位，以無作三昧自體應真，煩惱客塵本無體性，唯真體用，無貪、瞋、癡，任運即佛，故一念相應一念佛，一日相應一日佛。」〔一〕此宗鏡録中，前後皆悉微細委曲，一一直指示了，見即便見，不在意思。纔信入時，理行俱備，終不更興惡行，似有纖疑。若不如然，争稱圓頓？以了心外無境故，則念念歸宗，何有虚幻能惑？所以寶藏論云：「一切如幻，其幻不實。知幻是幻，守真抱一。」〔二〕

校注

〔一〕見李通玄撰新華嚴經論卷二。

〔二〕見寶藏論廣照空有品。

又如學人問大梅和尚〔一〕：「師常言神性獨立，學人不識，乞師指示。」答：「阿誰教汝問？」問：「莫不問者便是不？」答：「若不是，是阿誰能如是問？」問：「神性非是聲色，師所示問者是神性，學人只識得聲色，不識真性，乞師指示，如何得識？」答：「譬如大寶藏，衆寶皆具足，上福德人見，直捉得明月寶珠；薄福德者，只見銅鐵之類。非是藏中無寶，亦非主藏者不與。我如今向汝道，性不是聲色，汝只見聲色，我亦無過，汝知麽？此神性，火不能燒，水不能溺，須臾能到千里萬里，山河石壁不能礙。汝如今揚眉動目、彈指謦咳、口喃喃問答，總是此性，唤作大道，常在目前，雖在目前難覩。汝若疑惑不信受，破法墮惡道。若是上根者，聞言下便會，更不作諸惡，唤作一受不退常寂然。中根者，親近善知識，近於智者，數數聞説，不久還會。若是下根，千徧萬徧與説，元來不會，雖然記得少許，如破布裹明珠，出門還漏卻。汝知麽？佛道不遠，迴心即是。若悟則刹那，不悟恒沙劫。」

校注

〔一〕大梅和尚：釋法常，俗姓鄭，襄陽人。傳見宋高僧傳卷一一唐明州大梅山法常傳，亦見祖堂集卷一五大梅和尚、景德傳燈録卷七明州大梅山法常禪師。

問：此一心宗，成佛之道，還假歷地位修證不？

答：此無住真心，實不可修，不可證，不可得。何以故？非取果故不可證，非著法故不可得，非作法故不可修。以本浄非瑩，法爾天成。若論地位，即在世諦行門，亦不失理。以無位中論其地位，不可起決定有無之執。經明十地差別，如空中鳥跡〔一〕。若圓融門，寂滅真如，有何次第？若行布門，對治習氣，昇進非無。

校注

〔一〕實叉難陀譯大方廣佛華嚴經卷三四：「如空中鳥跡，難説難可示。如是十地義，心意不能了。」法藏述華嚴經探玄記卷一一：「如十地品中，十地猶如空中鳥跡，豈有差別可得！」十地品，實叉難陀譯本見卷三四至卷三九。

又，染浄階位皆依世俗名字分別，則似分階降，不壞一心。譬如衆生位如土器，菩薩位如銀器，諸佛位如金器，土、銀、金等三種器量雖殊，然一一器中，虚空徧滿平等，無有差別〔一〕。虚空，即喻一心法身平等之理。諸器，即況根器地位階降不同。道本無差，隨行有異。夫論行解，頓漸不同。現行煩惱有淺深，熏染習氣有厚薄，不可一向，各在當人，業輕則易圓，障深則難斷。只如登八地菩薩，親證無生法忍，觀一切法如虚空性，此猶是漸證無心。至十地中，尚有二愚，入等覺位，一分無明未盡，猶如微煙，尚須懺悔。

校注

〔一〕無上依經卷上如來界品：「是如來界無量無邊，諸煩惱㲉之所隱蔽，隨生死流，漂没六道，無始輪轉，我説名衆生界。阿難，是衆生界，於生死苦而起厭離，除六塵欲，依八萬四千法門十波羅蜜所攝，修菩提道，我説名菩薩。阿難，是衆生界，已得出離諸煩惱㲉，過一切苦，洗除垢穢，究竟淡然，清浄澄潔，爲諸衆生之所願見，微妙上地一切智地一切無礙，入此中住，至無比能，已得法王大自在力，我説名多陀阿伽度、阿羅訶、三藐三佛陀。是如來界於三位中一切處等，悉無罣礙，本來寂静。譬如虚空，一切色種不能覆、不能滿、不能塞，若土器、若銀器、若金器，虚空處等。如來界者，亦復如是，於三位中一切處等，悉無罣礙。」

又，若未自住三摩地中，不信心外無法，如患眼瞖者，不信空中無花，以分別智，解心不亡，但緣他境，未住自地。如首楞嚴經云：「十方如來及大菩薩，於其自住三摩地中，見與見緣并所想相，如虚空華，本無所有。」〔一〕所云大菩薩者，即八地已上。若八地菩薩，尚心外見浄土，以智緣理，不名自住。若十地菩薩，雖心外不見境，猶有色、心二習，是以有頌云：唯佛一人持浄戒，其餘並名破戒者〔二〕。

校　注

〔一〕見大佛頂如來密因修證了義諸菩薩萬行首楞嚴經卷二。

〔二〕智顗釋禪波羅蜜次第法門卷二：「經言唯佛一人具浄戒，餘人皆名破戒者。」妙法蓮華經玄義卷三下：「唯佛一人具浄戒，餘人皆名污戒者，故名畢竟戒。戒是法界，具一切佛法、衆生法，到尸彼岸，故名具足波羅蜜戒。」

故知若入宗鏡究竟一乘門中，方云持戒，方云見道。且知見有四：一、知而不見，初地至九地；二、見而不知，即十地；三、亦見亦知，唯佛；四、不見不知，地前異生等〔一〕。若得直下無心，量出虚空之外，又何用更歷階梯？如未頓合無心，一念有異者，直須以佛知見治之，然後五忍〔二〕明其正修，六即〔三〕揀其叨濫，則免墮增上慢，究竟圓滿佛乘。若入宗鏡中，則爲普機〔四〕，菩薩乘、不思議乘，依普門法，一位一切位。如善財一生具五位等，皆是普法相收。此普賢機，乃見一切所見，聞一切所聞，即普眼境也〔五〕。普法相收者，以心外無法，故名爲普。一切行位，皆在心中，豈不相收耶？於行布門，似分深淺。

校注

〔一〕吉藏華嚴遊意：「一、知而不見，二、見而不知，三、亦見亦知，四、不知不見。」具體釋義，文繁不録。

〔二〕五忍：指伏、信、順、無生和寂滅五忍。伏忍，别教菩薩於十住、十行、十迴向三賢間，未斷煩惱種子，而能制伏煩惱令其不起；信忍，於初地至三地間，得無漏信，隨順不疑；順忍，於四地至六地間，順菩提道而趣向無生之果；無生忍，於七地至九地間，妄惑已盡，了知諸法悉皆不生；寂滅忍，於第十地及妙覺間，諸惑斷盡而涅槃寂滅。

〔三〕六即：天台圓教所立的六種行位。智顗説、灌頂記摩訶止觀卷一下：「六即謂理即、名字即、觀行即、相似即、分真即、究竟即。此六即者，始凡終聖，始凡故除疑怯，終聖故除慢大。」詳參本書卷三七。

〔四〕普機：以普法所化之機。普法是普遍圓融的法門，即普及一切衆生，圓滿融合，毫無差别之教法；别法是隔別不融的法門，即有特定對象或内容的教法。別法所化之機，爲別機。

〔五〕法藏述華嚴經探玄記卷一：「又如善財一生具五位等，皆是普法相收故也。又舍那品云：『非餘境界之所知，普賢方便皆得入。』又，普賢誡衆云：『普眼境界清浄身，我今演説仁諦聽。』如是可知。問：何故此法非餘境界？答：以盧舍那周遍塵方，普應法界一切群機。若彼別機，稱自根器，但各見己所見、聞自所聞，皆不見他所見、不聞他所聞。此普賢機，乃見一切所見、聞一切所聞，皆盡盧舍那能化分齊，故云普眼境也。是故當知普別二機，感普別二法，各不同也。」

又，玄義格〔一〕云：圓教四十二位〔二〕，同一真理。就智論之，遂分明、晦。太虚一也，日行空中，具有中旦。圓教登住，如船入海，似日遊空，智皆無作，行亦無爲，運運道風，自然增進。如止觀云：入佛正宗，免墮邪倒，創發圓信之人，須明十種觀法。十種觀法者，一、觀不思議境，二、發真正菩提心，三、巧安止觀，四、破諸法徧，五、善識通塞，六、三十七品調適，七、對治助開，八、善知位次，九、安忍强軟兩賊，十、順道法愛不生〔三〕。如是不濫，方入圓乘。

校注

〔一〕玄義格：不詳。本書卷一九亦有引。

〔二〕四十二位：菩薩乘之階位。智顗説、灌頂記摩訶止觀卷三下：「若圓信解行，即事而真，從觀行入相似，進破無明，開示悟入佛之知見，凡四十二位，同乘實乘，直至道場。」具體爲十住（發心住、治地住、修行住、生貴住、方便具足住、正心住、不退住、童真住、法王子住、灌頂住）、十行（歡喜行、饒益行、無瞋恨行、無盡行、離癡亂行、善現行、無著行、尊重行、善法行、真實行）、十回向（救一切衆生離衆生相回向、不壞回向、等一切佛回向、至一切處回向、無盡功德藏回向、隨順平等善根回向、隨順等觀一切衆生回向、真如相回向、無縛解脱回向、法界無量回向）、十地（歡喜地、離垢地、發光地、焰慧地、難勝地、現前地、遠行地、不動地、善慧地、法雲地）、等覺、妙覺。

〔三〕智顗説、灌頂記摩訶止觀卷五上：「觀心具十法門：一、觀不可思議境，二、起慈悲心，三、巧安止觀，四、破法遍，五、識通塞，六、修道品，七、對治助開，八、知次位，九、能安忍，十、無法愛也。」

且最初一念信解之心，能成五品〔一〕。台教云：「若人宿植深厚，或值善知識，或從經卷，圓聞妙理，謂一法一切法，一切法一法，非一非一切，不可思議，起圓信解。信一心中，具十法界，如一微塵，有大千經卷。欲聞此心，而修圓行。圓行者，一行一切行。略言爲十：謂識一念心平等具足，不可思議。傷己昏沉，慈及一切。又知此心常寂常照，用寂照心，破一切法，即空、即假、即中。又識一心諸心，若通、若塞，能於此心具足道品，得菩提路。又解此心正、助之法。又識己心及凡、聖心。又安心不動、不墮、不退、不散。雖識一心，無量功德，不生染著，十心成就。舉要言之，其心念念悉與諸波羅蜜相應，是名圓教初隨喜品。」〔二〕從此具修十法，得入圓教初發心住，分真即〔三〕中，初「阿」後「茶」，發心、畢竟二不別，以行、位、念三不退故。台教接人，上〔四〕住於此，邇後直至十行、十迴向、十地、等妙二覺位，所有智斷昇進，任運無功，念念圓滿無上菩提。

校注

〔一〕五品：即五品弟子位，即將十信以前的外凡位區分爲隨喜、讀誦、説法、兼行六度、正行六度等五品。在六即位中，相當於第三位的觀行即。參見本書卷八〇及注。

〔二〕見智顗説、灌頂記菩薩戒義疏卷上，參見智顗妙法蓮華經玄義卷五上。

〔三〕分真即：謂初地以上至等覺之位，漸次破除一品之無明而證得一分之中道者。智顗説、灌頂記摩訶止觀卷一下：「分真即者，因相似觀力，入銅輪位，初破無明，見佛性，開寶藏，顯真如，名發心住，乃至等覺，無明微薄，智慧轉著，如從初日至十四日，月光垂圓闇垂盡。若人應以佛身得度者，即八相成道。應以九法界身得度者，以普門示現，如經廣説，是名分真菩提，亦名分真止觀、分真智斷。」

〔四〕「上」，諸校本作「止」。

又，廣釋不可思議境者。「如華嚴經頌云：心如工畫師，造種種五陰。一切世間中，莫不從心造〔一〕。」

「種種五陰者，十法界五陰也。法界者，有三義：十數是能依，法界是所依，能、所合稱，故言十法界。又，此十法，各各因，各各果，不相混濫，故言十法界。又，此十法，一一當體，皆是法界，故言十法界。十法界通稱陰入界，其實不同：三途是有漏惡陰界入，三善[二]是有漏善陰界入，二乘是無漏有漏陰界入，菩薩是亦有漏亦無漏陰界入，佛是非有漏非無漏陰界入。釋論云：法無上者，涅槃是，即非有漏非無漏法也。無量義經云『佛無諸大陰界入』[三]者，無前九陰界入也。今言有者，有涅槃常住陰界入也。大經云：因滅無常色，獲得常色，受、想、行、識亦復如是[四]。常樂重沓，即積聚義。慈悲覆蓋，即陰義。以十種陰界不同故，名五陰世間也。攬五陰，通稱衆生。衆生不同：攬三塗陰，罪苦衆生；攬人天陰，受樂衆生；攬無漏陰，真聖衆生；攬慈悲陰，大士衆生；攬常住陰，尊極衆生。大論云：衆生無上者佛是，豈與凡下同[五]。大經云：歌邏羅[六]時名字異，乃至老時名字異。芽時名字異，乃至果時名字亦異[七]。

「且約一期，十時差別，況十異衆生，寧得不異？故名衆生世間也。十種所居，通稱國土世間者，地獄依赤鐵住，畜生依地水空住，脩羅依海畔海底住，人依地住，天依宫殿住，六度菩薩同人依地住，通教菩薩惑未盡，同依人天住。斷惑盡者，依方便土住；别、圓菩薩惑未盡者，同人天方便等住。斷惑盡者，依實報土住；如來依常寂光土住。

「仁王經偈云：『三賢十聖住果報，唯佛一人居淨土。』[八]淨土不同故，名國土世間也。此三十種世間，悉從心造。

「又，十種五陰，一一各具十法，謂如是相、性、體、力、作、因、緣、果、報、本末究竟等，此是十如。五陰世間、衆生世間、國土世間，即是三種世間。

「此〔九〕一心具十法界，一法界又具十法界，即百法界。一法界具三十種世間，百法界具三千種世間，此三千在一念心。若無心而〔一〇〕已，介爾有心，即具三千。亦不言一心在前，一切法在後。亦不言一切法在前，一心在後。例如八相遷物，物在相前，物不被遷；相在物前，亦不被遷。前亦不可，後亦不可，只物論相遷，只相遷論物。今心亦如是。若從一心生一切法者，此則是縱。若心一時含一切法者，此即是横。縱亦不可，横亦不可，只心是一切法，一切法是心，故非縱非横，非一非異，玄妙深絶，非識所識，非言所言，所以稱爲不可思議境，意在於此。」〔一一〕

校注

〔一〕實叉難陀譯大方廣佛華嚴經卷一九：「心如工畫師，能畫諸世間。五蘊悉從生，無法而不造。如心佛亦爾，如佛衆生然。應知佛與心，體性皆無盡。若人知心行，普造諸世間。是人則見佛，了佛真實性。心不住於身，身亦不住心。而能作佛事，自在未曾有。若人欲了知，三世一切佛。應觀法界性，一切唯心造。」

〔二〕三善：即六趣中的阿修羅、人、天三善趣，爲行善業者所趣往之處。

〔三〕無量義經德行品：「永斷夢妄思想念，無復諸大陰界入。」

〔四〕大般涅槃經卷三九：「色是無常，因滅是色，獲得解脱常住之色，受、想、行、識亦是無常，因滅是識，獲得解脱常住之識。」

〔五〕龍樹造、鳩摩羅什譯大智度論卷九二：「問曰：佛是衆生，菩提是法，云何言『佛即是菩提』？答曰：先有三十二相莊嚴身、六波羅蜜等功德莊嚴心，而不名爲佛。得菩提故，名之爲佛，是故言：『佛與菩提不異。』微妙清浄五衆和合假名爲佛，法即是五衆，五衆不離假名，菩提即是五衆實相，一切法皆入菩提故，是故『佛即是菩提，菩提即是佛』，但凡夫心中分别有異。」

〔六〕歌邏羅：或作「羯剌藍」等，受胎初七日之相。慧琳一切經音義卷一三：「歌邏羅，梵語，初受胎時父之遺泄也。」玄應一切經音義卷二四：「羯剌藍，盧葛反，或作『羯羅藍』，或云『歌羅邏』，皆一也。此云『凝滑』，亦言『和合』，謂父母不浄，如蜜和酪，泯然成一，於受生初七日中，凝滑如酪上凝膏。」

〔七〕詳見大般涅槃經卷一四，南本見卷一三。

〔八〕見仁王般若波羅蜜經卷上菩薩教化品。三賢，謂大乘十住、十行、十回向諸位菩薩。十聖，即十地菩薩。

〔九〕「此」，摩訶止觀作「夫」。

〔一〇〕「而」，清藏本作「則」。

〔一一〕見智顗説、灌頂記摩訶止觀卷五上。

既自了達一心不思議境，遂起同體大悲，發真正菩提心等，已下九種觀門成熟。

華嚴論云：「如三乘中，亦説根本智、後得智，今欲令三乘人迴心，指此金色世界不動智佛，令使直認是自心能分別智，本無所動。文殊師利即是自心善揀擇無相妙慧，覺首、目首等菩薩即是自心隨信解中所見之理智。如是三乘之人未迴心者，定當不信。何以故？爲立三阿僧祇劫後當得佛故。爲直自認身及心總是凡夫，但信佛有不動智等，不自信自心是根本不動智佛，與佛無異。以是義故，不成此教法界乘中以根本智爲信心。此經信心，應當如是直信：自心分別之性，是法界性中根本不動智佛，金色世界是自心無染之理，文殊師利是自心善揀擇妙慧，覺首、目首等菩薩是隨信心中理智現前，以信因中契諸佛果法，分毫不謬，方成信心。從此信已，以定慧進修，經歷十住、十行、十迴向、十地、十一〔一〕地，日、月、歲、劫時復無遷，法界如本，不動智佛如舊，而成一切種智海，教化衆生，因果不遷，時劫不改，方成信也。若立僧祇定實，身是凡夫，凡、聖二途，時劫移改，心外有佛，不成信心。」〔二〕

校注

〔一〕「十一」，諸校本作「十二」。按，新華嚴經論作「十一」。新華嚴經論卷四：「華嚴經中説十信、十住、十行、十迴向、十地法門時，十方諸佛同來印可故，一切諸佛國土總説此門故，十三種相加表真實故。三乘經中但説十一地，攝諸衆生不盡故，此則是三種十地中假詮、假智、假真如十地行故。何以然者？爲此十一地是佛位，佛位之内猶有障故，明十一地以前未有真理本智故。」

〔二〕見李通玄撰新華嚴經論卷一四。

又，如圓覺經云：「金剛藏菩薩白佛言：『世尊，若諸衆生本來成佛，何故復有一切無明？若諸無明衆生本有，何因緣故如來復説本來成佛，十方異生本成佛道，後起無明？一切如來，何時復生一切煩惱？唯願不捨無遮大慈，爲諸菩薩開秘密藏。』乃至〔一〕佛言：『善男子，一切世界始終生滅，前後有無，聚散起止，念念相續，循還〔二〕往復，種種取捨，皆是輪迴。未出輪迴而辯圓覺，彼圓覺性，即同流轉。若免輪迴，無有是處。譬如動目能摇湛水，又如定眼猶迴轉火，雲駛月運，舟行岸移，亦復如是。善男子，諸旋未息，彼物先住尚不可得，何況輪轉生死垢心曾未清淨，觀佛圓覺而不旋復？是故汝等便生三惑。善男子，譬如幻瞖，妄見空華，幻瞖若除，不可説言：「此瞖已滅，何時更起一切諸瞖？」何以故？瞖、華二法，非相待故。亦如空華滅於空時，不可説言：「虚空何時更起空華？」何以故？空本無華，非起滅故。生死涅槃，同於起滅，妙覺圓照，離於華瞖。善男子，當知虚空非是暫有，亦非〔三〕暫無，況復如來圓覺隨順，而爲虚空平等本性？善男子，如銷金鑛，金非銷有，

既已成金，不重爲鑛，經無窮時，金性不壞，不應説言：「本非成就。」如來圓覺，亦復如是。』」〔四〕

故知圓覺妙心，如虚空之性。生死涅般，即空華之相。瞖眼不無起滅，真性何曾有無？如鑛藏金，金非鑛有，又非銷得，要以銷成。迷時如未淨之金，悟了若已成之寶。真金不動，垢淨俄分。妙性無虧，迷悟自得。

校注

〔一〕乃至：表示引文中間有删略。

〔二〕「還」，嘉興藏本及經中作「環」。

〔三〕「非」，原作「無」，據嘉興藏本及圓覺經改。

〔四〕見大方廣圓覺修多羅了義經。

所以不思議佛境界經云：「爾時，須菩提又問言：『大士，汝決定住於何地？爲住聲聞地？爲住辟支佛地？爲住佛地耶？』文殊師利菩薩言：『大德，汝應知我決定住於一切諸地。』須菩提言：『大士，汝可亦決定住凡夫地耶？』答曰：『如是。何以故？一切諸法及以衆生，其性即是決定正位，我常住此正位，是故我言決定住於凡夫地也。』須菩提又問言：『若一切法及以衆生即是決定正位者，云何建立諸地差別，而言此是凡夫地、此是辟支佛地、此是佛地耶？』文殊師利菩薩言：『大德，譬如世間以言説故，於虚空中建立十方，所謂此是東方、此是南方，乃至此是上方、此是下方，雖虚空無差別，而諸方有如是如是種種差別。此亦如是，如來於一切法決定正位中，以善方便立於諸地，所謂此是凡夫地、此是聲聞地、此是辟支佛地、此是菩薩地、此是佛地，雖正位無差別，而諸地有別耳。』〔一〕

校注

〔一〕見文殊師利所説不思議佛境界經卷上。

所以天台云：四教如空中四點，四點雖歷然，不壞虚空性。然此地位，至究竟位中，若理若行，方可窮盡〔二〕。如菩薩瓔珞本業經云：「佛子，第四十二地名寂滅心妙覺地，常住一相，第一無極，湛若虚空，一切種智，照達無生有諦始終。唯佛窮盡衆生根本，有始有終，佛亦照盡乃至一切煩惱、一切衆生果報。佛一念心稱量盡原，一切佛國、一切佛因、一切菩薩神變，亦一念一時知，住不可思議二諦之外，獨在無二。」〔三〕

校注

〔二〕參見本書卷八七。

〔二〕見菩薩瓔珞本業經卷上賢聖學觀品。

是知先得宗本，然後鍊磨。於鍊磨時，不失道本，如巧鍊金，不失銖兩。於圓漸内，階降寧無？從有爲而至無爲，因生忍而成法忍。圓融不壞行布，壞則失全理之事；行布不礙圓融，礙則失全事之理。

然雖理事一際，因果同時，生熟之機似分，初後之心不混，直至妙覺，如月圓時，始盡因門，方冥果海。如華嚴經云：「佛子，譬如乘船欲入大海，未至於海，多用功力。若至海已，但隨風去，不假人力，以至大海。一日所行比於未至，其未至時，設經百歲亦不能及。佛子，菩薩摩訶薩亦復如是，積集廣大善根資糧，乘大乘船到菩薩行海，於一念頃，以無功用智入一切智智境界，本有功用行，經於無量百千億那由他劫所不能及。」〔一〕

校注

〔一〕見實叉難陀譯大方廣佛華嚴經卷三八。

問：入實觀者，一尚不存，云何廣明十法？

答：夫入實觀者，是觀諸法之實。一法既實，萬法皆然，則一實一切實。如知蜜性甜，則一切蜜皆甜，則不假諸多觀門，但了不思議一法，自然横周法界，皆同此旨。

大根一覽，蕩爾無遺。如上醫治患，見草童舞而衆疾咸消〔一〕。又，直聞其言，病自除愈，則何須診〔二〕候，更待施方？又如上醫以非藥爲藥，中醫以藥爲藥，下醫藥成非藥〔三〕。非藥爲藥者，如云無有一物不是藥者〔四〕，攬草皆成，豈云是藥非藥？如行非道而通佛道，即煩惱而成菩提，一切世法，純是佛法。以藥爲藥者，即應病與藥，隨手痊愈，附子治風，橘皮消氣等，如觀根授法，不失其時。思覺多者，修數息觀；婬欲多者，修不浄觀等。藥爲非藥者，即不識病原，反增其疾。如説法者，不逗其機，淺根起於謗心，下士聞而大笑〔五〕。醍醐上味，爲世珍奇，遇斯等人，翻成毒藥〔六〕。如上上根人，纔悟其宗，不俟言説。所以古聖云：「上士見我詩，把著滿面笑。楊脩見幼婦，一覽便知妙。」〔七〕

校注

〔一〕上醫：醫術最高明的醫生，佛經中多喻指諸佛菩薩。吉藏法華義疏卷一〇：「諸佛菩薩能遍治三界内外諸病，名爲上醫。」或稱「無上醫王」「醫王」。「草童舞而衆疾咸消」者，大寶積經卷八：「耆域醫王合集諸藥，以取藥草作童子形，端正姝好，世之希有。（中略）或有大豪、國王、太子、大臣、百官、貴姓、長者來到耆域醫王所，視藥童子與共歌戲，相其顔色，病皆得除。」又參道略集雜譬喻經「草木皆可爲藥喻」。

〔二〕「診」，原作「軫」，據諸校本改。祖庭事苑卷一雲門録上：「軫候，上當作『診』，止忍切，視也。軫，車後横木，非義。」

〔三〕吉藏撰維摩經義疏卷六：「醫有三品，下品之流，藥成非藥；次品之者，能以藥爲藥；上品良醫，用非藥爲藥也。」

〔四〕四分律卷三九：「時耆婆童子即如師敕，於得叉尸羅國面一由旬，求覓非是藥者，周竟不得非是藥者，所見草木一切物，善能分別，知所用處，無非藥者。」

〔五〕老子第四十一章：「上士聞道，勤而行之；中士聞道，若存若亡；下士聞道，大笑之，不笑不足以爲道。」

〔六〕大般涅槃經卷八：「或有服甘露，傷命而早夭。或復服甘露，壽命得長存。或有服毒生，有緣服毒死。無礙智甘露，所謂大乘典。如是大乘典，亦名雜毒藥。如酥醍醐等，及以諸石蜜。服消則爲藥，不消則爲毒。方等亦如是，智者爲甘露。愚不知佛性，服之則成毒。」

〔七〕出寒山子詩集。項楚先生寒山詩注，此詩編號爲一四一，原詩作：「下愚讀我詩，不解卻嗤誚。中庸讀我詩，思量云甚要。上賢讀我詩，把著滿面笑。楊脩見幼婦，一覽便知妙。」

或遮障深厚，根思遲迴，須備歷觀門，對治種現，如加減修合，服食後差。台教約中、下之根，備歷十乘觀法。然雖具十，不離一門。

如法華玄義云：「明入實觀者，即十乘觀法：一、不思議境，即是一實四諦，謂生死苦諦，不可思議，即空、即假、即中。即空故，方便净；即假故，圓净；即中故，性净。三净一心中得，名大涅槃。净名經云：『一切衆生，即大涅槃。』〔一〕故名不可思議四諦也，不可復滅，此即生死之苦諦，是無作之滅諦，亦是集道也。煩惱集諦不可思議，即空、即假、即中。即空故，名一切智；即假故，名道種智；即中故，名一切種智。三智一心中得，名大般若。净名經云：『一切衆生，即菩提相，不可復得。』〔二〕此即煩惱之集，而是無作道諦，亦是苦滅，故名不思議一實四諦也，亦是真善妙色。何者？生死即空故名真，生死即假故名善，生死即中故名妙，此名有門不可思議境也。

「二、發真正心者，一切衆生，即大涅槃，云何顛倒，以樂爲苦？即起大悲，興兩誓願：令未度者度，令未斷者斷。一切煩惱，即是菩提，云何愚闇，以道爲非？即起大慈，興兩誓願：令未知者知，令未得者得。無緣慈悲，清净誓願，慈善根力，任運吸取一切衆生也。

「三、安心者，既體解成就，發心具足，豈可臨池觀魚，不肯結網〔三〕？裹粮束脚，安坐不行？修行之要，不出定慧。譬如陰陽調適，萬物秀實，雨旱不節，燋爛豈生？若兩輪均平，是乘能運；二翼具足，堪任飛昇。體生死即涅槃名爲定，達煩惱即菩提名爲慧。於一心中，巧修定慧，具足一切行也。

「四、破法徧者，以此妙慧，如金剛斧，所擬皆碎；如無翳日〔四〕，所臨皆朗。若生死即涅槃者，分段、變易，苦諦皆破。若煩惱即菩提者，四住〔五〕、五住〔六〕，集諦皆破。雖復能破，亦不有所破。何者？生死即涅槃故，無所破也。

「五、識通塞者，如主〔七〕兵寶，取捨得宜，强者綏之，弱者撫之。知生死過患名爲塞，即是涅槃名爲通；知煩惱雜亂名爲塞，即是菩提名爲通。始從外道四見，乃至圓教四門，皆識通塞。節節執著即是塞，節節亡泯名爲通。若不識諸法夷險，非但行法不前，亦亡去重寶也。

「六、善識道品者，觀生死即涅槃，十界生死色陰皆非浄非不浄，乃至識陰非常非不常。能破八顛倒，即法性四念處，念處中具道品、三解脱及一切法。又知涅槃即生死，顯四枯樹〔八〕；知生死即涅槃，顯四榮樹〔九〕。知生死涅槃不二，即一實諦，非枯非榮，住大涅槃也。

「七、善修對治者，若正道多障，應須助道。觀生死即涅槃，治報障；觀煩惱即菩提，治業障、煩惱障〔一〇〕也。

「八、善知次位者，生死之法本即涅槃，理涅槃也；解知生死即涅槃，名字涅槃也；勤觀生死即涅槃，觀行涅槃也；善根功德生，即相似涅槃也；真實慧起，即分真涅槃也；盡生死底，即究竟涅槃也。觀煩惱即菩提，亦如是。

「九、善安忍者，能安内外强軟遮障，不壞觀心。若觀生死即涅槃，不爲陰、入、境、病患、業、魔、禪、二乘、菩薩等境所動壞也。若觀煩惱即菩提，不爲諸見、增上慢境所動也。「十、無法愛者，既過障難，道根成立，諸功德生。觀生死即涅槃故，諸禪三昧功德生。觀煩惱即菩提故，諸陁羅尼無畏不共諸般若生。觀生死涅槃不二故，法身實相生。相似功德〔一二〕順理而生喜，起順道法愛生名愛法〔一三〕，不上不退名爲頂墮〔一三〕。此愛若起，即當疾滅。已〔一四〕愛若滅，已破無明，開佛知見，證實相體。觀生死即涅槃故，證得解脱；煩惱即菩提故，證得般若。此二不二，證得法身，一身無量身，無上寶聚，如意圓珠，衆法具足，是名有門入實證得經體。餘〔一五〕三門亦如是。」〔一六〕乃至歷一切法門亦如是。

校注

〔一〕維摩詰所説經卷上菩薩品：「諸佛知一切衆生畢竟寂滅，即涅槃相，不復更滅。」

〔二〕見維摩詰所説經卷上菩薩品。

〔三〕淮南子説林訓：「臨河而羨魚，不如歸家織網。」

〔四〕「日」，原作「目」，據諸校本及妙法蓮華經玄義改。

〔五〕四住：即四住地，是三界一切見、思煩惱。詳見本書卷六注。

〔六〕五住：四住之外，加無明住地，即爲五住。

〔七〕「主」，磧砂藏、嘉興藏本作「王」。按，妙法蓮華經玄義作「主」。

〔八〕四枯：世尊於拘尸那城外將入涅槃時，其東西南北各有同根娑羅雙樹，每邊雙樹中之一株因悲傷而慘然變白，枝葉、花果等逐漸枯萎，稱爲「四枯」，另一株則尚存，稱爲「四榮」。大明三藏法數卷一〇：「四枯者，表二乘四倒也。所言枯者，以二乘觀無常、苦、空、無我等則煩惱有朽滅不生之義，故名爲四枯也。」參下注。二乘四倒者，常計無常（謂聲聞、緣覺爲無明之惑所覆，於如來常住法身中妄計有變異相，是爲無常顛倒。常者即法身常住之義，無常者即變異也）、樂計非樂（謂聲聞、緣覺爲無明之惑所覆，於如來涅槃清淨樂中妄計是苦，是爲非樂顛倒。樂者，即涅槃清淨之樂；非樂者，即苦義）、我計無我（謂二乘爲無明之惑所覆，不了無我法中而有真我，故於佛性真我之中，妄計無我，是爲無我顛倒。我者，即佛性真實之我也；無我者，謂佛性中無有我也）、淨計不淨（淨者，即是如來常住之身，非雜食身，非煩惱身，非血肉身，非是筋骨纏縛之身；不淨者，二乘爲無明之惑所覆，但觀世間一切諸色皆爲不淨，不了如來常住之淨，是爲不淨顛倒）。

〔九〕大明三藏法數卷一〇：「四榮者，佛於拘尸那城娑羅雙樹間入滅，東西南北各有雙樹，每面雙樹一榮一枯，故名四榮四枯，以表凡夫、二乘常無常等八倒也。此四榮，正表凡夫四倒。而言榮者，以凡夫由此四倒增長惑業，有榮茂之義，故名四榮也。」凡夫四倒者，非常計常（謂凡世間一切有爲等事，皆悉無常，虚幻不實，豈能長久？凡夫妄計是常，即成常顛倒）、非樂計樂（謂世間五欲之樂，皆是受苦之因，凡夫不了妄計爲樂，即成樂顛倒）、非我計我（謂此身皆因四大假合，本無有我，若一大是我，三大應非我；若四大俱是我，應有多我。畢竟是誰爲我？故知我不可得。凡夫不了，於自身中强作主宰，妄計爲我，即成我顛倒）、不浄計浄（謂己身他身，具有五種不浄。凡夫不了，妄生貪著，執以爲浄，即成浄顛倒。五種不浄者，種子不浄、住處不浄、自體不浄、外相不浄、究竟不浄）。大般涅槃經卷三〇：「善男子，以是因緣故，我於此娑羅雙樹大師子吼。師子吼者，名大涅槃。善男子，東方雙者，破於無常，獲得於常。乃至北方雙者，破於不浄，而得於浄。善男子，此中衆生爲雙樹故，護娑羅林，不令外人取其枝葉，斫截破壞。我亦如是，爲四法故，令諸弟子護持佛法。何等名四？常、樂、我、浄。此四雙樹，四王典掌，我爲四王護持我法，是故於中而般涅槃。善男子，娑羅雙樹花果常茂，常能利益無量衆生。我亦如是，常能利益聲聞緣覺。花者喻我，果者喻樂，以是義故，我於此間婆羅雙樹入大寂定，大寂定者，名大涅槃。」湛然述止觀輔行傳弘決卷七之一：「言枯榮等者，大經云：東方雙者，喻常無常；南方雙者，喻樂無樂；西方雙者，喻我無我；北方雙者，喻浄不浄。四方各雙，故名雙樹，方面皆悉一枯一榮，榮喻於常等，枯喻無常等。如來於中北首而卧，入般涅槃。表非枯榮，榮即表假，枯即表空，即是於其空假中間而入祕藏。後分云：東方一雙在於佛後，西方一雙在於佛前，南方一雙在於佛足，北方一雙在於佛首。入涅槃已，東西二雙合爲一樹，南北二雙亦合爲一，二合皆悉垂覆如來，其樹慘然，皆悉變白。常、無常等，二即不二。常、樂、我、浄，遍覆法界，故二二合，垂覆如來。」

〔一〇〕報障：謂由煩惱惑業，生在障蔽正道的地獄、畜生、餓鬼諸道的苦報。報即果報。業障：謂由身、口、意造作的五逆十惡等業。業即業行。煩惱障：指貪、瞋、癡等煩惱，因其時起而障礙聖道故。大般涅槃經卷一一：「煩惱障者，貪欲、瞋恚、愚癡，（中略）常爲欲覺、恚覺、害覺之所覆蓋，是名煩惱障。業障者，五無間罪，重惡之病。報障者，生在地獄、畜生、餓鬼，誹謗正法及一闡提，是名報障。」

〔一〕玄奘譯顯揚聖教論卷八：「相似功德者，謂諸菩薩五種相似功德，實是過失，應知：一、於暴惡犯戒諸有情所，以是因緣，作不饒益；二、詐現具足威儀；三、於隨順世間矯飾文詞及外道書論相應諸法，得預智者聰叡者數；四、修行有罪施等善行；五、宣説建立相似正法，廣令流布。」

〔二〕「愛法」，原作「法愛」，據妙法蓮華經玄義改。愛法，愛樂執著於我。慧遠撰無量壽經義疏卷下：「修慧行，得法愛著，名爲愛法。」

〔三〕從義撰金光明經文句新記卷二：「捨邊求中，名起順道；心生染著，名法愛生；不破無明，名爲頂墮。」

〔四〕「已」，清藏本作「此」。

〔五〕「餘」，原無，據妙法蓮華經玄義補。餘三門者，空門、亦空亦有門、非空非有門。

〔六〕見智顗説妙法蓮華經玄義卷九上。

問：若即心是佛者，則一切含生皆有此心，盡得成佛，教中云何不見授劫、國、名号之記〔一〕？

答：劫、國、名号，乃是出世化門之中現前別記。欲知真記者，淨名經云：「一切衆生亦如也，一切法亦如也。」〔二〕華嚴經頌云：「顯佛自在力，如説圓滿經，無量諸衆生，悉受菩提記。」〔三〕又頌云：「一一心念中，普觀一切法，安住真如地，了達諸法海。」〔四〕

又頌云：「一一微塵中，能證一切法，如是無所礙，周行十方國。」

斯則人法心境，悉記成佛。以一念具足，一塵不虧，念念證真，塵塵合體，同居常寂光土，俱号毗盧遮那，終無異土别身、聖强凡劣。與三世佛一時成道，前後情消；共十類生同日涅槃，始終見絶。免起有情、無情之妄解，不生心内、心外之邪思，可謂上無所求、下無可化，冥真履實，得本歸宗，俱登一際解脱之門，盡受平等菩提之記。

校　注

〔一〕授劫、國、名号之記：即授記，預言弟子將來證得的果位等情況。智顗説金光明經文句卷六釋授記品：「授者，與也。記者，記成道事也。此中授三大士一萬諸天當來成佛事，故言授記。亦名授莂，亦名授決，授劫國數量名爲莂，審實不虚名爲決。從佛所與名爲授，從其所得名爲受。此中從佛所與，故言授記。」

〔二〕見維摩詰所説經卷上菩薩品。

〔三〕見實叉難陀譯大方廣佛華嚴經卷五五。

〔四〕見實叉難陀譯大方廣佛華嚴經卷六。下一處引文同。

又，古德問云：既色、心不二，修、性一如〔一〕，何不見木石受菩提記耶？

答：一一諸色，但唯心故，心外無法，豈唯心滅而色猶存？佛但記有情，攝無情也。譬如幻事要藉幻心，心在幻中，能持幻事，若其心滅，幻事同無，故但滅心，不復滅事。衆生色心，亦復如是，皆如幻相，一切外境，從幻心生，豈猶滅心而存幻色？此即有情得記，無情亦然，是故無情不須別記。

校注

〔一〕「如」，原作「切」，據諸校本及冥樞會要改。一如，即不二不異。知禮述觀音玄義記卷一：「因、果不二，修、性一如。」「修」爲依賴修行始能成就者，「性」爲不待修行而本來具足者；「修」是隨緣變化的作用，「性」是如常不變的本體。

玄義格云：真佛者，從初發心即體一真法界，全同古佛，相極三際，全現一塵，性海無邊，表裏不可得。信此法故，名爲發心。心無異念，故名爲證。證成名佛，的無方處。

又，圓教入初住人，心同法界，神無方所，何用天衣、天座、四衆圍繞？夫立劫、國、名号授記作佛者，爲引未發心者令嚮慕耳。若愛著身土，情未盡耳。所以華嚴論云：「初發心時，便成正覺，於一刹那際，皆得此之法，不許於刹那際外有別時，當知即非本法故。若有人於佛法中見佛成道，作劫量延促處所而生見者，信亦未成，未論修道。」〔一〕「若解者，本來全得；處迷者，自没輪迴。」〔二〕又云：「但有所見境界及如來名号，總是自心佛果所會之法。若自心不會，對面無覩見之期。」〔三〕

校注

〔一〕見李通玄撰新華嚴經論卷六。

〔二〕見李通玄撰新華嚴經論卷五。

〔三〕見李通玄撰新華嚴經論卷三四。

音義

熾，昌志反。 觜，即委反。 吸，許及反。 頺，杜回反。 淵，烏玄反，深也。 冕，防無反。 蕙，胡計〔一〕反。 鵬，步崩反。 翥，章恕反。 蜎，於緣反。 壑，許各反。 脛，胡定反。 謦，去挺反。 欬，苦蓋反，瘶也。 喃，女咸反。 瑩，烏定反。 晦，荒内反。 沓，徒合反。 駛，疎吏反，速也。 鑛，古猛反。 軫，之忍反。 痤，此緣反。 愈，以主反。 燋，即消反。　爛，郎旰反。　翼，与職反。　綏，息遺反。　撫，芳武反。

丁未歲高麗國分司大藏都監奉敕彫造

校注

〔一〕「計」，疑誤。

宗鏡録卷第二十四

慧日永明寺主智覺禪師延壽集

夫成佛本理，但是一心者，云何更立文殊、普賢行位之因，釋迦、彌勒名号之果，乃至十方諸佛國土神通變現、種種法門？

答：此是無名位之名位，無因果之因果。是心作因，是心成果；是心標名，是心立位。普賢觀經云：「大乘因者，即是實相。」〔一〕大乘果者，亦是實相。釋論云：「初觀實相名因，觀竟名果。」〔二〕故知初後皆心，因果同證，只爲根機莫等，所見不同。若以一法逗機，終不齊成解脱，須各各示現，引物歸心。雖開種種之名，皆是一心之義。若違自心，取外佛相勝妙之境，則是顛倒。

校注

〔一〕見觀普賢菩薩行法經：「大乘因者，諸法實相。」

〔二〕智顗説妙法蓮華經文句卷八上釋法師品：「普賢觀云：『大乘因者，即是實相。』大乘果者，亦是實相。

釋論云：『初觀實相名因，觀竟名果。』

所以華嚴經頌云：「若以威德色種族，而見人中調御師，是爲病眼顛倒見，彼不能知最勝法。」〔一〕又頌云：「假使百千劫，常見於如來，不依真實義，而觀救世者。是人取諸相，增長癡惑網，繫縛生死獄，盲冥不見佛。」〔二〕

校注

〔一〕見實叉難陀譯大方廣佛華嚴經卷一三。

〔二〕見實叉難陀譯大方廣佛華嚴經卷一六。

云何不見佛？一、爲不識自心，二、爲不明隱顯。何者？衆生之因，隱於本覺；諸佛之果，顯於法身。因隱之本覺，是果顯之法身，果能成因，則佛之衆生；果顯之法身，是因隱之本覺，因能辦果，則衆生之佛。故云凡、聖交徹，理、事相含矣。

所云釋迦牟尼者，釋迦，此云能仁；牟尼，此云寂默。能仁者，即心性無邊，含容一切；寂默者，即心體本寂，動静不干，故號釋迦牟尼。覺，此名佛。

彌勒者，此云慈氏，即是一心真實之慈。以心不守自性，任物卷舒，應現無方，成無緣化，故稱慈氏。

阿彌陁者，此云無量壽，即如理爲命。以一心真如性無盡故，乃曰無量壽。

阿閦者，此云不動，即一心妙性湛然不動，妙覺位不能增，無明地不能減，故稱不動。

如三藏勒那云：「偏入法界禮者，良由行者想觀自己身心等法，從本已來，不離法界，亦不在〔一〕諸佛身外，亦不在諸佛身内，亦不在我外，亦不在我内，自性平等，本無增減。今禮一佛，偏通諸佛，所有三乘位地無漏。我身既偏，隨佛亦偏，乃至法界，空、有二境，依、正兩報，莊嚴供具，隨緣偏滿，不離法界，隨心無礙，並薦供養，隨喜頂禮。如一室中懸百千鏡，有人觀鏡，鏡皆像現。佛身清浄，明逾彼鏡，遞相涉入，鏡無不照，影無不現。此則攝他爲總，入他爲别。一身既爾，乃至一切法界凡聖之身、供養之具，皆助隨喜，悉同供養。既知我身在佛身内，如何顛倒、妄造邪業、不生愧耻？又，諸佛德用既齊，名號亦等，隨稱何名，名無不盡。如稱一阿彌陁佛名，禮召一切諸佛，無不周備。西天云阿彌陁佛，此云無量壽，豈有一佛非長壽也？設一切佛不化衆生，但一佛化生，即功歸法界，法界德用偏周，是名偏入法界禮也。」〔二〕

校注

〔二〕「亦不在」，原無，據法苑珠林補。

〔三〕見法苑珠林卷二〇致敬篇儀式部：「於齊代初，有西國三藏，厥號勒那，覩此下凡，居在邊鄙，不閑禮儀，情同猴馬，悲心内溢，爲翻七種禮法。文雖廣周，逐要出之。從麁至細，對麁爲邪，對細爲正。故階級有七，意存後三也。」七種禮法者，我慢禮、求名禮（唱和禮）、身心恭敬禮（恭敬禮）、發智清淨禮、偏入法界禮、正觀修誠禮和實相平等禮。此處所引，即其中第五「偏入法界禮」。

楞伽經云：「佛告大慧：以四等故，如來、應、等正覺於大衆中唱如是言：我爾時作拘留孫、拘那含牟尼、迦葉佛。云何四等？謂字等、語等、法等、身等，是名四等。」〔一〕云何等義？所謂同一名字、同一梵聲、同一乘門、同一真體，乃至同一心、同一智、同一覺、同一道。如鴦崛摩羅與文殊師利共遊十方，所見十方諸佛，彼佛皆稱釋迦佛者，即我身是〔二〕。又，法華經明十方諸佛，皆是釋迦分身〔三〕。則阿閦、彌陁悉本師矣，本師即我心矣。

校注

〔一〕見楞伽阿跋多羅寶經卷三。

〔二〕央掘魔羅經卷三：「央掘魔羅，如來復有奇特大威德力方廣總持大修多羅説，八十億佛，皆是一佛，即是我身。」

〔三〕參見妙法蓮華經卷四見寶塔品等。

釋云：非獨彌陁、阿閦，「十方諸佛，皆我本師，海印頓現，且法華分身，有多浄土，如來何不指己浄土而令別往彌陁、妙喜？思之，故知賢首、彌陁等皆本師矣，復何怪哉？言賢首者，即壽量品中過百萬阿僧祇刹最後勝蓮華世界之如來也。經中偈云：『或見蓮華勝妙刹，賢首如來住其中。』〔一〕若此不是歎本師者，説他如來在他國土，爲何用耶？且如總持教中，亦説三十七尊〔二〕皆遮那一佛所現，謂毗盧遮那如來内心證自受用，成於五智。從四智流出四〔三〕如來，謂大圓鏡智流出東方阿閦如來，平等性智流出南方寶生如來，妙觀察智流出西方無量壽如來，成所作智流出北方不空成就如來，法界清浄智即自當毗盧遮那如來。言三十七者，五方如來各有四大菩薩在於左右，復成二十：謂中方毗盧遮那如來四大菩薩者，一金剛波羅蜜菩薩，二寶波羅蜜菩薩，三法波羅蜜菩薩，四羯磨波羅蜜菩薩；東方阿閦如來四菩薩者，一金剛薩埵菩薩，二金剛王菩薩，三金剛愛菩薩，四金剛善哉菩薩；南方寶生如來四菩薩者，一金剛寶，二金剛威光，三金剛幢，四金剛笑；西方無量壽如來，亦名觀自在王如來，四菩薩者，一金剛法，二金剛劒，三金剛因，四金剛利；北方不空成就如來四菩薩者，一金剛業，二金剛法，三金剛藥叉，四金剛拳。已有二十五，及四攝、八供養，故三十七。言四攝者，即鈎、索、鎖、鈴〔四〕；八供養者，即燒、散、燈、塗、華、鬘、歌、舞〔五〕，皆上有金剛，下有菩薩。然此三十七尊，各有種子，皆是本師智用流出，與今華嚴經中海印頓現大意同也。

「問：若依此義，豈不違於平等意趣？平等意趣云言即我者，依於平等意趣而説，非即我身，如何皆説爲本師耶？

「答〔六〕：平等之言，乃是一義。唯識尚説一切衆生中有屬多佛，多佛共化以爲一佛。若屬一佛，佛能示現以爲多身。十方如來，一一皆爾。今正一佛能爲多身，依此而讚本師爾」〔七〕。

校　注

〔一〕見實叉難陀譯大方廣佛華嚴經卷八〇。

〔二〕三十七尊：指安置在金剛界曼荼羅成身會中的三十七尊，詳見下文。

〔三〕「出四」，原作「言四」，據嘉興藏本、冥樞會要、心賦注及本書卷九一引改。按，大方廣佛華嚴經隨疏演義鈔作「四方」。

〔四〕四攝：即四攝菩薩，金剛界三十七尊中四金剛菩薩：一金剛鈎菩薩，二金剛索菩薩，三金剛鎖菩薩，四金剛鈴菩薩。

〔五〕「燒、散、燈、塗、華、鬘、歌、舞」，大方廣佛華嚴經隨疏演義鈔作「香、華、燈、塗、戲、鬘、歌、舞」。按，「燒」謂燒香，「散」謂散華，後又云「華」則重，故當據大方廣佛華嚴經隨疏演義鈔改。佛頂尊勝心破地獄轉業障出三界祕密三身佛果三種悉地真言儀軌：「八供養菩薩者，金剛嬉戲菩薩、金剛鬘菩薩、金剛歌菩薩、金剛舞菩薩、金剛焚香菩薩、金剛花菩薩、金剛燈菩薩、金剛塗香菩薩。四攝菩薩者，金剛鉤菩薩、金剛索菩薩、金剛鎖菩薩、金剛鈴菩薩。」

〔六〕「答」，原作「答中」，據大方廣佛華嚴經隨疏演義鈔改。

〔七〕見澄觀述大方廣佛華嚴經隨疏演義鈔卷九〇。按，「依此而讚本師爾」，大方廣佛華嚴經隨疏演義鈔作「依此而讚，方讚本師爾」。

如弟子問傅大士：從來啓佛文疏，那只啓釋迦而不稱彌勒耶？答曰：十方諸佛，共一法身，何必須二〔一〕？

又，三身、十身，隨用而説，約其本性，唯一身而已。如冥室曦〔二〕光，隨孔而照，光雖萬殊，而本之者一，所謂真法身也〔三〕。亦是隨機所現，形相不同。如出現品頌云：「譬如梵王住自宫，普現三千諸梵處，一切人天咸得見，實不分身向於彼。諸佛現身亦如是，一切十方無不徧，其身無數不可稱，亦不分身不分別。」〔四〕方知不是他佛智徧自，則乃自佛智徧他；亦非自因趣他果，本是他果承我因。則因果同時，凡聖一際。

校注

〔一〕善慧大士語録卷二：「弟子又問曰：『從來啓佛文詞，只啓釋迦十方佛而獨不道彌勒，何耶？』答曰：『十方諸佛，共一法身，何必須一一列名，自説因緣？』」

〔二〕「曦」，原作「希」，據嘉興藏本及大方廣佛華嚴經隨疏演義鈔改。

〔三〕「如冥室曦光」至此，見澄觀述大方廣佛華嚴經隨疏演義鈔卷四。

〔四〕見實叉難陀譯大方廣佛華嚴經卷五〇。

是以了無二相，能過魔界；不得一法，安住佛乘。若取相則沉六入之海，起念則投五陰之城，皆是衆生隨差別情，起自他見，則影分多月，迹任殊形，不離一真，各現心水。故融大師〔一〕云：不離五陰有佛。經言：「如心佛亦爾，如佛衆生然。」〔二〕又云：離心求菩提，譬如天與地〔三〕。那有丈六身，身無丈六也。大品云：不以身爲佛，用種智爲佛〔四〕。若相好是佛，輪王是也。今多許人身中佛那不見，爲煩惱故。經云：具煩惱衆生，雖近而不見〔五〕。只在身内，甚近而不見。

又，「我等無智故」「不覺内衣裏，有無價寶珠」〔六〕。乃至心者，信也，謂有前識，法隨相行，則煩惱名識，不名心也。意者，憶也，憶想前境起於妄，並是妄識，不干心事。心非有無，有無不染；心非垢浄，垢浄不汙。乃至迷悟凡聖、行來去住，並是妄識非心。心本不生，今亦無滅。若知自心如此，佛亦然，故云「直心是道場，無虚假故」〔七〕。經云：「世間如是身，諸佛身亦然，了知其自性，是則説名佛。」〔八〕是以一身無量身，皆同佛體，以無性理同故。所以志公云：「食時辰，無明本是釋迦身，坐卧不知元是道，作麽忙忙受苦辛。」〔九〕

校注

〔一〕融大師：釋法融。
〔二〕見實叉難陀譯大方廣佛華嚴經卷一九。
〔三〕諸法無行經卷上：「若人求菩提，則無有菩提，是人遠菩提，譬如天與地。」
〔四〕摩訶般若波羅蜜經卷九大明品：「不以相好身名爲佛，得一切種智故名爲佛。」
〔五〕佛馱跋陀羅譯大方廣佛華嚴經卷六〇：「衆生罪所障，雖近而不見。」
〔六〕見妙法蓮華經卷四五百弟子受記品。
〔七〕見維摩詰所説經卷上菩薩品。
〔八〕見實叉難陀譯大方廣佛華嚴經卷二三。
〔九〕見寶誌和尚十二時頌，全詩見景德傳燈録卷二九。然寶誌和尚作品係後人依託，詳見本書卷一注。

華嚴私記〔一〕云：從「如是我聞」已來，乃至一切經中菩薩衆、聲聞衆莊嚴具，華幡、幢蓋、七珍寶等事，並是如來浄業所起。或作法名、雲名，並是浄心中事。文殊則是衆生現行分別心，普賢則是衆生塵勞業行心，觀音即是衆生大悲心，勢至即衆生大〔二〕智心。如華嚴經云「一切處文殊」者，文殊雖東來，而即一切處，以是法界之身，不動之智，觸境斯了，六根三業，盡是文殊。實相體周，萬像森羅，無非般若，何有一處非文殊哉〔三〕？

校注

〔一〕按，日圓珍福州温州台州求得經律論疏記外書等目録，著録「華嚴經私記兩卷」，子注曰：「上、下，牛頭。」牛頭，即法融，傳見續高僧傳卷二一唐潤州牛頭沙門釋法融傳。參見本書卷一九注。

〔二〕「大」，原作「志」，據諸校本改。大智心者，發菩提心也。

〔三〕「不動之智」至此，見澄觀撰大方廣佛華嚴經疏卷一三。按，「觸境斯了」前，大方廣佛華嚴經疏云：「文殊乃是不動智之妙用。」

浄名疏云：定自在王菩薩者，用一心三觀，能觀心性，名爲上定。得此上定，於一切真俗禪定，即得自在如國王也。寶積菩薩者，一心三觀，正觀心性雖空，具足萬行之法寶聚，故名寶積也。妙生菩薩者，觀心不生，則一切法不生，般若妙生也。故經云：色不生，般若生〔一〕。觀世音菩薩者，請觀音經云：「觀於心脉，使想一處，即見觀世音也。」〔二〕如是等菩薩，隨舉一觀門，别以標菩薩名，引物歸心。若一人各具一切觀門，即名字互通，即是字等、語等、身等、法等，以一切法本自無名，無名而有名者，皆從心起，故心即名也。其能如是解者，即於正觀心中，見一切菩薩諸佛也〔三〕。乃至聲聞十大弟子，皆是自心十善法數〔四〕。

校注

〔一〕摩訶般若波羅蜜經卷一一照明品：「色不生故，般若波羅蜜生。」

〔二〕見請觀世音菩薩消伏毒害陀羅尼呪經。

〔三〕「净名疏云」至此，詳見智顗撰維摩經文疏卷四。

〔四〕法數：帶有數字的佛教術語。

又云：十心數者，三藏教毗曇偈云：「想欲更樂慧，念思及解脱，作意於境界，三摩提以〔一〕痛。」〔二〕此心通大地數法，扶心王起一切諸心數。如國有十臣，共輔佐一主，若君臣共行非道，國内人民悉皆作惡；君臣相輔，共行正治，國内人民悉皆有道。今衆生有心王，通十心數，若念不善，即有無量不善煩惱數法起；若心王十數相扶念善，即有無量諸善功德智慧心數而起也。

復次，心王即是師，十數即是十弟子。如師資共作惡，即化一切人皆惡；如師資共作善，則化一切人修善。心王及十心數法亦如是。故此經云「弟子衆塵勞，隨意之所轉」〔三〕也。今一切衆生，皆有心王、十通心數法，若遇天魔、外道愛論、見論〔四〕，即起諸煩惱，流轉生死，如爲惡君惡臣、惡師惡弟子之所化也。今佛爲法王，十弟子爲法臣，即是正法之師、正法弟子，用慧行、行行〔五〕正法，共化衆生心王、十通心數法。若衆生信受，修行慧行，即見論諸煩惱滅，成一切見道無量諸善心數法也；若衆生信受，修習行行，即破一切天魔生死不善諸心數法，成修道無量善心數法也。故經云：「心王若正，則六臣不邪。」〔六〕

復次，此十數即是十法門，悉能通入涅槃也。初以十數爲種子，從此修習，遂致成道，如合抱之樹，起於毫末也。今法王欲以半滿之教〔七〕，化諸衆生，先當隨其樂欲，故此經云「先以欲勾〔八〕牽，後令入佛智」〔九〕也。今十弟子各弘一法者，人以類聚，物以群分，隨其樂欲，各用一行法門，攝爲眷屬也。雖各掌一法門，何曾不具十德？如十心數，隨有一起，十數即隨起。雖用一數當名，而實有十數也。

別對十弟子者，初想數，即對富樓那，想數偏强，從想入道，是故聲聞弟子中，説法第一也。成論云：識得實法，想得假名〔一〇〕。富樓那用想數分明故，能分別名相無礙，辯才無滯，於説法人中，最爲第一。

欲數，對大迦葉，用善欲數入道故，諸弟子中，頭陁第一也。一切善法，欲爲其本。迦葉絶世榮華，志存出要，樂在山林，是則善欲心發，捨世惡欲也。

更樂，對迦栴延，即起此數，研覈義理入道，故聲聞中，論義第一也。問答往復，更相涉入，論義不窮，無滯無闕，以其偏修更樂數故，能如是也。

慧數，對身子，用慧數入道故，於諸聲聞中，智慧第一，法輪之將也。

念數，對優波離，用念持律入道，於諸聲聞中，持律第一也。憶持不忘，名之爲念。波離身口對緣，詮量輕重而無忘失，持律之上也。

思數，對羅云，因秘行入道，諸聲聞中，密行第一也。行陰，即是思數，思數若利，修諸戒行，覆藏功德，密行之上也。

解脱，對善吉，用此數法，修空解脱入道故，諸聲聞中，解空第一。無諍三昧，蕭然獨脱，不與物競也，作意境界。

憶數，對阿那律，因其失眼，佛令起此數，修天眼入道，故聲聞中，天眼第一。夫修天眼，必須住心緣境，取日月星光相而修發天眼通也。

三摩提數，對目連，是定數偏利，修此定進道故，諸聲聞中，禪定第一。

痛數，對阿難，當受數强利，聽受聞持以入道故，諸聲聞中，多聞總持第一。痛，通言受，以領納爲義，故此數分明領持佛法，如完器盛水也。

是十數弟子，共輔如來，莊嚴半滿四枯四榮之教，引衆生入中道，見佛性，住大涅槃，即是住不思議解脱也〔二〕。

校注

〔一〕「以」，阿毗曇心論作「與」。

〔二〕見阿毗曇心論卷一行品。又，阿毗曇心論卷一行品：「想者，事立時隨其像貌受；欲者，受緣時欲受；更樂者，心依緣和合不相離；慧者，於緣決定審諦；念者，於緣憶不忘；思者，功德惡俱相違於心造作；解脱者，於緣中受想時彼必有是；作意者，於緣中勇猛發動；定者，受緣時心不散；痛者，樂不樂俱相違緣受。」

〔三〕見維摩詰所説經卷中佛道品。

〔四〕愛論：指由貪愛染著之心而生的錯誤言論。見論：指執著於錯誤的見解。二者皆爲戲論。中論卷三觀法品：「戲論有二種，一者愛論，二者見論。」吉藏中觀論疏卷一本：「就觀法品，明戲論有二：一者愛論，謂於一切法有取著心；二者見論，於一切法作決定解。又，利根者起見論，鈍根人起愛論。又，在家人起愛論，出家人起見論。又，天魔起愛論，外道起見論。又，凡夫起愛論，二乘起見論。」

〔五〕智顗説金光明經文句卷四：「緣空直入，名爲慧行。帶事兼修，名爲行行。亦名正道、助道。空觀順理，名爲正道。不淨破貪，名爲助道。」知禮述金光明經文句記卷四上：「行行者，慧行之上，加脩事行，故名行行。助道者，以不淨想，破事中貪，資於正觀，破障理惑，故名助道。」又，梁肅删定止觀卷上攝法第四：「行有二種，謂慧行、行行。慧行是正行，行行是助行。正、助兩行，隨智而轉。若三藏，無常析觀是慧行，不净慈心是行行。若通教，體法如幻是慧行，歷一切法緣事止觀是行行。此二教，隨析、體二智俱入於空。若爲化他修道種智，緣俗理名慧行，緣俗事屬行行。此行隨智入假。若緣實相是慧行，歷諸法門是行行，此行隨中智入實相第一義諦。」詳見智顗説摩訶止觀卷三下。

〔六〕「心王若正，則六臣不邪」，蕭子良净住子净行法修理六根門第四、道世法苑珠林卷八四禪定部第五述意部第一等皆有引，出處俟考。

〔七〕半滿之教：半字教、滿字教，即小乘、大乘。澄觀撰大方廣佛華嚴經疏卷一：「西秦曇牟讖三藏立半滿教，即聲聞藏爲半字教，菩薩藏爲滿字教。」隋慧遠撰大乘義章卷一衆經教迹義三門分別：「聲聞藏法狹劣名小，未窮名半；菩薩藏法寬廣名大，圓極名滿。」

〔八〕「勾」，嘉興藏本及經中作「鉤」。「勾」「鉤」通。

〔九〕見維摩詰所説經卷中佛道品。

〔一〇〕按，智顗説、灌頂記摩訶止觀卷八下：「成論人云：意業單起，未得成業。意得實法，想得假名。」湛然述止觀輔行傳弘決卷八之三：「『意得實法』者，領納名得，是受念處。『想得假名』，是想陰。」維摩經略疏垂裕記卷五：「『識得實法』等者，暹云：心王率爾總見物體，故云『得實法』；心數思想假名、句、文方成，故云『想得假名』。」成論人，即成實宗的論師。

〔一一〕「又云，十心數者」至此，詳見智顗撰維摩經文疏卷一一。

是知自利實行、利他權門，若師若弟、若教若觀，終不出衆生心數法門，一一同歸宗鏡。乃至一切言説義理、行位進修，悉皆是心，無不收盡，以一切語言由覺觀心、一切諸行由於思心、一切義理由於慧心故。

又，心王即佛寶；心數即僧寶；所緣實際，無王無數，即法寶。善入實際，王、數之功，力用足矣〔一〕。心、心數法不行，故名行般若波羅蜜。普賢觀云：「觀心無心，法不住法。我心自空，罪福無主。」〔二〕即是無心、無數，名爲正觀。是心數塵勞若不盡者，觀則不訖，故經言：衆生不度，我不成正覺〔三〕。即此意也〔四〕。若能如是解者，無一佛、菩薩名及一法門不於正觀心中現。故法華經云：「若有人信汝所説，則爲見我，亦見於汝及比丘僧，并諸菩薩。」〔五〕何者？聞經心信無疑，覺此信心明净，即是見佛。慧數分明，是見身子。諸數分明，是見衆比丘。慈悲心净，是見菩薩〔六〕。

校注

〔一〕智顗説妙法蓮華經文句卷二上：「十數扶心王，能成觀行，於一念中，深入善法，三寶具足：王即佛寶；數即僧寶；所緣實際，無王無數，即法寶。若入實際，王、數之功，力用足矣。」

〔二〕見觀普賢菩薩行法經。

〔三〕按，此即四弘誓願之一。智顗説釋禪波羅蜜次第法門卷一之上修禪波羅蜜大意第一：「四弘誓願者，

一、未度者令度，亦云衆生無邊誓願度；二、未解者令解，亦云煩惱無數誓願斷；三、未安者令安，亦云法門無盡誓願知；四、未得涅槃令得涅槃，亦云無上佛道誓願成。」

〔四〕「心、心數法不行」至此，見智顗説妙法蓮華經文句卷二上。

〔五〕見妙法蓮華經卷二譬喻品。

〔六〕「聞經心信無疑」至此，見智顗説妙法蓮華經文句卷一上。

黄蘗和尚云：諸佛與一切衆生唯是一心，更無别法，覺心即是。唯此一心即是佛，見此心即是見佛。佛即是心，心即是衆生；衆生即是佛，佛即是心。爲衆生時，此心亦不減；爲佛時，此心亦不添。但悟一心，更無少法可得，此即真佛。文殊當真空無礙之理，普賢當離相無盡之行，諸大菩薩所表，人皆有之，不離一心，悟之即是。但能無心，便是究竟學道人。不直下無心，累劫修行，終不成道。不如言下自認取本法，此法即心，心外無法，絶諸思量，故曰：「言語道斷，心行處滅。」〔一〕此心是本原清浄佛，蠢動畜生與佛菩薩一體，只爲妄想分别，造種種業果，本佛上實無一物，虚通寂静，明妙安樂而已。但於見聞覺知認取本心，然本心不屬見聞覺知，亦不離見聞覺知，但莫於見聞覺知上起解，亦不離見聞覺知覓心，不即不離，不住不著。世人聞道諸佛皆傳心法，將謂心上别有一法可證可取，遂將心覓法，不知心即是法，法即是心，不可將心更求於心，歷千劫終無得日。不如當下無心，便是本法〔二〕。

校注

〔一〕言語道斷：言語之道斷絶，意謂佛教真理深妙不可言説。心行處滅：心行之處滅絶，意謂不能用心思加以計度分别。鳩摩羅什譯華手經卷六求法品：「佛所言説有出世間，出世間法則無言説，言語道斷，心行處滅。」

〔二〕參見裴休集黄檗山斷際禪師傳心法要。黄蘗和尚：釋希運，傳見宋高僧傳卷二〇唐洪州黄蘗山希運傳。

乃至出家，皆不出一念心地。故香嚴和尚偈云：「從來求出家，未詳出家稱，起坐只尋常，更無少殊勝。」〔一〕以心外更無别出家法，有何勝境可求？所以淨名經云：「無利無功德，是名出家。」〔二〕則阿難未悟斯宗，但觀如來勝相，求身出家，遂懺悔云：「我身雖出家，心不入道。」〔三〕

校注

〔一〕香嚴和尚：釋智閑，青州人。宋高僧傳卷一三梁鄧州香嚴山智閑傳、景德傳燈録卷一一鄧州香嚴寺智閑禪師等有傳。此偈亦見祖堂集卷一九香嚴和尚，名出家頌。

〔二〕見維摩詰所説經卷上弟子品。

〔三〕參見大佛頂如來密因修證了義諸菩薩萬行首楞嚴經卷一。

台教云：「觀一念心淨若虚空，不爲二邊桎梏所礙，平等大慧無住無著，即名出家。以中觀自資、活法身慧命，名爲乞士。觀五住煩惱〔一〕即是菩提，是名破惡。一切諸邊顛倒，無非中道，即是怖魔。」〔二〕

校注

〔一〕五住煩惱：即五縛，繫縛心、心所法及所緣的五種煩惱。諸煩惱縛彼同時相應心、心所法，曰相應縛；諸煩惱緣境時縛其所緣，爲所緣縛。所緣縛又分爲四，一、同部同品縛，二、同部異品縛，三、異部同品縛，四、異部異品縛。部謂四諦、修道，品指所斷惑之上、中、下等九品。所緣縛四並前相應縛，總有五縛。

〔二〕見智顗説妙法蓮華經文句卷一上。

天台拾得頌云：「無瞋是持戒，心淨是出家。我性與汝合，一切法無差。」〔一〕夫出塵之人，心不依物故。經云：「出家放曠，猶若虚空。」〔二〕志公訶云：「言下不求無處所，暫時喚作出家人。」〔三〕所以先德云：「汝若悟此事了，但隨時著衣喫飯，任運騰騰。」〔四〕故知此事唯自己知，別無方便，故云「一飲一啄，各自有分」〔五〕。豈非悟心出家，非從事得！

校注

〔一〕按，項楚先生寒山詩注附拾得詩注「拾得佚詩」中據此處收載，並有按語曰：「此詩亦作寒山佚詩。」

〔二〕見根本説一切有部苾芻尼毗奈耶卷一。

〔三〕見寶誌和尚十二時頌，全詩見景德傳燈録卷二九。然寶誌和尚作品係後人依託，詳見本書卷一注。

〔四〕按，據祖堂集卷一四江西馬祖、景德傳燈録卷六江西道一禪師等，此「先德」者，當爲馬祖。祖堂集卷一四江西馬祖：「汝可隨時言説，即事即理，都無所礙。菩提道果，亦復如是。於心所生，即名爲色。知色空故，生即不生。若體此意，但可隨時著衣喫飯，長養聖胎，任運過時。更有何事？汝受吾教，聽吾偈曰：心地隨時説，菩提亦只寧。事理俱無礙，當生則不生。」

〔五〕按，據景德傳燈録卷一四鄧州丹霞天然禪師，天然有此説。天然，傳見宋高僧傳卷一一唐南陽丹霞山天然傳。

又云：「觀一一心中，皆具王、數，爲成觀故，王、數相扶而取開悟，或於想數入道，或於欲數入道，隨所宜者，心王、心數而共攻之，化取塵勞諸心而作佛事。作此觀未悟，觀行如乳；若發無漏，觀行如酪；若破塵沙，如生熟酥；若破無明，觀如醍醐。至醍醐時，王、數

功畢。」〔一〕

校注

〔一〕見智顗説妙法蓮華經文句卷二上。

大寶積經偈云：「如來觀衆生，於法建立者，以心能知心，彼則真佛子。」〔二〕故云：「從佛口生，從法化生。」〔三〕以知心故，一切法門如在掌中，爲未知者方便解釋，皆令信入。

校注

〔二〕見大寶積經卷七〇。

〔三〕見雜阿含經卷一八等。化生，四生之一，指無須依託，因業力而出現者。玄奘譯阿毗達磨俱舍論卷八：「云何化生？謂有情類生無所託，是名化生，如那落迦天中有等，具根無缺，支分頓生，無而欻有，故名爲化。」

此宗鏡内，則無有一法而非佛事。飲食爲佛事者，浄名疏云：「『於法等者，於食亦等。』〔一〕如大品經云：一切法趣味〔二〕，是趣不過。味尚不可得，云何當有趣、非趣〔三〕？今言一切法趣味，味即是食，當知食即是不思議法界，以食中含受一切法，一切法不出食法界也。食若是有，一切法是有；食若是無，一切法皆無。今食不可思議故，尚不見是有，云何當有趣？尚不見是無，云何當有非趣？若觀食不見趣、非趣，即是中道三昧，名真法喜禪悦之食。而能通達趣、非趣法，即雙照二諦，得一諦三昧法喜禪悦之食，是名食等。『諸法亦等』者，一切諸法趣陰入界，乃至一切種智陰入界，一切種智不可得故。云何當有趣、非趣？而宛然具足趣、非趣者，則一切諸法皆有三諦之理，如智度論明一刹那中有生、住、滅三相之喻也。」〔四〕

校注

〔一〕見維摩詰所説經卷上弟子品：「若能於食等者，諸法亦等；諸法等者，於食亦等。如是行乞，乃可取食。」

〔二〕「味」，原作「未」，據諸校本及維摩經文疏改。

〔三〕參見摩訶般若波羅蜜經卷一五知識品。

〔四〕見智顗撰維摩經文疏卷一三。又，「智度論明一刹那中有生、住、滅三相之喻」者，龍樹造、鳩摩羅什譯大智度論卷一五：「佛説有爲法，皆有三相。若極少時中生而無滅者，是爲非有爲法。若極少時中心生、住、滅者，何以但先生而後滅，不先滅而後生？」

又如香積佛國之香飯，經云：「無盡戒、定、慧、解脱、解脱知見功德具足者，所食之餘，終不可盡。」〔一〕以一心真如無盡之理，五分法身〔二〕資熏之功，自體性空無作妙用，豈有盡乎？又云：「若未發大乘意食此飯者，至發意乃消；已發意食此飯者，得無生忍，然後乃消；已得無生忍食此飯者，至一生補處，然後乃消。譬如有藥，名曰上味，其有服者，身諸毒滅，然後乃消。此飯如是，滅除一切諸煩惱毒，然後乃消。」〔三〕如諸大菩薩，雖復捨生受生，後身之中，識中有種子，種子遇緣，還生香飯，相續不斷，流至初地，發無漏心，斷惑證真，名之爲消，非是食滅名爲消也。故知食此飯者，何法不消？

又云：「彼國菩薩聞香入律，即獲一切德藏三昧。得此三昧者，菩薩所有功德，皆悉具足。」〔四〕是以若從香入法界，自身即是衆香世界，自心即是香積如來，無量功德，一心圓滿。悟入此者，何假外求？

校注

〔一〕見維摩詰所説經卷下香積佛品。

〔二〕五分法身：謂戒、定、慧、解脱、解脱知見。分即分段、分齊。法者，軌持，即戒、定、慧諸法也。身者，聚也，聚集諸法以成其身。法藏述華嚴經義海百門體用開合門第九：「五分法身者，謂塵空無所有，即無非可防，是戒身；以塵無相，心自不緣，是定身；了塵空寂是慧身；由塵空無，則不緣於有，不住於相，是解脱身；由了塵體，更無異解，是解脱知見身。身以依止爲義，謂智依法顯而得成立故，爲法身也。」

四分律含注戒本疏行宗記卷一上之二：「五分者，戒、定、慧從因受名，解脱、解脱知見從果彰號。由慧斷惑，惑無之處，名解脱；出纏破障，反照觀心，名解脱知見。」

〔三〕見維摩詰所説經卷下菩薩行品。

〔四〕見維摩詰所説經卷下香積佛品。

香界既然，十八界亦爾，盡是栖神之地，皆爲得道之場。如「阿難白佛言：『未曾有也！世尊，此香飯能作佛事。』佛言：『如是，如是。阿難，或有佛土，以佛光明而作佛事，有以諸菩薩而作佛事，有以佛所化人而作佛事，有以菩提樹而作佛事，有以佛衣服卧具而作佛事，有以飯食而作佛事，有以園林、臺觀而作佛事，有以三十二相、八十隨形好而作佛事，有以佛身而作佛事，有以虚空而作佛事。衆生應以此緣，得入律行。有以夢、幻、影、響、鏡中像、水中月、熱時燄如是等喻而作佛事；有以音聲、語言、文字而作佛事；或有清淨佛土，寂寞無言、無説、無示、無識、無作、無爲而作佛事。如是阿難，諸佛威儀進止，諸所施爲，無非佛事。阿難，有此四魔，八萬四千諸煩惱門，而諸衆生爲之疲勞，諸佛即以此法而作佛事，是名入一切諸佛法門。菩薩入此門者，若見一切淨好佛土，不以爲喜，不貪不高。若見一切不淨佛土，不以爲憂，不礙不没，但於諸佛生清淨心，歡喜恭敬，未曾有也！

諸佛如來功德平等，爲教化衆生故，而現佛土不同。阿難，汝見諸佛國土，地有若干，而虚空無若干也。如是見諸佛色身有若干耳，其無礙慧無若干也』〔一〕。

校注

〔一〕見維摩詰所説經卷下菩薩行品。

又如華嚴經中，具足優婆夷「得菩薩無盡福德藏解脱門，能於如是一小器中，隨諸衆生種種欲樂，出生種種美味飲食，悉令充滿。乃至〔一〕東方一世界，不可説不可説佛刹微塵數世界中，所有一生所繫菩薩食我食已，皆菩提樹下坐於道場，降伏魔界，成阿耨多羅三藐三菩提。如東方，南、西、北方，四維、上下，亦復如是」〔二〕。

又如明智居士得隨意出生福德藏解脱門，「爾時，居士知衆普集，須臾繫念，仰視虚空。如其所須，悉從空下，一切衆會普皆滿足。然後復爲説種種法，所謂得美食而充足者，與説種種集福德行、離貧窮行、知諸法行、成就法喜禪悦食行、修習具足諸相好行、增長成就難屈伏行、善能了達無上食行、成就無盡大威德力降魔怨行。得好飲而充足者，與其説法，令於生死，捨離愛著，入佛法味等」。

校注

〔一〕乃至：表示引文中間删略。

〔二〕見實叉難陀譯大方廣佛華嚴經卷六五。下一處引文同。

且如優婆夷器内、明智居士空中，隨意而出無限珍羞，繫念而雨衆多美食，凡來求者，皆赴所須。得之者，盡證法門；食之者，咸成妙道。可謂無一塵而不具足佛事，無一法而不圓滿正宗。但「隨衆生心應所知量，循業發現」〔一〕，所見不同，外道見爲自然，凡夫見爲生死，聲聞見爲四諦，緣覺見爲因緣，小菩薩見爲但空，大菩薩見爲中道，諸佛見爲實相。若入宗鏡，諸見並融。

校注

〔一〕見大佛頂如來密因修證了義諸菩薩萬行首楞嚴經卷三。

色塵爲佛事者，如頻婆娑羅王因佛口放五色光照頂，後證阿那含果〔一〕。又如寶積等五百長者見佛淨土，證無生法忍〔二〕。此是覩色也。

校注

〔一〕觀無量壽佛經：「爾時，世尊即便微笑，有五色光從佛口出，一一光照頻婆娑羅王頂。爾時，大王雖在幽閉，心眼無障，遥見世尊，頭面作禮，自然增進，成阿那含。」

〔二〕維摩詰所説經卷上佛國品：「當佛現此國土嚴浄之時，寶積所將五百長者子皆得無生法忍，八萬四千人皆發阿耨多羅三藐三菩提心。」

香塵爲佛事者，即香飯普熏三千大千及欲、色界，諸天聞香入室〔一〕。又，燒香者，謂以智火發輝，萬行普周徧故。塗香者，以性浄水和之飾法身故。粖香者，以金剛智破令無實故。又如慈悲、不浄觀等斷諸惡者，如安息香能辟惡邪〔二〕，正見智慧無惡不斷。又，十善行等生歡喜香，如沉檀等，即攝根器，行施悦自他等〔三〕。

校注

〔一〕詳見維摩詰所説經卷下香積佛品。

〔二〕安息香：一種香料，音譯「求求羅」等，由安息傳入，故稱。酉陽雜俎前集卷一八廣動植之三：「安息香樹，出波斯國，波斯呼爲辟邪樹。樹長三丈，皮色黄黑，葉有四角，經寒不凋。二月開花，黄色，花心微碧，不結實。刻其樹皮，其膠如飴，名安息香。六七月堅凝，乃取之。燒之，通神明，辟衆惡。」

〔三〕「又，燒香者」至此，見澄觀述大方廣佛華嚴經隨疏演義鈔卷八七。

味塵爲佛事者,「食此飯者,身安快樂,譬如樂莊嚴國」〔一〕。

校注

〔一〕見維摩詰所説經卷下香積佛品。

觸塵爲佛事者,「以手捫摸我,一何快乃爾」〔一〕。

校注

〔一〕見乳光明經。

光明爲佛事者,涅槃經云:「遇斯光者,一切煩惱皆悉消除。」〔二〕夫放光者,即是一心智慧之光,以能照萬法之性故,即不隨塵墮其愚闇。如義海云:「顯光明者,謂見塵法界真如事理之時,顯了分明,此是智慧光明照也。若無智光,則理事不顯。但見法時,即是光明,由積智功圓,是故放一光明,則法界無不顯示。常觀察一切法界,是爲放光明照一切。」〔三〕

此宗鏡光,即是諸佛毫光,普照法界。如華嚴經云:「如來眉間有大人相,名徧法界光明雲,摩尼寶華以爲莊嚴,放大光明,具衆寶色,猶如日月,洞徹清淨。其光普照十方國土,

於中顯現一切佛身，復出妙音，宣暢諸法。」〔三〕

校注

〔一〕見大般涅槃經卷一。

〔二〕見法藏述華嚴經義海百門體用顯露門第五。

〔三〕見實叉難陀譯大方廣佛華嚴經卷四八。

法華經云：放一毫光照萬八千佛土，光中悉見菩薩六度莊嚴，衆生受報好醜等事〔一〕。又云：「放一浄光，照無量國。」〔二〕

校注

〔一〕詳見妙法蓮華經卷一序品。

〔二〕見妙法蓮華經卷一序品。

大乘本生心地觀經云：「爾時，會中有一菩薩名師子吼，覩如來放金色光明，四向觀視海會大衆，發大音聲，而作是言：『乃至〔一〕以是因緣，如來不久從三昧起，當爲演説心地觀門大乘妙法。』告諸大衆：『無量一切人天福樂，速求出世阿耨多羅三藐三菩提。所以者何？今日世尊從胸臆中放金色光，所照之處，皆如金色，佛所顯示，意趣甚深，一切世間聲聞、緣覺，盡思度量所不能知。汝凡夫不觀自心，是故漂流生死海中，諸佛、菩薩能觀心故，度生死海，到於彼岸。三世如來，法皆如是，放此光明，非無因緣。』」〔二〕

釋曰：夫金色光者，表所説宗。如文殊住方、須彌南面，皆同一色，無復異文。如寶篋經云：「文殊師利言：『大德須菩提，如須彌山王光所照處，悉同一色，所謂金色。如是，須菩提，般若光照一切結使，悉同一色，謂佛法色。』」〔三〕此之心色，可謂明逾日月，量逸太虛，照燭包含，無幽不盡。

校注

〔一〕乃至：表示引文中間有删略。

〔二〕見大乘本生心地觀經卷一。

〔三〕見大方廣寶篋經卷上。

所以大般若經云：「若幽冥世界及於一一世界中間日月等光所不照處，爲作光明，應學般若波羅蜜多。」〔一〕

校注

〔一〕見大般若波羅蜜多經卷三。

寶積經云：「我有光明，名無生，持其名者，獲無所得。」〔一〕

校注

〔一〕見大寶積經卷三〇。

華嚴論云：「光明覺品者，爲令信心〔一〕，自以自心光明覺照一切世間無盡大千世界，總佛境界，自亦同等，以心隨光，一一照之，心境合一，内外見亡。初三千大千世界已，次還以東方爲首，光至東方十三千世界，照百三千大千世界。如是十方十重，倍倍周迴，十方圓照，身心一性，無礙徧周，同佛境界，一一作意，如是觀察，然後以無作方便定印之，入十住初心，生如來智慧家，爲如來智慧法王之真子，一如光明所照，如經具明。不可作佛光明，自無其分，須當自以心光如佛光，開覺其心，圓照法界。」〔二〕

校注

〔一〕「爲令信心」，新華嚴經論作「令信心者」。

〔三〕見李通玄撰新華嚴經論卷一四。

華嚴疏云：「因中分別法相，決了真理，無虧理事，不減佛法，故得一念悉解多門。」〔一〕所以放一光，總圓福智。

校注

〔一〕見澄觀撰大方廣佛華嚴經疏卷一六。

涅槃疏云：放光照文殊者，「見色知心，文殊覩光，遂解佛意」〔一〕。

校注

〔一〕見灌頂撰大般涅槃經疏卷五純陀品下。

浄名私記〔一〕云：或有光明而作佛事。何故如此？體徧虚空，同於法界。畜生蟻子，有情無情，皆是佛子。此即是解脱法，即是須彌入芥子。

校注

〔一〕浄名私記：或爲道邃、或爲道暹、或爲法融所撰。詳見本書卷一五注。

如上解釋，方了佛所説經，即同浄名之見，不同二乘唯見空解脱。故法華經云：「但離虚妄，名爲解脱，其實未得一切解脱。」〔一〕若得一切解脱者，豈有一法非佛事乎？

校注

〔一〕見妙法蓮華經卷二譬喻品。

菩提樹爲佛事者，此樹色香微妙，復出法音，見聞齅觸，皆悟聖道〔一〕。

校注

〔一〕注維摩詰經卷九：「有以菩提樹而作佛事。什曰：或出華果，或出名香，或放光明，或爲説法也。肇曰：佛於下成道，樹名菩提。此樹光無不照，香無不薫，形色微妙，隨所好而見。樹出法音，隨所好而聞。此如來報應樹也。衆生遇者，自然悟道。此土以樹爲化之本也。」

衣服卧具爲佛事者，昔閻浮提王得佛袈裟，懸置高幢，以示國人。有病之者，覩見歸命，病皆除愈，發菩提心，因此悟道〔一〕。

大集經云：「爾時，五百大聲聞各以己身所著鬱多羅僧〔二〕奉虚空藏，奉上衣已，一時同聲説如是言：『其有衆生深發阿耨多羅三藐三菩提心者，快得善利。於如是大智法藏

中，不墮其外。』所上之衣，即便不現。時諸聲聞問虚空藏言：『衣何所至耶？』虚空藏答言：『入我藏中。』〔三〕

校　注

〔一〕敦煌遺書伯二〇四〇寫卷維摩經疏卷六：「有以菩提樹作佛事者，佛於樹下成道，名菩提樹。此樹色香微妙，復出諸香，見聞嗅觸，皆悟聖道。此即五識能通道五塵爲佛事。衣服卧具，昔閻浮提王得佛袈裟，懸置高幢，以示國人。有病之者，覩見歸命，病皆除愈，發菩提心，因此悟道，名爲佛事。」按，伯二〇四〇寫卷，首題「維摩經疏卷第六香積佛品第十」，尾題「維摩經疏卷第六」，是對維摩詰所説經香積佛品至囑累品的注疏，即爲神楷維摩經疏卷第六。

〔二〕欝多羅僧：意譯「上衣」「上著衣」。慧琳撰一切經音義卷五九：「欝多羅僧，或云『郁多羅僧伽』，或云『優多羅僧』，或作『漚多羅僧』，亦梵言訛轉耳，此譯云『上著衣』也。著謂與身相合，言於常所服中，最在其上，故以名也。或云『覆左肩衣』也。」

〔三〕見大方等大集經卷一七。

華手經云：「佛言：我今當現神通之力，令諸菩薩自知所願，發心行道，淨佛國土，成就衆生。及成佛時，世界嚴淨，聲聞菩薩，衆數如是；演説正法，度人如是；壽命長短，佛法如是；形色相好，正行如是。滅度之後，法住久近，令諸菩薩各於衣中，見如是事，得斷所疑。」〔一〕乃至偈云：「佛入三昧故，令我得是眼，及諸總持門，徧入一切法。」

故知成佛度生，不離自身心内，乃至所受用法中。如大乘千鉢大教王經云：「曼殊室利菩薩手中吠瑠璃〔二〕鉢内，傍看有何等相？大迦葉則從座而起，便於世尊前頭面作禮而去。大迦葉則於曼殊室利前，頭面禮敬訖，便於鉢内觀看，乃見鉢中有百億三千大千世界、百億無色界、百億色界、百億六欲界，有百億須彌山、百億四天下、百億南閻浮提、百億娑訶世界、百億釋迦如來、百億千臂千鉢曼殊室利菩薩、百億迦葉。在曼殊鉢内，有百億世界，世界中有百億大迦葉，各各向曼殊前，請問大乘法義。」〔三〕

校注

〔一〕見華手經卷一神力品。下一處引文同。

〔二〕吠瑠璃：慧琳一切經音義卷一：「吠瑠璃，上扶癈反，次力鳩反，下音离。梵語，寶名也。或云『毘瑠璃』，或但云『瑠璃』，皆訛略聲轉也。須彌山南面是此寶也。其寶青色，瑩徹有光，凡物近之，皆同一色。帝釋髻珠云是此寶。天生神物，非是人間鍊石造作、焰火所成瑠璃也。」

〔三〕見大乘瑜伽金剛性海曼殊室利千臂千鉢大教王經卷五。

虚空爲佛事者，如文殊滅色像，現虚空相，以化闍王，因得悟道〔一〕。又如大集會中，虚空藏來時，純現虚空相。經云：「虚空藏菩薩謂阿難言：『大德，我以自身證知，是故如所證知，能如是説。何以故？我身即是虚空，以虚空證知一切法，爲虚空印所印。』」〔二〕又如虚空藏菩薩以虚空爲庫藏，雨十方無量阿僧祇世界，所雨寶物、飲食、衣服。故偈云：「虚空無高故，下亦不可得。諸法亦如是，其性無高下。」〔三〕又偈云：「虚空藏菩薩，得虚空庫藏，充足諸有情，此藏無窮盡。」

校注

〔一〕詳見阿闍世王經。敦煌遺書伯二〇四〇寫卷維摩經疏卷六：「虚空佛事者，除去色形，現虚空相，令其心静，結累自消。亦如文殊師利滅衆色像，現虚空相，以化闍王，因此悟道。此即意識通道法塵爲佛事也。」此維摩經疏即神楷維摩經疏。

〔二〕見大方等大集經卷一七。

〔三〕見大集大虚空藏菩薩所問經卷四。下一處引文同。

諸煩惱門爲佛事者，如經云：「煩惱是道場，知如實故。」〔二〕仁王經云：「衆生未成佛，菩提爲煩惱。衆生若成佛，煩惱爲菩提〔三〕。猶如下醫以藥成非藥，上品良醫用非藥爲藥。衆生將諸佛心爲塵勞門，諸佛用衆生心成菩提道〔三〕。亦如福德者執石成金，業貧者變金爲石。法無定相，迴轉由心；道絶名言，理無變異。如眼、色等，一一皆具十法界不瞬世界，瞪視得無生法忍〔四〕，即眼爲法界；見華謝而悟無常，證辟支佛果，即色爲法界故。經云：「菩薩有一照法性冠，著此冠時，一切諸法悉現在心。諸事亦爾。」〔五〕又如輪王有一牀寶，聖王居上，即能離欲，逮得四禪。玉女雖見，如覩佛像，不生欲心〔六〕。

校注

〔一〕見維摩詰所説經卷上菩薩品。

〔二〕鳩摩羅什譯仁王般若波羅蜜護國經卷上二諦品：「菩薩未成佛時，以菩提爲煩惱。菩薩成佛時，以煩惱爲菩提。」

〔三〕敦煌遺書伯二〇四〇寫卷維摩經疏卷六：「凡愚衆生以迷到故，爲疲勞門。諸佛了煩惱性空，即以煩惱空性教化衆生，因此得悟，名爲佛事。故無垢稱經云：『一切如來，即以此法爲諸衆生而作佛事。』故上經云：『煩惱是道場，知如實故。』又仁王經云：衆生未成佛，菩提爲煩惱。衆生若成佛，煩惱爲菩提。猶如俗醫，有其三品：下醫之流，藥成非藥；中品之者，以藥成藥；上品良醫，用非藥爲藥。佛亦如是，能轉煩惱總爲涅槃，名爲佛事也。」此維摩經疏即神楷維摩經疏。

〔四〕大乘入楞伽經卷三：「大慧，如不瞬世界、妙香世界及普賢如來佛土之中，但瞪視不瞬，令諸菩薩獲無生法忍及諸勝三昧。」

〔五〕按，澄觀述大方廣佛華嚴經隨疏演義鈔卷八七引，云「華手經説」。今檢華手經，未見。

〔六〕大薩遮尼乾子所説經卷三：「『大師，云何轉輪聖王第三牀寶？』『大王當知，彼轉輪王所有牀寶，立能平正安隱不動，不高不下，不廣不狹，不長不短，不坤不垤，不堅不軟，不澀不滑，柔軟得所。若王入禪坐彼牀寶，即入解脱禪定三昧；若王欲起貪、瞋、癡心，坐彼牀寶即時俱滅；女人見王坐寶牀者，即皆得離貪、瞋、癡心，是名牀寶功德之用。』」

是以色爲所造，心爲能造，未有一法非是我心。若迷所造，則成世塵；若悟能造，則爲妙旨。又，打髑髏作聲，知過去善惡生死之處，即聲爲法界〔一〕。是知直觀本理，理具諸法。若無妙觀，日用不知。若能了知，則見一切萬法皆具一心不思議圓頓之理。故肇法師云：「聖遠乎哉，體之即神！道遠乎哉，觸事而真！」〔二〕可謂心境俱宗矣。

若得宗鏡之明，任運能照，若色若心，無不通達。是以華嚴經云：「此諸供具，皆是無上心所成，無作法所印。」〔三〕如華藏世界，山河草木，皆成佛事，善財童子見聞覺知，悉入法界。即知一切諸法，皆是佛法，並爲宗鏡之光，靡現一塵之迹。

校注

〔一〕智顗説、灌頂記摩訶止觀卷七下：「外道打髑髏作聲，聽知生處知無量事。香味觸等，亦復如是。」湛然述止觀輔行傳弘決卷七之四：「外道打髑髏作聲者，增一阿含云：佛在耆闍崛山，與五百比丘俱。從於静室下靈鷲山，與鹿頭梵志俱行。至大畏林，取死人髑髏，授與鹿頭，而作是言：今此梵志，明於星宿，兼善醫藥，善解諸聲，知死因緣。問云：此是何人髑髏？答曰：男子。問：云何命終？答：衆病皆集，百節酸疼，故命終也。何方治？答：呵梨勒和蜜，治必不終。又問：生何處？答：生三惡道。又打一髑髏問之，答：女人。何病死？答：懷妊死。何方治？答：服好酥醍醐。生何處？答：畜生中。又取一髑髏，打問曰：何故死？答：食過差死。何方治？答：三日絶食。生何處？答：生鬼中，以想水故。又取一髑髏打之，問曰：何人？答：女人。何死？答：産死。生何處？答：人中。又打一髑髏，問曰：何死？答：被人害死。生何處？答：生天。佛言：爲人害死，必生三惡。更打之，答云：此人持十善。又夫餓死者，生人天中，無有是處。凡一一答佛，佛皆語云：如汝所言，香山南有優陀延比丘，入無餘界。佛申手取髑髏來，問：生何處？答：元本非男、非女，不見生處，不見周旋往來，八方都無音聲，未審是誰。佛言：止！止！又重問佛，佛具答。鹿頭歎曰：此未曾有！我觀蟻子，尚知來處；鳥獸音聲，尚別雌雄。觀此羅漢，不見生處。如來正法，甚奇甚特！九十五道，我皆能知，如來之法，不識趣向。唯願世尊聽在道次。佛言：善來！得無學果，聽聲既爾，餘塵亦然。外道之法，聽死骨聲，能達遠事者，良由聲中本具諸法，故使外道得其少分，冥依其本，日用不知。況今妙觀，直觀本理，理具諸法，不足置疑。」「增一阿含云」者，詳見增一阿含經卷二〇。

〔二〕見肇論不真空論第二。

〔三〕見實叉難陀譯大方廣佛華嚴經卷六八。

釋論云：「不以敗壞色，得趣平等道。觀色不異，乃能等於大乘。如明與暗共合，而汝不見，謂明暗異，欲知其義，如彼日光。又日出時，暗不向十方，暗常在，無所歸趣。明亦如是，與暗共合。生死與道合，道即是生死。」〔一〕是以生死如暗，大道如明。不去暗而即明，不動生死而是道故。

化人爲佛事者，如須扇多佛留化佛度衆生〔二〕。大集經云：「時化比丘語舍利弗言：『大德，汝意將無謂我今者異於汝耶？』舍利弗言：『不也，比丘。何以故？如來常說一切諸法，皆悉如化，如如來說，我亦如化。』『大德，若有人能供養如來，即是供養化無異也。』時，舍利弗語不可說菩薩言：『善男子，誰入是化，今作是說？』『大德，如鏡中像，其誰在中而有像現？』『善男子，無在中者，直以清淨四大因緣故有像現。』『大德，化亦如是，法性淨故，能作此說。』『善男子，若爾者，一切衆生何故不能如是宣說？』『大德，鏡之背後，俱不離鏡，像何不現？』『善男子，鏡背四大不清淨故。』『大德，衆生亦爾，不能清淨法界性故，不能宣說。』」〔三〕

校注

〔一〕按，妙法蓮華經文句卷三下引，云出「釋論十四」。

校注

〔一〕摩訶般若波羅蜜經卷二一三慧品：「譬如過去有佛名須扇多，爲欲度菩薩故化作佛而自滅度。是化佛住半劫作佛事，授應菩薩行者記已滅度。一切世間衆生，謂佛實滅度。須菩提，化人實無生無滅。」龍樹造、鳩摩羅什譯大智度論卷七：「亦如須扇多佛，弟子本行未熟，便捨入涅槃，留化佛一劫以度衆生。」吉藏撰維摩經義疏卷六：「有以佛所化人而作佛事，如須扇多佛，真形滅度，留化佛利益衆生。」敦煌遺書伯二〇四〇寫卷維摩經疏卷六：「以佛化人者，佛化爲人，爲生説法，而得悟道。」

〔二〕見大方等大集經卷一三。

寂寞無言爲佛事者，即示心輪，雖無言説，不妨有寂寞之樂。若非樂者，何得言作佛事耶？若佛不示心，十地不知。若示心者，蜫蟲能知。當知是示心義，此間亦用無説無示爲佛事，如淨名杜口、文殊稱述〔一〕。又如大集經云：「清淨、寂靜、光明、無諍，如是四法，等入一界一法一句。如是四法，即是涅槃。遠煩惱故，名之爲清淨；畢竟淨故，名曰寂靜；無暗冥故，名曰光明；不可説故，名爲無諍。以是故言，釋迦如來默無所説。」〔二〕

校注

〔一〕「淨名杜口、文殊稱述」，詳見維摩詰所説經卷中入不二法門品。元康肇論疏卷下：「淨名在毗耶離城，問諸菩薩不二法門。各各説已，次問文殊。言如我意，一切諸法無言無説，是爲入不二法門。於是文殊師利問淨名言：『何等是入於不二法門？』時維摩詰默然無言。文殊讚云：『是真入不二法門也。』乃至無言無説，故云『杜口』也。」智顗説、湛然略維摩經略疏卷一〇：「寂寞者，示心輪。雖無言説，不妨有寂寞之樂。若非樂者，何得言作佛事耶？若佛不示心，十地不知。若示心者，蜫蟲能知。當知是示心義，此間亦用無説無示爲佛事，如淨名杜口、文殊稱歎。佛或時默然，身子亦默然。」

〔二〕見大方等大集經卷二。

是以語、默、動、靜，無非佛事。故先德云：「雲臺、寶網，盡演妙音；毛孔、光明，皆能説法。香積世界，餐香飯而三昧顯；極樂佛國，聽風柯而正念成。絲竹可以傳心，目擊以之存道。既語默視瞬皆説，則見聞覺知盡聽，苟能得法契神，何必要因言説？」〔一〕

如琴中傳意於秦王，脱荆軻之手；相如調文君之女，終獲隨車。帝釋有法樂之臣，馬鳴有和羅之技，皆絲竹傳心也〔二〕。

目擊存道者，莊子云：「夫子欲見温伯雪子，久而不見。及見，寂無一言。及出，子路怪而問曰：『夫子欲見温伯雪子久矣，何以寂無一言？』子曰：『若斯人者，目擊而道存，亦不可以容聲者矣。』」〔三〕

雲臺説法者，華嚴經云：「於虚空中，成大光明雲網臺。時光臺中以諸佛威神力故而説頌言：佛無等等如虚空，十力無量勝功德，人間最勝世中上，釋師子法加於彼。」〔四〕

寶網説法者，華嚴經云：「其師子座，摩尼爲臺，蓮華爲網。乃至〔五〕復以諸佛威神所持，演説如來廣大境界。」〔六〕

毛孔説法者，入法界品云：「世界海微塵數菩薩俱來向佛所，於一切毛孔中，出説一切衆生語言海音聲雲。」〔七〕

光明説法者，現相品云：「爾時，諸菩薩光明中同時發聲，説此頌言：諸光明中出妙音，普徧十方一切國，演説佛子諸功德，能入菩提之妙道。」〔八〕

校注

〔一〕見澄觀撰大方廣佛華嚴經疏卷三。

〔二〕和羅：即賴吒和羅，又作「羅吒婆羅」等，意譯「護國」「大浄志」，是佛世印度拘樓瘦國鍮蘆吒村長者之子。隨佛陀出家，得悟後歸國，父母以美女誘其還俗，該女反受教誡。其後又度化拘牢婆王。馬鳴據其事蹟編成戲曲賴吒和羅，度化五百位王子出家。澄觀述大方廣佛華嚴經隨疏演義鈔卷一二：「絲竹可以傳心者，即史記中事，含其多事，謂漏月傳意於秦主，果脱荆軻之手；相如寄聲於卓氏，終獲文君之隨。帝釋有法樂之臣，馬鳴有和羅之伎，皆絲竹傳心也。」湛然述止觀輔行傳弘決卷一之一：「鳴造賴吒和羅妓，妓音之中演於無常、苦、空、無我，聞者悟道，五百王子厭世出家。王恐民盡，禁妓不行。」

〔三〕見莊子田子方。

〔四〕見實叉難陀譯大方廣佛華嚴經卷三四。

〔五〕乃至：表示引文中間有删略。
〔六〕見實叉難陀譯大方廣佛華嚴經卷一。
〔七〕見實叉難陀譯大方廣佛華嚴經卷六〇。
〔八〕見實叉難陀譯大方廣佛華嚴經卷六。又，「如琴中傳意於秦王」至此，見澄觀述大方廣佛華嚴經隨疏演義鈔卷一二。

乃至逆順、善惡，無非佛事。如從二乘止佛，是順行；從地獄止魔王，是逆行。又如釋迦純行善，調達純行惡，身子志誠信，善星堅不信等，妍醜同歸，無非佛事。故經云：平等真法界，諸佛不能行、不能到〔一〕。又云：實際理地，大魔王不能行、不能到。以佛、魔俱不出法界之門、實際之地，以是一法故。若有行有到，則有人有法，在法界之外成二見故。所以首楞嚴三昧經云：「佛授魔女佛記，後魔聞諸女得記作佛，來白佛言：『我今於自眷屬，不得自在。』是時，天女示怯弱相而宣妙理，復語魔言：『汝莫愁惱！我等今者，不出汝界。所以者何？魔界如、佛界如，不二不異。我等不離如是魔界，魔界即佛界故。魔界無有定法可示，佛界亦無定法可示。一切諸法，皆無定性。無定性故，無有眷屬及非眷屬。』」〔二〕

校注

〔一〕摩訶般若波羅蜜經卷二六平等品：「佛言：若無有有法、無有無法，亦不説諸法平等相，除平等更無餘法，離一切法平等相平等相者，若凡夫、若聖人，不能行、不能到。（中略）是諸法平等，一切聖人皆不能行，亦不能到，所謂諸須陀洹、斯陀含、阿那含、阿羅漢、辟支佛、諸菩薩摩訶薩及諸佛。」

〔二〕見首楞嚴三昧經卷下。

若能了此一際法門，可謂當魔跡而履佛跡，居俗流而泛法流，但了自心，則衆妙普會，故云妙法。亦喻蓮華，華開之時，即鬚蘂臺子，種種皆現，喻衆生心開，悲智行願亦開。此妙法常住，即一心爲佛果種子。所以如來得此一法，即具足一切法。是故於一微塵、一毛孔中，與無量微塵、毛孔悉等。如來於中演説一切法，法理重重，不可盡也。以重重妙故，愍衆生不知心妙，但逐麤浮。若開悟時，不隔刹那，便成佛果。所以首楞嚴經云：「彈指超無學。」〔一〕如闇室中寶，蘭燭纔然，一時頓現，故云「心開意解，得法眼淨」〔二〕。亦云「心目開明」〔三〕，以見法界體心内、心外無一毫塵相故，得法眼明浄。若見有無，皆成障瞖。是知非獨心爲佛事門，乃至恒沙萬行萬德之根本。如瑜伽論云：「若有人問言：『菩薩以何爲本？』應決定答言：『以大悲爲本。』」〔四〕

校　注

〔一〕見大佛頂如來密因修證了義諸菩薩萬行首楞嚴經卷五。

〔二〕見出曜經卷九。

〔三〕見大佛頂如來密因修證了義諸菩薩萬行首楞嚴經卷五。

〔四〕文殊師利問菩提經：「爾時，會中有天子名月浄光德，得阿惟越致，問文殊師利法王子言：『菩薩緣何事故行菩薩道？』文殊師利言：『汝可以此問於世尊。』佛即告文殊師利：『汝答月浄光德天子所問行法。』文殊師利謂天子言：『汝可善聽，我今當説。天子當知，諸菩薩道以大悲爲本，緣於衆生。』」

大涅槃經云：「若有人問：『誰是一切諸善根本？』當言慈是。以是義故，實非虚妄。善男子，能爲善者，名實思惟，實思惟即名爲慈。慈〔一〕即如來，慈即大乘。」〔二〕夫言實思惟者，無非真實心是。

校注

〔一〕「慈」，諸校本作「悲」。按，經中作「慈」。

〔二〕見大般涅槃經卷一五，南本見卷一四。

若入宗鏡中，似處栴檀室，純一無雜，湛爾混融，念念盡證法門，步步皆參知識。如華嚴經中，或以音聲，或現妙色，或以奇香，或以上味，或以妙觸，或以法鏡，或内六根，或四威儀，或弟子人物，或一切所作，或順行正法，或逆施邪道，凡有見聞，皆堪攝物〔一〕。所以入法界品云：「於一毛孔出一切佛妙法音。」〔二〕又頌云：「諸寶羅網相扣磨，演佛音聲常不絶。」〔三〕又，普賢行品頌云：「佛説菩薩説，刹説衆生説，三世一切説。」〔四〕乃至密嚴經中，金剛藏菩薩徧身毛孔，出聲説法〔五〕。是以横該十方一切處，豎徹三際一切時，常轉法輪，無斷無盡。所以阿僧祇品偈云「彼諸一一如來等，出不可説梵音聲。於彼一一梵音中，轉不可説浄法輪。於彼一一法輪中，雨不可説脩多羅。於彼一一脩多羅，分别諸法不可説。於彼一一諸法中，又説諸法不可説」〔六〕等。

故知若順旨冥宗，雖不説法，觸境而常聆妙音；或緣背障深，設居佛會，當説而不聞一字。如演秘密教〔七〕，同席異聞；似談華嚴宗，二乘不見〔八〕。可謂幽玄莫測，唯除種如來相善根之人；至妙難思，不入一切餘衆生之手。

校注

〔一〕按，法藏述華嚴經旨歸説經儀第五：「夫以無限大悲，周衆生界，施化萬品，儀式難量。今就通、别，各開十例。通而論之，或以音聲，或現妙色，或以奇香，或以上味，或以妙觸，或以法境，或内六根，或四威儀，或弟子人物，或一切所作，皆堪攝物，具如不思議品説。」顯爲此處所本。

〔二〕見佛陀跋陀羅譯大方廣佛華嚴經卷四四。

〔三〕見佛陀跋陀羅譯大方廣佛華嚴經卷三。

〔四〕見佛陀跋陀羅譯大方廣佛華嚴經卷三三普賢菩薩行品。按，延壽直接引華嚴經，皆據實叉難陀譯。此上三處，當據法藏述華嚴經旨歸說經儀第五轉引。

〔五〕地婆訶羅譯大乘密嚴經卷下：「金剛藏菩薩摩訶薩口無言說，以本願力，於其身上眉額頂鼻乃至肩膝，猶如變化自然而出如是之音，爲諸大衆演説法眼。」

〔六〕見佛陀跋陀羅譯大方廣佛華嚴經卷二九。按，此處當據法藏述華嚴經旨歸辯經教第六轉引。

〔七〕秘密教：佛陀應衆生不同根機説教，衆生各自聽到與其根機相應的道理，自他互不相知。秘密，指「同聽異聞，互不相知」。

〔八〕按，實叉難陀譯大方廣佛華嚴經卷五二：「一切二乘，不聞此經，何況受持、讀誦、書寫、分別解説！」二乘，謂聲聞、緣覺。教因機顯，離機無言。二乘狹劣，非受道之器，故雖在座，如聾如瞽。詳見澄觀撰大方廣佛華嚴經疏卷三，亦見本書卷二六引。

又，雜華嚴飾論〔一〕云：衆生流轉生死，所以不得真道，誠由不識心源。若識心源者，能捨邪執，歸於正道。乃至云一切衆生心識，一刹那中徧至十方，速疾無礙，直過石壁，至處無畏，如師子故。如經云：於師子胸臆中住。則知一心法界，法界一心，函蓋十方，不露絲髪。

校注

〔一〕雜華嚴飾論：不詳，或即法藏述健拏標訶一乘修行者秘密義記。澄觀撰大方廣佛華嚴經疏卷三：「依今梵本，云摩訶毗佛略勃陀健拏驃訶修多羅，此云大方廣佛雜華嚴飾經，今略『雜』『飾』字耳。」法藏述健拏標訶一乘修行者秘密義記：法藏「昇香山頂，至於一所，遇婆羅門，問普賢菩薩住處，婆羅門云：此菩薩威德殊勝，少有善根難可對見。於是法藏知其婆羅門非常人，請問法要，婆羅門即爲説真道。婆羅門云：衆生流轉生死，所以不得真道，誠由不識心源。若識心源者，捨邪執，歸正道，得佛果自在德。」按，健拏標訶一乘修行者秘密義記，房山石經第二八册收，署「大香山隱士釋法藏述」，卷首云「法藏比丘者，平壤新城人也」，爲新羅僧。

豈唯心具，身亦徧含。且如十身中，有國土身、虚空身，云何不具耶？如禪波羅蜜云：「衆生身内世間，與外國土義相關，行者三昧智慧願智之力諦觀身時，即知此身具倣天地一切法俗之事。所以者何？如此身相，頭圓象天，足方法地，内有空種，即是虚空。腹温煖，法春夏，背剛强，法秋冬。四體法〔二〕四時，大節十二法十二月，小節三百六十法三百六十日。鼻口出氣息法山澤谿谷之風氣，眼目法日月，眼開閉法晝夜。髮法星辰，眉爲北斗，脉爲江河，骨爲玉石，皮肉爲地土，毛法叢林。五藏在内，在天法五星，在地法五嶽，在陰陽法五行，在世法五常。内爲五神，修爲五德。使者爲八卦，治罪爲五刑，主領爲五官，昇爲五雲，化爲五龍。心爲朱雀，腎爲玄武，肝爲青龍，肺爲白虎，脾爲勾陳。此五種衆生，則攝一切世間禽獸悉在其内。亦爲五姓，謂宫、商、角、徵、羽，一切萬姓並在其内。對書典，則爲五經，一切書史從此出。若對工巧，即是五明、六藝，一切技術悉出其間。當知人身雖小，義與天地相關。如此說身，非但直是五陰世間，亦是國土世間。

「又，身内王法治正義，行者於三昧内願智之力，即復覺知身内，心爲大王，上義下仁故，居在百重之内，出則有前後左右官屬侍衛，肺爲司馬，肝爲司徒，脾爲司空，腎爲大海，中有神龜呼吸元氣，行風致雨，通氣四支。四支爲民子，左爲司命，右爲司録，主録人命。齊中太一君，亦人之主。柱天大將軍，特進君王，主身内萬二千大神。太一有八使者，八卦是也，合爲九卿。三焦關[二]元，爲左社右稷，主奸賊。上焦通氣入頭，中爲宗廟，王者於間治化。若心行正法，群下皆隨，則治正清夷，故五藏調和，六腑通適，四大安樂，無諸疾惱，終保年壽。若心行非法，則群僚作亂，互相殘害，故四大不調，諸根闇塞，因此抱患致終，皆由行心惡法故。經言：失魂即亂，失魄則狂，失意則惑，失志則忘，失神則死。當知外立王道治化，皆身内之法。如是等義，具如提謂經[三]說。

「又明内世間義相關者，上來所說，並與外義相關。所以者何？佛未出時，諸神仙世智等，亦達此法名義相對，故說前爲外世間義也。是諸神仙，雖復世智辯聰，能通達世間，若住此分别，終是心行理外，未見真實。於佛法不名聖人，猶是凡夫，輪迴三界二十五有，未出生死。若化衆生，名爲舊醫，亦名世醫。故涅槃經云：世醫所療治，差已還復發。若是如來療治者，差已不復發〔四〕。此如下説。

「今言内義世間者，即是如來出世廣説一切教門名義之相，以化衆生。行者於定心内，意欲得知佛法教門主對之相，三昧智慧善根力故，即便覺知。云何知？如佛説五戒義，爲對五藏。若四大、五陰、十二入、十八界、四諦、十二因緣，悉人身内也。即知四大此義，爲對五藏：風對肝，火對心，水對腎，地對肺、脾。言聞五陰之名，尋即覺知對身五藏：色對肝，識對脾，想對心，受對腎，行對肺。名雖不次，而義相關。若聞十二入、十八界，亦復即知對内五陰。一入三界〔五〕，義自可見。二入三界，今當分别。五識悉爲意入界，外五塵、内法塵以爲法入界，此即二入三界相關。意識界者，初生五識爲根，對外法塵，即生意識，名意識界。若聞五根，亦知對内五藏：憂根對肝，苦根對心，喜根對肺，樂根對腎，捨根對脾。五根因緣，則具有三界。所以者何？憂根對欲界，苦根對初禪，喜根對二禪，樂根對三禪，捨根對四禪，乃至四空定〔六〕，皆名捨俱禪。當知三界亦與五藏其義相關。聞説四生，亦覺知此義關五藏。所以者何？欲界具五根，五根關五藏，五藏關四大、對四生：一切卵生，多是風大性，身能輕舉故；一切濕生，多是水大性，因濕而生故；一切胎生，多屬地大性，其身重鈍故；一切化生，多屬火大性，火體無而欻有故，亦有光明故。「如來爲化三界四生故，説四諦、十二因緣、六波羅蜜。當知此三法藥神丹，悉是對治衆生五藏、五根、五陰故説。所以者何？如佛説一心四諦義，當知集諦對肝，因屬初生故；苦諦對心，果是成就故；道諦對肺，金能斷截故；滅諦對腎，冬藏之法，已有還無故；一心已對脾，開通四諦故。乃至十二因緣、六波羅蜜，類此可知也。此種法藏，則廣攝如來一切教門。是故行者若心明利，諦觀身相，即便覺了一切佛法名義。故華嚴經言：明了此身者，即是達一切〔七〕。是則説内義、世間義相關之相，意在幽微，非悟勿述。」〔八〕

校注

〔一〕「四體法」，原作「四季體」，據嘉興藏本和止觀輔行傳弘決卷六改。

〔二〕「關」，原作「開」，據釋禪波羅蜜次第法門改。關元，經穴名，屬丹田。

〔三〕按，開元釋教録卷一五小乘經單譯闕本中著録提謂經一卷，失譯。卷一八别録中僞妄亂真録著録提謂波利經二卷，子注曰：「宋武時，北國比丘曇靖撰。舊别有提謂經一卷，與此真僞全異。」此提謂經當即提謂波利經，已佚。

〔四〕大般涅槃經卷一七：「世醫所療治，雖差還復生，如來所治者，畢竟不復發。」

〔五〕「一入三界」，釋禪波羅蜜次第法門卷八作「十入十五界」。

〔六〕四空定：又稱四無色定，依次爲空無邊處定、識無邊處定、無所有處定和非想非非想處定。空無邊處定，超越色界之第四禪，滅除與眼識相應的諸色想，與耳、鼻、舌、身等四識相應的有對想及所有不善想，乃至滅除障礙定的一切想而思惟空無邊之禪定；識無邊處定，超越空無邊處定，思惟識無邊之禪定；無所有處定，超越識無邊處定，思惟無所有之相而安住之禪定；非想非非想處定，超越無所有處定，思惟非想非非想之相具足而安住之禪定。

〔七〕佛陀跋陀羅譯大方廣佛華嚴經卷五：「諦了是身者，於身無所著。能解身如實，明達一切法。」

〔八〕見智顗説釋禪波羅蜜次第法門卷八。

如上廣引諸聖微言，則知我之身心，世、出世間一切淨穢國土，真俗法門，配當無差，靡不具足。故云：一塵含法界，九世刹那分〔一〕。又云：解則十方一心中，迷則方寸千里外。若能如是正解圓通，則十方世界擎在掌中，四海波瀾吸歸毛孔，有何難哉？可謂密室靜坐，成佛不久矣。

校注

〔一〕按，法藏華嚴經探玄記卷一：「一塵含十方，一念包九世。」祖堂集卷一〇化度和尚：「問：『如何是一塵？』師云：『九世刹那分。』『如何含法界？』師云：『法界在什摩處？』」卷一二後雲蓋和尚：「僧問：『如何是和尚家風？』師云：『四海不曾通。』問：『古人有言一塵含法界，如何是一塵含法界？』師云：『通身體不圓。』『如何是九世刹那分？』師云：『繁興不布彩。』問：『如何是宗門的的意？』師云：『萬里胡僧，不入波瀾。』」

音義

覈，下革反，實也。　完，胡官反，全也。　蠢，尺尹反。　桎，之日反。　梏，古沃反。　捫，莫奔反。　摸，莫胡反。　吠，符廢反。　髑，徒谷反。　髏，落侯反。　崐，古渾反。　柯，古俄反，枝柯也。　仿，分兩反，相似貌。　肺，芳廢反，腑也。　脾，符支反，心也。　焦，即消反，傷火也。　腎，時忍反，五藏之一也。

丁未歲高麗國分司大藏都監奉勅彫造

宗鏡録卷第二十五

慧日永明寺主智覺禪師延壽集

夫一代時教，了義諸經，雖題目不同，能詮有别，皆目一心之旨，終無識外之文。凡挂一言，盡歸宗鏡，横周法界，皆同此釋。

如稱妙法蓮華經者，妙法即是絶待真心，稱之曰妙；蓮華以出水無著爲義，即喻心性隨流墮凡而不染垢，返流出塵而不著浄。乃至下之七喻〔一〕，比況皆同火宅〔二〕，即是第八識體，起四倒〔三〕八苦〔四〕之火，燒三界五陰之身，鬼神配利使〔五〕諸見之邊邪，禽蟲喻鈍使〔六〕根隨之煩惱。乃至一切經教，無量法門，或譬喻説，或因緣説，或廣略説，或横竪説，所有名相句義，皆是心王、心所之法。若迷一念心，執著外境，隨處生著，即入火宅義；若悟一念心，通達一切無非實相，即出火宅義。但是生煩惱時有業留處，即是繫縛，即是生死。若了煩惱性空無有業處，即是解脱，即是得道。如思益經云：「佛言：『我坐道場時，唯得顛倒所起煩惱畢竟空性，以無所得故得，以無所知故知。』」〔七〕如云不得一法，即與授記，是斯旨也。

校注

〔一〕七喻：即法華七喻，火宅喻（出譬喻品）、窮子喻（出信解品）、藥草喻（出藥草喻品）、化城喻（出化城喻品）、衣珠喻（出五百弟子受記品）、髻珠喻（出安樂行品）和醫子喻（出如來壽量品）。

〔二〕火宅：謂三界衆生爲五濁、八苦逼迫，不得安穩，猶如大宅被火所燒而不能安居。

〔三〕四倒：四種顛倒妄見。於生死之無常、無樂、無我、無淨，執常、樂、我、淨，爲凡夫四倒，又名有爲四倒；於涅槃之常、樂、我、淨，執無常、無樂、無我、無淨，爲二乘四倒，又名無爲四倒。斷有爲之四倒爲二乘，斷有、無爲之八倒爲菩薩。

〔四〕大般涅槃經卷一二：「八相名苦，所謂生苦、老苦、病苦、死苦、愛別離苦、怨憎會苦、求不得苦、五盛陰苦。」

〔五〕利使：又稱五利使，指身見、邊見、邪見、見取見和戒禁取見等五見惑。迷於理之惑性體鋭利，故稱「利」。使，即驅役，是煩惱的異名。謂此五種妄惑動念即生，造次恒有，驅役心神，流轉三界，無有出期。

〔六〕鈍使：又稱五鈍使，指貪欲、瞋恚、無明、慢和疑等五惑。鈍即遲鈍，謂此五種妄惑由推五利使而生，對利説鈍，故名鈍使。迷於理之惑曰利使，迷於事之惑曰鈍使。

〔七〕見思益梵天所問經卷一解諸法品。

若信解品内法喻之文，「長者」即是心王，「窮子」即是妄念。一念纔起，五陰俱生。背覺合塵，名爲「捨父」，伶俜五趣，號「五十年」。「歸家」是返本還原，「付財」是悟心得記〔一〕。三草二木，同會一心〔二〕，化壘草菴，即示真實〔三〕。繫珠指懷中之佛性〔四〕，鑿井出心地之智泉〔五〕。乃至觀音品中云「若三千大千國土，滿中怨賊」〔六〕者，即衆生十使利、鈍煩惱，徧一切處惱亂行人，稱爲怨賊。若遇順境而起軟賊，即是華箭射體；若遇逆緣而起强賊，即是毒箭入心。利使見賊煩惱徧一切處者，如經云：「處處皆有，魑魅魍魎。」〔七〕以依言執法，隨處起見解故。若鈍使怨賊煩惱徧一切處者，如經云：「諸惡蟲輩，交横馳走。」以觸目覩境，逆順交馳，念念憎愛，隨處動結故。「有一賫主」者，即是心王，「將諸賫人」者，即是眼等六識。賫人，貨易珍寶義。若眼賫人，被色塵所易，貨眼自性之珍寶。若耳賫人，被聲塵所易，貨耳自性之珍寶等。「齎持重寶」者，即是俱懷佛性。「經過險路」者，即是三界之險有，六趣之迷津。「其中一人作是唱言」者，即是意根能起隨念、計度之分別〔八〕，常引導五根入於善惡。「諸善男子，勿得恐怖，汝等應當一心稱觀世音菩薩名號。是菩薩能以無畏施於衆生，汝等若稱名者，於此怨賊即得解脱」者，若了一心，則無外境，眼不爲色所劫，乃至意不爲法所劫，即當處解脱。所以華嚴經頌云：「一中解無量，無量中解一。了彼互生起，當成無所畏。」〔九〕即是於一心中，能了萬法互生互滅，無有自性，萬境皆空，不爲所怖。即是以無畏施於衆生，於此根塵怨賊，即時解脱。「衆賣人聞，俱發聲言：『南無觀世音菩薩。』稱其名故，即得解脱」者，六根都會一心，即是俱發聲言。纔了唯心，諸境自滅，即是稱其名故即得解脱，以無法對治，不生欣慼故。所以方便品云：「十方佛土中，唯有一乘法。」〔一〇〕

校注

〔一〕詳見妙法蓮華經卷二信解品，文繁不録。

〔二〕詳見妙法蓮華經卷三藥草喻品，文繁不録。法雲撰法華經義記卷六：「人乘、天乘此二人以譬小藥草，聲聞、緣覺此二人以譬中藥草，三乘中菩薩以譬上藥草。今大乘中明内凡夫菩薩以譬小樹，初地以上菩薩以譬大樹。」

〔三〕詳見妙法蓮華經卷二信解品，文繁不録。草菴，喻指二乘。窺基撰妙法蓮華經玄贊卷七本：「『猶於門外』者，大乘教行之因門外。『止宿草庵』者，猶住二乘。」

〔四〕詳見妙法蓮華經卷四五百弟子受記品。

〔五〕妙法蓮華經卷四法師品：「譬如有人渴乏須水，於彼高原穿鑿求之，猶見乾土，知水尚遠；施功不已，轉見濕土，遂漸至泥，其心決定，知水必近。菩薩亦復如是，若未聞、未解、未能修習是法華經者，當知是人去阿耨多羅三藐三菩提尚遠；若得聞解、思惟、修習，必知得近阿耨多羅三藐三菩提。」

〔六〕見妙法蓮華經卷七觀世音菩薩普門品。按，這一部分後引文未注出處者，皆出此品。

〔七〕見妙法蓮華經卷二譬喻品。下一處引文同。

〔八〕隨念分别：謂意識昔曾對於六塵之境追念不忘而起分别。計度分别：謂意識於不現見事（即過去、未來事）計較量度而起分别。玄奘譯大乘阿毗達摩雜集論卷二：「唯一意識，由三分别，故有分别。三分别者，謂自性分别、隨念分别、計度分别。自性分别者，謂於現在所受諸行自相行分别；隨念分别者，謂於昔曾所受諸行追念行分别；計度分别者，謂於去來今不現見事思構行分别。」

〔九〕見實叉難陀譯大方廣佛華嚴經卷一三。

〔一〇〕見妙法蓮華經卷一方便品。

如法華名相〔一〕云：經云色涅槃、受想行識涅槃〔二〕。此中亦爾，色法華、受想行識法華。經云：色非染、非浄，色生般若生〔三〕。色性虚微，名「妙」；色體自離，假名爲「法」；色無塵垢，借喻「蓮華」；文字性空，目之爲「經」。經者，以身心爲義。如來在乎陰界，陰界即如，何異之有？略統始終以爲心要，啓發心路，名之爲序。悟心將發，達本來空，即是悟佛知見。一色寂滅，一切色亦然，一切聲亦然，即是十方佛同説法華。諸法從本來，常自寂滅相。此是何物法？並是眼法乃至意法，身心皆寂滅。佛子行此寂滅道，即是佛也。所以古師云：「妙法者，是如來靈智體也。」〔四〕

校注

〔一〕按，日本比丘圓珍入唐求法目録著録法華名相一卷，與其他若干經卷「於福、温、台、越等州求得，其録零碎，經論部帙不具。又延暦寺藏闕本，開元、貞元經論等抄寫未畢，不載此中，在後收拾隨身」。福州温州台州求得經律論疏記外書等目録著録，子注「牛山」；東域傳燈目録著録，子注「牛頭」，當爲法融的著作。印順中國禪宗史云：「宗鏡録引用了浄名經私記（五則）、華嚴經私記（四則）、法華名相（一則）。牛頭而講經的，似乎只是法融，後來者都偏重於禪，所以注明『牛頭』的，不是法融著作，就是學者所記而傳下來的。」（見印順中國禪宗史，第一一〇頁）

〔二〕按，摩訶般若波羅蜜經卷一一照明品：「色不生故，般若波羅蜜生。受、想、行、識不生故，般若波羅蜜生。」或即此説所本。

〔三〕按，未曾有正法經卷五：「色非染、非浄，受、想、行、識亦非染、非浄。何以故？蘊之自性本真實故。乃至一切法亦復如是，非染、非浄，自性真實故。」然此經宋法天譯，據大中祥符法寶録卷一一，譯於咸平三年，宗鏡録所引不可能出此經。此説或據波羅頗蜜多羅譯般若燈論釋卷五觀染染者品：「色非染體，非離染體。如是受、想、行、識非染體，非離染體。復次，色、受、想、行、識非染體空，非離染體空，此是般若波羅蜜。」

〔四〕智顗説妙法蓮華經玄義卷九下：「龍師云：但以果爲宗。妙法者，是如來靈智體也。衆麁斯盡爲妙，動静軌物爲法，法既真妙，借蓮華譬之，所以果智爲宗也。私謂果不孤立，云何棄其因，又乖文也？」

或名大方廣佛華嚴經者，「大方廣」者，是一心所證之法；「佛華嚴」者，即一心能證之人攝所歸能，人法冥合，皆是一心。「大」者，即是凡聖一心，真如體大，以真如性徧一切處故；「方」者，即是真如相大，能具足無漏性功德故；「廣」者，即是真如用大，能生世、出世間諸善根故；「佛」者，是一心無作之果海；「華」者，是一心萬行之因門；「嚴」者，是一心妙用之莊嚴；「經」者，是一心真如無盡之妙理。如破塵所出之卷〔一〕，仰空所寫之文〔二〕，乃至八十卷中所有長行〔三〕短頌、一文一字，如善財所見五十三位善知識，若人若神、或男或女等，一一皆是自心逐位所證法門。如三乘說，解而非行，如說人名字而不識其人。若此宗鏡一乘之理說者，即行即解，如看其面，不說其名而自識也〔四〕。或託事說，或立況說，若大乘中所明，託事以顯法，即以異事而顯異法，多是一事表一法，如室表慈悲、衣表忍辱等。今明一事，即法即人，即依即正，具無盡德〔五〕。隨一事即攝無盡，以稱性爲事，事何有盡？從真起相，相復何窮？

校　注

〔一〕實叉難陀譯大方廣佛華嚴經卷五一：「如有大經卷，量等三千界，在於一塵内，一切塵悉然。有一聰慧人，浄眼悉明見，破塵出經卷，普饒益衆生。」

〔二〕延壽心賦注卷一：「仰空雨莫測之殊珍。華嚴經中明智居士云：我得隨意出生福德藏解脱門，凡有所須，悉滿其願，所謂衣服、瓔珞、象馬、車乘、華香、幢蓋、飲食、湯藥等。乃至爾時，居士知會衆普集，須臾繫念，仰視虚空，如其所須，悉從空下，一切衆會普皆滿足，然後爲説種種法。」「華嚴經中云」者，見實叉難陀譯大方廣佛華嚴經卷六五。

〔三〕長行：指經、論中偈頌之外宣説法相而不限定字數的文句。

〔四〕智儼撰華嚴一乘十玄門：「解行者，如三乘説，解而非行，如説人名字而不識其人；若通宗説者，即行即解，如看其面，不説其名而自識也。」解即知解，由見聞學習而知解教理；行即修行，實踐躬行所知解的教理。

〔五〕澄觀述大方廣佛華嚴經隨疏演義鈔卷一一：「揀餘教以事表義，但是一事以表一法，如衣表忍辱、室表慈悲等。今明一事，即法即人，即依即正，具無盡德，從無盡因之所生故。」

又，三乘所説教門，但以別教而詮別義，所以得理而忘教。若入此圓宗者，而教即是義。以一法纔興，即一切無邊萬法皆悉同時具足相應故。此一法外，更無餘法。所以經云：「知從一法出一切法，而能各各分別演説，以一切法種種義，究竟皆是一義故。」〔一〕以一心能生一切萬法，演出無邊義趣，展即徧滿法界，還攝種種法義，歸於一心。不動一心而演諸義，不壞諸義而顯一心，即卷常舒。如來於一言語中，演説無邊契經海，即舒常卷。「一切法門無盡海，同會一法道場中。」〔二〕如草木四微，從地而生，還歸地滅；猶波浪鼓動，

依水而起，還復水源。故經頌云：「佛智通達浄無礙，一念普知三世法，皆從心識因緣起，生滅無常無自性。」〔三〕

故清涼疏云：華嚴經者，統唯一真法界，謂揔該萬有，即是一心也〔四〕。

校注

〔二〕見實叉難陀譯大方廣佛華嚴經卷五五。

〔三〕見實叉難陀譯大方廣佛華嚴經卷二。

〔三〕見實叉難陀譯大方廣佛華嚴經卷八〇。

〔四〕按，「清涼疏云」至此，唐宗密注華嚴法界觀門引，云「清涼新經疏云」。清涼新經疏，即澄觀貞元新譯華嚴經疏，又稱華嚴經行願品疏。華嚴經行願品疏卷一：「然其法界，非界非不界，非法非不法，無名相中强爲立名，是曰無障礙法界，寂寥虚曠，沖深包博，總該萬有，即是一心。」

或名維摩經者，此云浄名，即是一切衆生自性清浄心。此心弗澄而自清，弗磨而自瑩，處凡而不垢，在聖而不浄，故云自性清浄。所言名者，以心無形，但有名故。文中所説，以四海之渺瀰，攝歸毛孔；用須彌之高廣，内入芥中。飛佛土於十方，未移本處；擲大千於界外，含識莫知。日月懸於毫端，供具現於體内。腹納劫燒之燄，火事如然；口吸十方之風，身無損減〔一〕。斯皆自心轉變，不動而遠近俄分；一念包容，無礙而大小相入。

校　注

〔一〕按，以上所説諸不可思議事，詳見維摩詰所説經卷中不思議品。

天台疏云：「『以須彌之高廣，内芥子中，無所增減，須彌山王本相如故。而四天王、忉利諸天，不覺不知己之所入，唯應度者，乃見須彌入芥子中，是名不可思議解脱法門。又以四大海水入一毛孔，不嬈魚、鼈、黿、鼉水性之屬，而彼大海本相如故，諸龍、鬼、神、阿脩羅等，不覺不知己之所入，於此衆生，亦無所嬈。』〔二〕此是明不思議之大用也，正以實慧與真性合故，得有斯莫測之用。此如大智論偈云：水銀和真金，能塗諸色像，功德和法身，處處應現往〔三〕。

「若須彌高廣，内於芥子而無增減，亦不迫迮，不覺不知者，具不思議解脱者，迹居依報之境，得自在也。此義難解，有師言神力能爾。今謂不思議性非天、人、脩羅、佛之所作，神力何能爾？有師言小無小相、大無大相，故得入也。今謂小是小，大是大，是自性小大。不得相入者，小大大小，既是他性之小大，何得入也？

「今解：華嚴經明一微塵有大千經卷，觀衆生一念無明心，即是如來心。若見此心，則能以須彌入芥子，無相妨也。下諸不思議事，窮劫說不能盡，皆是此意耳。所以然者，此經云：『諸佛解脱，當於衆生心行中求。』〔三〕若觀衆生心行，得諸佛解脱，住此解脱，則能現如是種種不思議事也。所以然者，諸方便教明二乘得偏真〔四〕之理解脱，是思議解脱，如得玻璃珠，不能雨寶。大乘圓教明菩薩中道圓真真性解脱，即是不思議解脱，如得如意珠，能雨大千寶也。見衆生心行真性，得芥子、須彌真性，一如無二如。若得芥子真性之小，能容須彌之大；得須彌真性，則須彌之大不礙芥子之小。舉此一意，可以例下諸事也。而言其中衆生不覺，唯應度者乃能見之者，衆生既不見小大真性之理，豈覺知也？其有得度之機，即見此事也。又，若能觀此真性，入觀行即〔五〕、相似即〔六〕，因此必得如來滅度，故言乃能見之。故法華經明六根清淨云『唯獨自明了，餘人所不見』〔七〕也。經言『又以四大海水入一毛孔』者，正報得自在也。若會海水不思議真性，即是一毛不思議真性者，能以海水入一毛孔，於正報之身，無所妨損也。」〔八〕

校注

〔一〕見維摩詰所説經卷中不思議品。

〔二〕按，大智度論未見此説。智顗説妙法蓮華經玄義卷五下引，云「法界性論云」。湛然法華玄義釋籤卷一二：「『引論云『水銀和真金』等者，出菩提流支法界性論。」菩提流支法界性論，已佚。

〔三〕見維摩詰所説經卷中文殊師利問疾品。

〔四〕偏真：小乘所説偏向於空的真理，又稱單空。

〔五〕觀行即：不惟解知名字，更進而依教修行，心觀明了，理慧相應，所行如所言，所言如所行者。詳見本書卷三七。

〔六〕相似即：始入别教所立十信位，發類似真無漏之觀行者。詳見本書卷三七。

〔七〕見妙法蓮華經卷六法師功德品。

〔八〕見智顗撰維摩經文疏卷二三。

輔行記〔一〕釋云：且約一念刹那心所起，故言小也。即此一念，具足法身一切佛法，即是能容須彌之大，大、小常徧，理、事無礙，事、理本來相即故，所以不斷煩惱而入涅槃。只指凡夫一念刹那心，具足難思法身之體，本來相在故〔二〕。是故方便教中之人，迷於相在不思議理，縱聞常住，解惑分歧，故别教道中，仍存異解。唯於圓教，始末一如。故五分法身，不逾凡質〔三〕。所以云：欲見如來心，但觀衆生心〔四〕。則諸佛、衆生是名，心常契旨；有識、無情是号，法本同原。認名號而世諦成差，觀體性而真門一等。

校注

〔一〕輔行記：即湛然述止觀輔行傳弘決，是解釋智顗説摩訶止觀的著作。然此處所引，止觀輔行傳弘決中未見，參後注。

〔二〕湛然述維摩經疏記卷中：「只指凡鄙一念刹那，具足難思法身之本，本來相在，非關事通。」

〔三〕「是故方便教中之人」至此，見湛然述維摩經疏記卷中。五分法身：謂戒、定、慧、解脱、解脱知見，詳見本書卷二四注。

〔四〕智顗維摩經玄疏卷五：「一切萬法，皆從心起。若心即是經，即諸法皆是經也。故華嚴經云：欲知如來心，但觀衆生心。譬如一微塵中，有三千大千世界經卷，無人知者。有人破此微塵，即見三千世界經卷。若破衆生一念無明心者，則一切諸佛所説之經皆顯現也。」

法華經法師功德品云：「菩薩於淨身，悉見世所有，唯獨自明了，餘人所不見。」〔一〕古釋云：何意不見？有我相故耳。無我即見性，了人、法二空，真心自現，即是淨身。於真心中，世間所有一切境界悉於中現。故首楞嚴經云：「諸法所生，唯心所現。」〔二〕性空無伴名獨。若取陰界入，即名餘人，爲陰所覆，不見自性。

校注

〔一〕見妙法蓮華經卷六法師功德品。

〔二〕見大佛頂如來密因修證了義諸菩薩萬行首楞嚴經卷一。

龐居士偈云：「居士元無病，方丈現有疾。唯憂二乘者，緣事不得出。所以訶穢食，純說波羅蜜。上方一盂飯，氣滿於七日。不假日月光，心王照斯室。文殊問不二，忘言功自畢。過去既如然，現在還同一。若能達此理，無求總成佛。」牛頭淨名私記云：經明於一毛孔中見摩耶身，摩耶胎中行無量步，如不可說微塵世界闊，一日行無量步，是何物法門？亦作室中容三萬二千師子座說，又作須彌入芥子說〔一〕。涅槃經中作藕絲懸須彌山說〔二〕，大品中作針鋒上無邊身菩薩名說〔三〕，只是一意。一解千從，當於觀智心行中求，若事相上看終不得。經云：「是名不可思議解脫法門。」〔四〕明一切法，當體自解脫，色大故般若大。色如虛空，萬法例爾。

故知諸佛凡有所說，雖約事言，皆是即相明宗，終無別意。故法華經云：「十方諦求，更無餘乘。」〔五〕唯宗一法矣。

校注

〔一〕參見維摩詰所說經卷中不思議品。

〔二〕大般涅槃經卷一八：「若有人能以藕根絲懸須彌山，可思議不？」鳩摩羅什譯佛藏經卷上諸法實相品第一：「如來所說一切諸法，無生無滅，無相無爲，令人信解，倍爲希有。舍利弗，譬如藕絲懸須彌山在於虛空。」

〔三〕大般涅槃經卷一：「爾時，四方無邊身菩薩及其眷屬所坐之處，或如錐頭、針鋒、微塵，十方如微塵等諸佛世界諸大菩薩，悉來集會，及閻浮提一切大衆亦悉來集。」按，大品經中未見類似説法。「大品中」者，或爲「大經中」之誤。

〔四〕見維摩詰所説經卷下囑累品。

〔五〕見妙法蓮華經卷二譬喻品。

靈辯和尚華嚴論〔一〕問云：大小淨穢，相各差別，云何而得大小相即？答：性非性故，如像入鏡中，像如本而鏡中現，鏡如本而容衆像，俱無增減。以無性故，一念入一切世界不思議住故，是故心藏功德無邊。

校注

〔一〕法藏集華嚴經傳記卷一：「華嚴論一百卷，後魏沙門釋靈辨所造也。法師太原晉陽人也，宿植妙因，久種勝善，幼而入道，長而拔俗。常讀大乘經，留心菩薩行。及見華嚴，偏加味嘗，乃頂戴此經，入清涼山清涼寺，求文殊師利菩薩哀護攝受，冀於此經義解開發。則頂戴行道，遂歷一年，足破血流，肉盡骨現。又膝步懇策，誓希冥感，遂聞一人謂之曰：『汝止行道，思惟此經。』於是披卷，豁然大悟。時後魏熙平元年歲次大梁正月，起筆於清涼寺，敬造華嚴論，演義釋文，窮微洞奥。」按，日僧永超集東域傳燈目録「華嚴部」、高麗義天録新編諸宗教藏總録卷一海東有本見行録上皆著録此書，現殘存卷十，釋佛陀跋陀羅譯大方廣佛華嚴經卷五如來光明覺品。

或云金剛般若波羅蜜經者，即是本心不動，喻若金剛。般若真智，乃靈臺妙性，達此而即到涅槃彼岸，昧此而住生死迷津。文中所説「應無所住而生其心」〔一〕者，起念即是住著。心若不起，萬法無生，即心徧一切處，一切處徧心。如是了達，頓入自宗。故云：「若是經典所在之處，則爲有佛。」以心徧即法徧，以法即佛故；以智通即境通，以境即心故。

校注

〔一〕見鳩摩羅什譯金剛般若波羅蜜經。下一處引文同。

如華嚴經云：「如來成正覺身，究竟無生滅故。如一毛孔徧法界，一切毛孔悉亦如是，當知無有少許處空無佛身。何以故？如來成正覺時，無處不至故。」〔一〕是以若不悟自心徧一切處，則心外見法，顛倒輪迴，豈得稱正徧知、成善逝之者？如經云：「凡所有相，皆是虚妄。若見諸相非相，則見如來。」〔二〕以瞥有一毫起處，悉落見聞，從分別生，俱非真實。若不達無相即相，則是取相凡夫。若了相即無相，則成唯心大覺。既不可取相求悟，亦不可離相思真，不即不離，覺性自現。又云：「一切諸佛及諸佛阿耨多羅三藐三菩提法，皆從此經出。」以十方三世一切如來悟心成佛，乃至三寶四諦，並從心出，覺此名佛，軌此名法，和此名僧。

校注

〔一〕見實叉難陀譯大方廣佛華嚴經卷五二。

〔二〕見鳩摩羅什譯金剛般若波羅蜜經。下一處引文同。

金剛辯宗〔一〕云：金剛般若波羅蜜經者，一切如來悟心之門也。了無明之妄心，即妙慧之真心，故曰悟心。經云：「過去心不可得，現在心不可得，未來心不可得。」〔二〕悟三世之妄心不可得而有真心，故曰悟心。

校注

〔一〕圓仁入唐新求聖教目録著録有道液述金剛辨宗一卷，玄日天台宗章疏著録有道暹述金剛辨宗三卷。詳見本書卷二三注。此金剛辯宗者，未知孰是。

〔二〕見鳩摩羅什譯金剛般若波羅蜜經。

般若不壞假名論云：「『若菩薩心不住法而行布施，如人有目，日光明照，見種種色』〔一〕

者，『如人有目』者，得無生忍也。『日光明照』者，決定了知諸法無性。『見種種色』者，悟一切法不生不滅，不斷不常，不一不異，不來不出，無所得等。菩薩如是行不住施，速成正覺，得大涅槃。」〔二〕

釋曰：云何行不住施，速證菩提？以了一切法即心自性，不住於法，寂照無涯，成觸目之菩提，得現前之三昧。若住一法，爲境所留，失心智之光，入愚癡之闇。金剛經義云常見自性〔三〕，念念不離，故云「佛在」。正見性時，恒沙數劫只如今時，故名「爾時」。知心是佛，即是佛付囑了，於法應無所住，行於布施。十方國土中，唯有一乘法，只是一心。心即是法，法即是心，更住何法？故言「不住」。若離心別有法可得，即生執心，住於法相，即是無目之人，故稱「最上第一希有之法」。修此法者，現世成佛，十方合爲一相，見一切佛及諸衆生本無差別，見三世之事狀如彈指，此豈不是希有之法？

校注

〔一〕見鳩摩羅什譯金剛般若波羅蜜經。

〔二〕見功德施造、地婆訶羅譯金剛般若波羅蜜經破取著不壞假名論卷下。

〔三〕方廣錩先生主編藏外佛教文獻第九册收金剛經注頌釋（底本由敦煌遺書伯二六二九號背、敦研三六九號背拚合而成，達照整理）釋「受持讀誦」云：「常見自性，名爲受持；口常記之，名爲讀誦。」釋「初日分乃至中日分，以恒河沙等身布施」中有云：「三世自空，何假於觀？常見自性者，即常見佛。」

又如諸了義經〔一〕中云聽法之衆從十方世界外來者，即是悟心爲來。若迷此宗，乃遠在他方之外。如華嚴論云：「十佛刹微塵數世界外來者，明從迷入信，故號爲『來』。言彼世界中有佛號不動智者，爲明不動智佛是十方凡聖共有根本之智，明於此智能起信心，故號之爲『來』。此不動智佛，一切衆生常自有之。若取相隨迷，即塵障無盡。若一念覺迷達相，即浄若虚空。但爲隨迷稱『外』，悟處言『來』，而實佛刹本無遠近、内外等障，亦無去來。無邊佛刹，不出毛孔微塵之表。今致遠近，意令初信心者心廣大故，言其從彼世界中來。又明從迷悟入，故言爲『來』。」〔二〕

校注

〔一〕了義經：直接明示中道實相、究竟顯了之義的經典。大般涅槃經卷六：「了義者名爲菩薩，真實智慧隨於自心，無礙大智，猶如大人無所不知，是名了義。又，聲聞乘名不了義，無上大乘乃名了義。若言如來無常變易，名不了義；若言如來常住不變，是名了義。聲聞所説應證知者，名不了義；菩薩所説應證知者，名爲了義。若言如來食所長養，是不了義；若言常住不變易者，是名了義。若言如來入於涅槃，如薪盡火滅，名不了義；若言如來入法性者，是名了義。（中略）如來爲欲度衆生故，以方便力説於大乘，是故應依，是名了義。」

〔二〕見李通玄撰新華嚴經論卷一四。

是以入宗鏡中，理當絶學。百氏之説，一教能明；萬化之端，一言可蔽。或云香積去〔一〕此有四十二恒沙〔二〕世界者〔三〕，即是經歷四十二位心地法門；或云散華瓔珞空中成四柱之寶臺者〔四〕，即是常樂我浄一心四德之涅槃。所以華嚴經云此華蓋等皆是無生法忍之所生起〔五〕。或「佛言彼時鹿王者，即我身是」〔六〕，即結會古今，明自心一際之法。或教中凡有空中發聲告示、言下息疑者，並是頓悟自心，非他境界。或法華移天人於他土，即是三變心田〔七〕。或維摩取妙喜來此方，斯乃即穢明浄〔八〕。或丈室容於高座〔九〕，寶蓋現於大千〔一〇〕，未離兜率，已般涅槃〔一一〕，不起樹王，而昇忉利〔一二〕。執手經無量之劫〔一三〕，登閣見三世之因〔一四〕。釋迦眉間出菩薩身雲之衆〔一五〕，普賢毛孔示諸佛境界之門〔一六〕。小器出無限之嘉羞〔一七〕，仰空雨難窮之珍寶〔一八〕。不動此處，徧坐道場；十刹寶坊，合爲一土。聞經於五十小劫，猶若刹那之時。現通七日之中，舒之爲一大劫。乃至恒沙法聚，無量義門，舉一例諸，俱不出自心之法。

校注

〔一〕「去」，原作「云」，據諸校本改。

〔二〕「沙」，原作「河」，據清藏本改，維摩詰所説經作「恒河沙」。

〔三〕維摩詰所説經卷下香積佛品：「時維摩詰即入三昧，以神通力示諸大衆，上方界分過四十二恒河沙佛土，有國名衆香，佛號香積。」

〔四〕摩訶般若波羅蜜經卷二舌相品：「諸菩薩摩訶薩及諸天所散諸花，於三千大千世界虚空中化成四柱大寶臺，種種異色，莊嚴分明。」維摩詰所説經卷上菩薩品：「維摩詰乃受瓔珞，分作二分，持一分施此會中一最下乞人，持一分奉彼難勝如來。一切衆會皆見光明國土難勝如來，又見珠瓔在彼佛上變成四柱寶臺，四面嚴飾，不相障蔽。」

〔五〕實叉難陀譯大方廣佛華嚴經卷二二：「以從波羅蜜所生一切寶蓋，於一切佛境界清淨解所生一切華帳，無生法忍所生一切衣，入金剛法無礙心所生一切鈴網。」

〔六〕六度集經卷三佛説四姓經：「佛告諸比丘：時鹿王者，是吾身也。」

〔七〕三變心田：即三變土田。詳見妙法蓮華經卷四見寶塔品。釋迦如來以神力三變穢土而爲淨土，初變娑婆一世界，次變二百萬億那由他之國，後更變二百萬億那由他之國爲淨土，故謂之三變土田。唯是心變，故云心田。

〔八〕詳見維摩詰所説經卷下阿閦佛品。維摩詰「入於三昧，現神通力，以其右手斷取妙喜世界，置於此土」。

〔九〕詳見維摩詰所説經卷中不思議品。「如是小室，乃容受此高廣之座，於毗耶離城無所妨礙。」

〔一〇〕維摩詰所説經卷上佛國品：「爾時，毗耶離城有長者子，名曰寶積，與五百長者子，俱持七寶蓋，來詣佛所，頭面禮足，各以其蓋共供養佛。佛之威神，令諸寶蓋合成一蓋，遍覆三千大千世界，而此世界廣長之相悉於中現。」

〔一一〕李通玄撰新華嚴經論卷六：「從兜率天下降神入母胎、轉法輪、入涅槃，不出一刹那際，彼天猶未下，母胎猶未出，此已入涅槃。」

〔一二〕實叉難陀譯大方廣佛華嚴經卷一六：「爾時，世尊不離一切菩提樹下，而上昇須彌，向帝釋殿。」澄觀述大方廣佛華嚴經隨疏演義鈔卷一：「言樹王者，即菩提樹，謂畢鉢羅樹。此樹高聳，獨出衆樹，故稱爲王。言不起者，謂不起菩提樹而昇忉利天等，故下經云：爾時，世尊不離一切菩提樹下，而上昇須彌，向帝釋殿。」

〔一三〕實叉難陀譯大方廣佛華嚴經卷六四：「毗目仙人即申右手，摩善財頂，執善財手。（中略）自見身於諸佛所，經一日夜或七日夜、半月、一月、一年、十年、百年、千年，或經億年，或阿庾多億年，或那由他億年，或經半劫，或經一劫、百劫、千劫，或百千億乃至不可説不可説佛刹微塵數劫。」

〔一四〕詳見實叉難陀譯大方廣佛華嚴經卷七九。

〔一五〕實叉難陀譯大方廣佛華嚴經卷六：「此華生已，一念之間，於如來白毫相中，有菩薩摩訶薩名一切法勝音，與世界海微塵數諸菩薩衆，俱時而出，右遶如來，經無量匝，禮佛足已。」又卷八〇：「見一一毛孔，念念中出一切佛刹微塵數菩薩身雲。」

〔一六〕實叉難陀譯大方廣佛華嚴經卷八〇：「善財童子觀普賢菩薩身，相好肢節，一一毛孔中，皆有不可説不可説佛刹海。（中略）善財童子於普賢菩薩毛孔刹中，或於一刹經於一劫如是而行，乃至或有經不可説不可説佛刹微塵數劫如是而行，亦不於此刹没、於彼刹現，念念周遍無邊刹海，教化衆生，令向阿耨多羅三藐三菩提。」

〔一七〕實叉難陀譯大方廣佛華嚴經卷六五：「我得菩薩無盡福德藏解脱門，能於如是一小器中，隨諸衆生種種欲樂，出生種種美味飲食，悉令充滿。」

〔一八〕實叉難陀譯大方廣佛華嚴經卷六五：「（明智）居士知衆普集，須臾繫念，仰視虚空，如其所須，悉從空下，一切衆會普皆滿足。」

故知菩薩隨世所作，皆表一心。故淨名經云：「不捨道法，現凡夫事。」〔一〕如華嚴經云：「一念於一切處，爲一切衆生示成正覺，是菩薩園林，法身周徧，盡虚空一切世界故。」又云：「一切菩薩行，遊戲神通，皆得自在，是菩薩宫殿，善遊戲諸禪解脱三昧智慧故。」〔二〕是以正報、依報，皆成佛法。所以淨名私記〔三〕云：取妙喜來此土者，辯於淨、穢無二也。彼界雖來入，此土亦不增減。本性如故，雖來畢竟不動。何意如此？好自思之。故知萬法施爲，隱顯往復，若事若理，皆不出一真心矣。

如是解者，稱可佛心，發智明而若千日照空，攝衆義而如百川歸海，畢竟更無一法現於心外及在心中，乃至下及衆生無明，上該諸佛種智，皆是無生性空妙旨。

校注

〔一〕見維摩詰所説經卷上弟子品。

〔二〕見實叉難陀譯大方廣佛華嚴經卷五四。

〔三〕浄名私記：或爲道邃，或爲道暹，或爲法融所撰。詳見本書卷一五注。

如摩訶般若經云：「爾時，釋提桓因及三千大千世界中諸天化作華，散佛、菩薩摩訶薩、比丘僧及須菩提上，亦供養般若波羅蜜。是時，三千大千世界華悉周徧於虚空中，化成華臺，端嚴殊妙。須菩提心念：『是天子所散華，天上未曾見如是華。此華是化華，非樹生華。是諸天子所散華，從心樹生，非樹生華。』釋提桓因知須菩提心所念，語須菩提言：『大德，是華非生華，亦非意樹生。』須菩提語釋提桓因言：『憍尸迦，汝言是華非生華，亦非意樹生。憍尸迦，若是非生法，不名爲華。』釋提桓因語須菩提言：『大德，非但是華不生，色亦不生，受、想、行、識亦不生。』須菩提言：『憍尸迦，非但是華不生，色亦不生。若不生，是不名爲色。受、想、行、識亦不生，若不生，是不名爲識。六入、六識、六觸、六觸因緣生諸受亦如是。檀波羅蜜不生，若不生，是不名檀波羅蜜。乃至般若波羅蜜不生，若不生，是不名般若波羅蜜。乃至〔二〕一切種智不生，若不生，是不名一切種智。』」〔三〕

故知萬法都會無生，千途盡歸宗鏡。如先德云：「今佛之三身、十波羅蜜，乃至菩薩利他等行，並依自法融轉而行。即衆生心中，有真如體大，今日修行，引出法身；由心中有真如相大，今日修行，引出報身；由心中有真如用大，今日修行，引出化身；由心中有真如法性，自無慳貪，今日修學〔三〕，順法性無慳，引出檀波羅蜜等。」〔四〕

校注

〔一〕乃至：表示引文中間有删略。

〔二〕見摩訶般若波羅蜜經卷八散花品。

〔三〕「學」，磧砂藏本、萬善同歸集作「行」。

〔四〕按，此説延壽萬善同歸集卷上及明袁宏道西方合論卷八引，皆云「賢首國師曰」。賢首國師，即法藏。故此「先德」，當即法藏。

所以華嚴經頌云：「文殊法常爾，法王唯一法，一切無礙人，一道出生死。」〔一〕又頌云：「金剛鐵圍數無量，悉能置在一毫端。若明至大有小相，菩薩以此初發心。」〔二〕以大小無性，廣狹隨緣，若能明見至大無外之相，即至小無内之相，皆是一毫端心地法門，名爲見道，故云「菩薩以此初發心」。如是解者，不易凡身，生如來家，成真佛子。

義海云：「生佛家者，真如法界無生，菩提涅槃爲家，如見塵無生無性時，即此智從無生法顯，即爲生佛家也。經頌云：『於法不分别，是則從如生。』〔三〕又云：『普於三世佛法中而化生。』〔四〕但契義理，即名生佛家也，是佛之子，亦名爲佛出現也。」〔五〕

校注

〔一〕見實叉難陀譯大方廣佛華嚴經卷一三。

〔二〕按，佛陀跋陀羅譯大方廣佛華嚴經卷八：「金剛圍山數無量，盡能安置一毛端。欲知至大有小相，菩薩因此初發心。」實叉難陀譯大方廣佛華嚴經卷一六：「無量無數輪圍山，欲令悉入毛孔中，如其大小皆得知，菩薩以此初發心。」此處或據法藏述華嚴經義海百門鎔融任運門第四引：「金剛鐵圍數無量，悉能安置一毛端。欲明至大有小相，菩薩因此初發心。」

〔三〕見佛陀跋陀羅譯大方廣佛華嚴經卷九。

〔四〕見佛陀跋陀羅譯大方廣佛華嚴經卷一二。

〔五〕見法藏述華嚴經義海百門種智普耀門第三。

故知凡挂文言，盡爲心跡。乃至稱爲真如，亦名爲跡。若能尋跡得本，自然絶跡歸宗。或迷跡徇塵，則爲失本。所以了之者，本跡雖殊，不思議一；昧之者，本跡俱迷，隨情自異。故大寶積經云：「我證菩提無差别跡。何名爲跡？真如、法性，一一俱名迹。諸法實際亦名爲迹，無生無滅亦名爲迹。」〔一〕今時多執方便言教之迹，失於一心正義之本。是以宗鏡所示，皆令尋迹得本，雖偏引言詮，殷勤委細，同指於此。故天王般若經云：「利根性人，說文知義。」〔二〕若能說文知義，見法識心，方入宗鏡中，頓消疑慮，則不用天眼觀，徹見十方界；不用天耳聽，徧聞法界聲；不假神足通，疾至十方際；端坐寂不動，諸佛常現前。

校注

〔一〕見大寶積經卷三九。

〔二〕見勝天王般若波羅蜜經卷一顯相品。

如般舟三昧經云：「何因致現在諸佛悉在前立三昧？如是，跋陁和，其有比丘、比丘尼、優婆塞、優婆夷，持戒完具，獨一處止，心念〔二〕西方阿彌陁佛，今現在隨所聞當念，去是間千億萬佛刹，其國名須摩提，在衆菩薩中央說經，一切常念阿彌陁佛。佛告跋陁和：『譬如人臥在於夢中，見所有金銀、珍寶，父母、兄弟、妻子、親屬、知識相與娛樂，喜樂無比。及其覺已，爲人說之，自念夢中所見。如是，跋陁和，菩薩若沙門白衣所聞西方阿彌陁佛，當念彼方佛，不得缺戒，一心念若一日晝夜、若七日七夜，過七日已後，見阿彌陁佛。於覺不見，於夢中見之，譬如夢中所見，不知晝夜，亦不知内，亦不見外，亦不用在冥中故不見，不用有所蔽礙故不見。如是，跋陁和，菩薩心當如是念時，諸佛國界名大阿彌山，其有幽冥之處，悉爲開闢，目亦不蔽，心亦不礙。是菩薩摩訶薩不持天眼徹視，不持天耳徹聽，不持神足到其佛剎，不於是間終，不生彼間佛剎爾乃見，便於此間坐見阿彌陁佛，聞所説法，悉受持得，從三昧起，悉能具足，爲人説之。』〔二〕

校注

〔一〕「止心念」，原作「心」，語意不足，據般舟三昧經補。

〔二〕見般舟三昧經卷上行品。

如上所説，皆是頓入之門，以備上根，非爲權漸。今則傍明佛旨，略讚經文，大意並依先德解釋，即何理而不盡？何事而不窮？然更在後賢智眼明斷，以佛意深奥，一句能生無量義故。

問：如上所説，芥納須彌，毛吞巨海，既唯一心，須彌爲復入芥子？不入芥子？若言入，經何故云「須彌本相如故」？若言不入，又云「唯應度者見之」〔一〕？

答：若有所入處，即失諸法自性。若言不入，又成二見。又，或云小是大家之小，大是小家之大。或云芥子、須彌，各無自性，此皆是以空納空，有何奇特？故知未入宗鏡，情見難忘，局大小於方隅，立見聞於妙道，致使一真潛隱，萬法不融。今明正義者，所謂入而不入，即識須彌之本相；不入而入，解了諸法之自宗。

校注

〔一〕見大般涅槃經卷四。

還原觀云：「所言入者，性相俱泯，體同法界，入無入相，名爲入也。」〔一〕

校注

〔一〕見法藏述修華嚴奥旨妄盡還源觀。

經偈云：「如來深境界，其量等虚空，一切衆生入，而實無所入。」〔一〕

校注

〔一〕見實叉難陀譯大方廣佛華嚴經卷一三。

華嚴經云：「悉入法界而無所入。」〔一〕若别有一入處，則入時失本相，不得説種種諸

法，以當體自虚，名入法界。無別可入，則不壞種種〔二〕。又經云：「雖諸法無一無異，而説一異。」〔三〕

校注

〔一〕見實叉難陀譯大方廣佛華嚴經卷三六。

〔二〕「若別有一入處」至此，見澄觀撰大方廣佛華嚴經疏卷五二。

〔三〕按，此據澄觀撰大方廣佛華嚴經疏卷五二轉引。大方廣佛華嚴經疏引，云「晉經云」。佛陀跋陀羅譯大方廣佛華嚴經卷三七：「知世間法，知聲聞、緣覺、菩薩法，知如來法，於彼諸法無一無異，而説一異。」

故知要由事相歷然不入，方得相資相徧耳。若入則失緣，則無諸緣各異義；不入則壞性用，不得力用交徹，則無互徧相資義；若具入不入，則成俱存無礙義。具此三緣，方成緣起〔一〕。了此緣性，則能變通。遂乃方而能圓，小而能大，狹而能廣，短而能長，無非我心神德自在，則觸目皆是須彌入芥，舉足住不思議解脱矣。

校注

〔一〕澄觀述大方廣佛華嚴經隨疏演義鈔卷二七：「約緣起門者，凡緣起法，要有三義：一、諸緣各異義，二、互遍相資義，三、俱存無礙義。今云入則壞緣起者，反釋不入，入則失緣，則無諸緣各異之義。言不入則壞性用者，反釋入義，則不得不入。不入則不得力用交徹故，無互遍相資之義則壞用也。若具入不入，則俱存無礙，成緣起門。言法性融通門者，即性之一字，凡法性融通，要不壞相而即真性。入則壞緣起者，無可相入。不入則壞性者，則性不遍一切法故。由不壞相而能普遍，方是法性融通義也。」

故古人云：「納須彌於芥中，擲大千於方外，皆吾心常分也，豈假於他術乎？」〔一〕則是衆生全力，非待證聖方具。所以諸佛於不二法中，現妙神通；菩薩向無性理内，成大佛事。故信心銘云：「極大同小，不見邊表。極小同大，忘絶境界。」〔二〕傅大士頌云：「須彌芥子父，芥子須彌爺。山海坦然平，敲冰來煮茶。」〔三〕是以一法爲宗，千途競入，五嶽崢嶸而不峻，四溟浩渺而不深，三毒四倒而非凡，八解六通而非聖。

校注

〔一〕見裴休注華嚴法界觀門序。

〔二〕見僧璨信心銘。

〔三〕出傅大士行路易十五首之第十，見善慧大士録卷三。「來」，善慧大士録作「將」。

問：如何是坦然平處？

答：千尋滄海底，萬仞碧峰頭。日出當中夜，華開值九秋。

問：如上所説，即心即佛之旨，西天、此土，祖佛同詮，理事分明，如同眼見，云何又説非心非佛？

答：即心即佛，是其表詮〔一〕，直表示其事，令親證自心，了了見性。若非心非佛，是其遮詮〔二〕，即護過遮非，去疑破執，奪下情見〔三〕依通〔四〕、意解妄認之者，以心、佛俱不可得故，是以云非心非佛。此乃拂下能心，權立頓教，泯絶無寄之門。言語道斷，心行處滅故，亦是一機入路。若圓教，即此情盡體露之法，有遮有表，非即非離，體用相收，理事無礙。

校注

〔一〕表詮：用肯定的方式表示某一意義者。表即直示自體，顯其所是。

〔二〕遮詮：用否定的方式表示某一意義者。遮即遣其所非。詳見本書卷六注。

〔三〕情見：凡夫虚妄情識之所見。窺基撰成唯識論掌中樞要卷上本：「情見各異，稟者無依。」

〔四〕依通：憑藉藥力、咒術等而顯現的神通。

今時學者既無智眼，又闕多聞，偏重遮非之詞，不見圓常之理，奴郎莫辯，真僞何分？

如棄海存漚〔一〕，遺金拾礫，掬泡作寶〔二〕，執石爲珠〔三〕。所以經云：譬如癡賊，棄捨金寶，擔負瓦礫〔四〕。此之謂也。今當纂集，正爲於兹。且心之與佛，皆世間之名；是之與非，乃分别之見。空論妄想，曷得真歸？所以祖師云：若言是心是佛，如牛有角；若言非心非佛，如兔無角。並是對待，强名邊事。若因名召體，豁悟本心，證自真知，分明無惑者，終不認名滯體，起有得心。去取全亡，是非頓息。亦不一向離之，妄起絶言之見；亦不一向即之，而〔五〕墮執指之譏。

校注

〔一〕大佛頂如來密因修證了義諸菩薩萬行首楞嚴經卷二：「譬如澄清百千大海棄之，唯認一浮漚體，目爲全潮，窮盡瀛渤。」

〔二〕出曜經卷二四：「昔有國王女，爲王所愛，未曾離目。時天降雨，水上有泡，女見水泡，意甚愛敬，女白王言：『我欲得水上泡以爲頭花鬘。』王告女曰：『今水上泡不可獲持，云何得取以爲花鬘？』女白王言：『設不得者，我當自殺。』王聞女語，尋召巧師而告之曰：『汝等奇巧，靡事不通，速取水泡，與我女作鬘。若不爾者，當斬汝等！』巧師白王：『我等不堪取泡作鬘。』其中有一老匠，自占堪能取泡，即前白王：『我能取泡，與王作鬘。』王甚歡喜，即告女曰：『今有一人堪任作鬘，汝可自往，躬自瞻視。』女隨王語，在外瞻視，時彼老匠白王女言：『我素不别水泡好醜，伏願王女躬自取泡，我當作鬘。』女尋取泡，隨手破壞，不能得之，如是終日，竟不得泡，女自疲厭而捨之去。」

〔三〕典出大般涅槃經卷二，詳參延壽宗鏡録序注。
〔四〕大般涅槃經卷九：「如來正法將欲滅盡，爾時多有行惡比丘，不知如來微密之藏，嬾墮懈怠，不能讀誦、宣揚、分别如來正法。譬如癡賊，棄捨真實，擔負草𥡴。不解如來微密藏故，於是經中懈怠不勤。」
〔五〕「而」，磧砂藏本作「布」，嘉興藏本作「反」。

如華嚴論云：「滯名即名立，廢説即言生。」〔一〕並是背覺合塵，捨己徇物。若實親省，現證自宗，尚無能證之智心及所證之妙理，豈況更存能知能解、有得有趣之妄想乎？

近代或有濫參禪門不得旨者，相承不信即心即佛之言，判爲是教乘所説，未得幽玄，我自有宗門向上事在，唯重非心非佛之説，並是指鹿作馬，期悟遭迷，執影是真，以病爲法。只要門風緊峻，問答尖新，發狂慧而守癡禪，迷方便而違宗旨。立格量而據道理，猶入假之金〔二〕；存規矩而定邊隅，如添水之乳〔三〕。一向於言語上取辦，意根下依通，都爲能、所未亡，名、相不破。若實見性，心境自虚，匿跡韜光，潛行密用。是以全不悟道，唯逐妄輪迴，起法我見而輕忽上流，恃錯知解而摧殘未學，毁金口所説之正典，撥圓因助道之修行，斥二乘之菩提，滅人天之善種，但欲作探玄上士，傚無礙無修，不知返墮無知，成空見外道〔四〕。唯觀影跡，莫究圓常，積見不休，徒自疲極。

校注

〔一〕見李通玄撰新華嚴經論卷七。

〔二〕格量：推究、衡量。慧琳一切經音義卷四八：「格量，加額反。蒼頡篇：格謂量度也。」清通理述法華經指掌疏卷六：「金雖入假，而愈煉愈精。鉛汞非金，而愈煉愈假。故雖多分鉛汞，不如少分入假之金。」

〔三〕大般涅槃經卷九：「如牧牛女，爲欲賣乳，貪多利故，加二分水，轉賣與餘牧牛女人。彼女得已，復加二分，轉復賣與近城女人。女人得已，復加二分，轉復賣與城中女人。彼女得已，復加二分，詣市賣之。時有一人，爲子納婦，當須好乳，以贍賓客，至市欲買。是賣乳者，多索價數，是人答言：『汝乳多水，不直爾許。正值我今贍待賓客，是故當取。』取已還家，煮用作糜，都無乳味，雖復無味，於苦味中千倍爲勝。」

〔四〕空見外道：又稱空見論者，謂不明因果有今世、後世等遲速之別，見行善者招感惡果、行惡者反得善果，便否定因果，認爲因果皆空，一切斷滅的外道。玄奘譯瑜伽師地論卷七：「空見論者，謂如有一若沙門、若婆羅門，起如是見，立如是論：無有施與、無有愛養、無有祠祀，廣説乃至世間無有真阿羅漢。復起如是見，立如是論：無有一切諸法體相。」

如孔子迷津問漁父，漁父曰：「人有畏影惡跡，疾走不休，絶力而死。不知處陰以休影，静處以息跡，愚亦甚矣！」〔一〕何不一心爲道，息諍除非？自然過量超情，還淳返朴。

校注

〔一〕詳見莊子漁父。

若以道自養則不失，以道濟他則不詿，以道治國則國泰，以道修家則家安，故不可頃剋〔一〕忘道矣。所以道德經云：「故失道而後德，失德而後仁，失仁而後義，失義而後禮。夫〔二〕禮者，忠信之薄〔三〕而亂之首。」〔四〕莊子云：「五色不亂，孰爲文彩？五聲不亂，孰爲律吕？白玉無瑕，孰爲珪璋？殘朴以爲器者，工匠之罪。毁道德而爲仁義者，聖人之罪。」〔五〕君能焚符破璽，賊盗自止；割〔六〕斗折衡，而民不諍。聖人生而賊盗起，聖人死而賊盗止〔七〕。

校注

〔一〕「剋」，諸校本作「刻」。按，「剋」，通「刻」。

〔二〕「夫」，原作「失」，據冥樞會要及老子改。

〔三〕按，「薄」後原有「日以衰薄」，嘉興藏本及老子無。「夫禮者，忠信之薄」河上公章句曰：「言禮廢本治末，忠信日以衰薄。」故知「日以衰薄」四字爲章句混入者，故删。又，此四字冥樞會要卷上亦有，延壽原本或已羼入。

〔四〕見老子第三十八章。

〔五〕見莊子馬蹄。

〔六〕「割」，磧砂藏、嘉興藏本及冥樞會要作「剖」。

〔七〕莊子胠篋：「故絶聖棄知，大盜乃止。擿玉毁珠，小盜不起。焚符破璽，而民樸鄙。掊斗折衡，而民不爭。殫殘天下之聖法，而民始可與論議。」

故知仁、義、禮、智、信而利天下者少，害天下者多矣！曷如開示如是不思議大威德廣大法門，普蔭十方，群生等潤？可謂深達妙旨，冥合真歸。如香象渡河，步步到底〔一〕；似養由駕箭，一一穿楊〔二〕。盡爲破的之文，皆是窮源之説。此是圓頓義，非權宜門。如水月頓呈，更無來去；猶明鏡頓照，豈有初終？如首楞嚴疏鈔〔三〕云：若聞此經，即悟得微塵毛孔一切衆生皆在我本覺中。推一切物皆無自性，則除無明；無明若除，一時頓證，則是頓得，不從修得。如觀音入流亡所〔四〕，阿難自慶不歷僧祇獲法身等〔五〕，並是頓也。

校注

〔一〕香象渡河：喻指悟道精深。優婆塞戒經卷一三種菩提品：「如恒河水，三獸俱渡，兔、馬、香象。兔不至底，浮水而過；馬或至底，或不至底；象則盡底。恒河水者，即是十二因緣河也。聲聞渡時，猶如彼兔；緣覺渡時，猶如彼馬；如來渡時，猶如香象，是故如來得名爲佛。」普曜經卷一所現象形品：「世有三獸：一、兔，二、馬，三、白象。兔之渡水，趣自渡耳；馬雖差猛，猶不知水之深淺也；白象之渡，盡其源底。聲聞、緣覺，其猶兔、馬，雖度生死，不達法本；菩薩大乘，譬若白象，解暢三界十二緣起，了之本無，救護一切，莫不蒙濟。」

〔二〕說苑正諫：「養由基，楚之善射者也，去楊葉百步，百發百中。」

〔三〕按，錢謙益鈔楞嚴經疏解蒙鈔卷首古今疏解品目：「（延壽）撰宗鏡録一百卷，折衷法門，會歸心要，多取證於楞嚴。所引古釋，即慤、振、沇三家之説也。」慤，指唐崇福寺惟慤法師疏；振，指唐魏北館陶沙門慧振科判；沇，指唐蜀資中弘沇法師疏。本書兩處引首楞嚴疏鈔（後一處在卷二九），不知何指（有引惟慤法師疏者，稱慤疏）。

〔四〕大佛頂如來密因修證了義諸菩薩萬行首楞嚴經卷六：「觀世音菩薩即從座起，頂禮佛足而白佛言：世尊，憶念我昔無數恒河沙劫，於時有佛出現於世，名觀世音，我於彼佛發菩提心，彼佛教我從聞思修入三摩地。初於聞中入流亡所，所入既寂，動、静二相了然不生。」

〔五〕大佛頂如來密因修證了義諸菩薩萬行首楞嚴經卷三：「阿難及諸大衆蒙佛如來微妙開示，身心蕩然，得無罣礙。（中略）了然自知獲本妙心常住不滅，禮佛合掌，得未曾有。」

音　義

伶，郎丁反。　俜，普丁反。　魑，丑知反。　魅，眉秘反。　魍，文兩反。

魎，良奬反。　齎，祖雞反。　渺，亡小反。　溡〔一〕，式移反。　嬈，奴鳥反。

鼈，并列反。　黿，愚袁反。　鼉，徒何反。　迫，博陌反，急也。　迮，側革反，迫迮。　玻，滂禾反。　瓈〔二〕，郎奚反。　坦，他但反，平也，安也。　敲，口交反，擊也。　崢，士耕反。　嶸，户萌反。　仞，而振反。　緊，居忍反。　尖，子廉反，鋭也。　韜，土刀反，藏也。　恃，時止反。　傚，乎教反。　淳，常倫反，清也，朴也。　朴，疋角反。　瑕，胡加反。　珪，古携反。　璋，諸良反。　璽，思氏反，玉印也。　衡，户庚反，平也。　曷，胡葛反，何也。

丁未歲分司大藏都監開板

校注

〔一〕「沵」，文中作「瀰」，異體。

〔二〕「瓈」，文中作「璃」，異體。

宗鏡録卷第二十六

慧日永明寺主智覺禪師延壽集

夫如上所説，妙旨難聞，云何頓斷疑心，生於圓信？

答：所以云「難信者，如一微塵中有大千經卷，人無信者。實相之理，止在心中，無勞遠覓，近而不識，説之不信，故云難信」〔一〕。是以須具大信，方斷纖疑，此是難解難入之門、難省難知之法，如針鋒上立無邊身菩薩〔二〕，將藕孔中絲懸須彌之山〔三〕，不思議中不思議，絶玄妙中絶玄妙。所以法華會上，身子三請，四衆驚疑，只如五千退席之人，皆有得聖果之者，聞説十方佛土中，唯有一乘法，開權顯實，直指自心，尚乃懷疑，拂席而起〔四〕，何況末法〔五〕機劣之人，遮障既深，見惑尤重，情塵尚壅，欲火猶燒，而能荷擔斯大事者歟？

是以妙得其門，成佛匪離於當念；若失其旨，修因徒困於多生。唯在信心，別無方便，以是入道之原，功德之母故。所以古聖云：「明者德隆於即日，昧者望絶於多生。會旨者山嶽易移，乖宗者錙銖難入。」〔六〕

此宗鏡録不揀内道、外道，利根、鈍根，但見聞信入者，皆頓了一心，理事圓足。如圓覺經云：「譬如大海不讓小流，乃至蚊虻及阿脩羅飲其水者，皆得充滿。」〔七〕

校注

〔一〕出智顗説、湛然略維摩經略疏卷一〇。

〔二〕大般涅槃經卷一：「爾時，四方無邊身菩薩及其眷屬所坐之處，或如錐頭、針鋒、微塵，十方如微塵等諸佛世界諸大菩薩，悉來集會。」

〔三〕大般涅槃經卷一八：「若有人能以藕根絲懸須彌山，可思議不？」

〔四〕詳見妙法蓮華經卷一方便品。身子，即舍利弗。

〔五〕末法：謂去佛世久遠而佛法衰微的時期。吉藏撰法華義疏卷五：「大論佛法凡有四時：一、佛在世時；二、佛雖去世，法儀未改，謂正法時；三、佛去世久，道化訛替，謂像法時；四、轉復微末，謂末法時。」

〔六〕見法藏述華嚴經義海百門序。

〔七〕見大方廣圓覺修多羅了義經。

如華嚴經頌云「深心信解常清淨」〔二〕者，古釋云：「與理相應，方曰深心。若昔染今淨，淨則有始，始即必終，非常淨也。信煩惱即菩提，方爲常淨，由稱本性而發心故。本來是佛，更無所進，如在虚空，退至何所？慨衆生迷此，起同體大悲，悼昔不知，誓期當證，有悲故不爲無邊所寂，有智故不爲有邊所動。不動不寂，直入中道，是謂真正發菩提心。」〔二〕

又云：「信佛身名等於衆生，則知我名如佛名也。信佛法門隨宜而立，知我妄念苦集亦全法門。信佛意業光明徧照，則知自心無不知覺。」〔三〕則一切因果理事，皆衆生性有。如性非金玉，雖琢不成寶器。良以衆生包性德而爲體，約智海以爲源〔四〕，故須開示。所以般若文殊分云：若知我性，即知無法。若知無法，即無境界。若無境界，即無所依。若無所依，即無所住〔五〕。

校注

〔一〕見實叉難陀譯大方廣佛華嚴經卷一四。

〔二〕見澄觀撰大方廣佛華嚴經疏卷一六。

〔三〕見澄觀撰大方廣佛華嚴經疏卷一二。

〔四〕「因果理事，皆衆生性有」至此，見澄觀撰大方廣佛華嚴經疏卷一。

〔五〕大般若波羅蜜多經卷五七五：「若有實知我界，即知無著。若知無著，即知無法。若知無法，即是佛智。智即是不思議智，當知佛智無法可知，名不知法。所以者何？此智自性都無所有，無所有法，云何能於真法界轉？此智自性既無所有，即無所著。若無所著，即體非智。若體非智，即無境界。若無境界，即無所依。若無所依，即無所住。若無所住，即無生滅。若無生滅，即不可得。若不可得，即無所趣。既無所趣，此智不能作諸功德，亦復不能作非功德。」按，此處所引，當據澄觀大方廣佛華嚴經疏卷一三。

如是開示，如是信入，則是真實句，亦是金剛句，以無虛假及可破壞故云爾。如大集經云：「真實句者，如一法，一切法亦如是；如一切法，一法亦如是。」〔一〕又云：「一衆生心、一切衆生心悉皆平等，名金剛句。」〔二〕是知無有一法可得，名深信堅固，如金剛不可沮壞，無信心中能見佛；若有一法可信，即是邪見，一切不信，方成其信。

校注

〔一〕見大方等大集經卷二。

〔二〕見大方等大集經卷一〇。

如般若經云：「若念一切法，不念般若波羅蜜。不念一切法，則念般若波羅蜜。」〔一〕如是解者，可謂「深達實相，善説法要」〔二〕矣。所以云：無一法可得，名深達實相。

校注

〔一〕見澄觀述大方廣佛華嚴經隨疏演義鈔卷六三引。

〔一〕見維摩詰所説經卷中文殊師利問疾品。

如法華經偈云："於諸過去佛，在世或滅後，若有聞法者，無一不成佛。諸佛本誓願，我所行佛道，普欲令衆生，亦同得此道。未來世諸佛，雖説百千億，無數諸法門，其實爲一乘。諸佛兩足尊，知法常無性，佛種從緣起，是故説一乘。是法住法位，世間相常住，於道場知已，導師方便説。天人所供養，現在十方佛，其數如恒沙，出現於世間，安隱衆生故，亦説如是法。知第一寂滅，以方便力故，雖示種種道，其實爲佛乘。"〔一〕

釋曰：本師以出至梵天之舌相，演真實言，放一萬八千之毫光，現希奇瑞。乃至地搖六動，天雨四華。謦欬彈指之聲，周聞十剎〔二〕；百千諸佛世界，一道融通。引三世之覺王，同詮此旨；付十方之大士，共顯斯宗〔三〕。故十方諦求，更無餘法。論位是最實之位，言詮乃第一之詮，可謂究竟指歸，真實行處。若但志心讀誦，靈感難思，毛孔孕紫檀之香，舌表變紅蓮之色，何況信解悟入，如説修行！供養則福過正徧知，行處則可起如來塔。有斯大事，孰不歸依？除不肖人，實難信受。又如神力品偈云："以佛滅度後，能持是經者，諸佛皆歡喜，現無量神力。囑累是經故，讚美受持者，於無量劫中，猶故不能盡。是人之功德，無邊無有窮，如十方虛空，不可得邊際。能持是經者，則爲已見我，亦見多寶佛，及諸分

身者。」〔四〕

校注

〔一〕見妙法蓮華經卷一方便品。

〔二〕妙法蓮華經卷六如來神力品：「一時謦欬，俱共彈指，是二音聲，遍至十方諸佛世界，地皆六種震動。」

〔三〕按，以上「出舌」「放光」「地動」「謦欬」「彈指」等神力，詳見妙法蓮華經卷六如來神力品。

〔四〕見妙法蓮華經卷六如來神力品。

故知證此一毫之靈智，量逾無盡之太虚，如觀牖隙之中，遠見十方之際。現神力以囑累，恐墜斯文；發歡喜以讚揚，唯精斯旨。今者與諸有緣信士，遇兹正教之人，自緬曩生障深垢重，諸佛出世，不覩毫光，得厠嘉筵，親聞正法，復思夙願，微有良因。於末法中，偶斯遺教，既欣遭遇，傍愍未聞，遂乃略出要詮，徧示後學。可謂醍醐之正味，不覺不知；甘露之妙門，不問不信。如斯大失，實可驚心！

是以安樂行品云：「佛告文殊師利：『菩薩摩訶薩，於後末世法欲滅時，有持是法華經者，於在家、出家人中，生大慈心，於非菩薩人中，生大悲心，應作是念：如是之人，則爲大失。如來方便隨宜說法，不聞不知不覺，不問不信不解。其人雖不問不信不解是經，我

得阿耨多羅三藐三菩提時，隨在何地，以神通力、智慧力引之，令得住是法中。』」〔一〕

釋曰：於在家、出家四衆之中生大慈心者，即是示如來一心方便門，慈能與樂俱令信入，同證大般涅槃四德之樂。「於非菩薩人中，生大悲心」者，即是外道邪見不生正信之人，悲能拔苦，即是示如來一心解脱門，皆令悟解，永拔分段、變易二死之苦。

校注

〔一〕見妙法蓮華經卷五安樂行品。

此宗鏡録於後若遇有緣信心，或曉夜忘疲，精勤披覽，以悟爲限，莫告劬勞。是以諸大菩薩，皆思過去波流苦海作不利益之事，喪無數身，都無利益。又今猶處生死惡業之中，皆是過去世中妙行不勤故。今者偶斯正典，可謂坐參，但仗三寶威神，諸佛加備〔一〕，無諸難事，早得心開，普及一切法界含生，皆同此悟，即斯願矣。

須知圓宗罕遇，若芥子投於針鋒〔二〕；正法難聞，猶盲龜值於木孔〔三〕。若非夙熏乘種，久積善根，焉偶斯文？親得傳受，應須慶幸，荷佛慈恩。所以古人或重教輕財，則輪金若市〔四〕；或忘身爲法，則立雪幽庭〔五〕。且金是身外之浮財，豈齊至教？命是一期之業報，曷等真詮？是故因聞般若深經以爲乘種，遂得乘急〔六〕，常聆妙音，可以身座肉燈，歸命供養，皮紙骨筆，繕寫受持。

校　注

〔一〕「備」，諸校本作「被」。按，「加備」，義同「加被」，謂諸佛以慈悲心加護衆生。

〔二〕大般涅槃經卷二：「芥子投針鋒，佛出難於是。」

〔三〕大般涅槃經卷二：「生世爲人難，值佛世亦難，猶如大海中，盲龜值浮孔。」

〔四〕心賦注卷三：「因明鈔云：玄鑒居士是護法菩薩門徒，護法造得唯識稾本一百卷，臨入滅時，將付玄鑒居士云：『支那菩薩到，爲將分付。此土如有人借看，但覓取金一百兩，可借與看一遍。』三藏於居士處得此稾本歸，翻爲十卷，即成唯識論是也。又天親菩薩造唯識三十頌，付一居士，亦囑云：『若有要看者，索金一兩。』邇後門庭來求觀者，輸金如市。是知古人重教輕珍，敬人愛法。」

〔五〕按，此即慧可「立雪求法」之傳説。釋氏六帖卷一六：「寶林傳云：二祖惠可求法階前，至明，不覺雪深至腕。」詳見祖堂集卷二菩提達摩和尚、景德傳燈録卷三。

〔六〕乘急：謂熱衷、偏尚於聞教。乘，指教法；急，謂急切。參後文。

如大涅槃經云：「佛言：善男子，於乘緩者，乃名爲緩；於戒緩者，不名爲緩。菩薩摩訶薩於此大乘心不懈慢，是名本戒。爲護正法，以大乘水而自澡浴，是故菩薩雖現破戒，不名爲緩。」〔一〕

校注

〔一〕見大般涅槃經卷六。

止觀云：「戒急乘緩者，事戒嚴急，纖毫不犯。三種觀心〔一〕，了不開解，以戒急故，人天受生，或隨禪梵世耽湎定樂，世雖有佛説法度人，而於其等全無利益，設得值遇，不能開解。震旦一國，不覺不知；舍衛三億，不聞不見。著樂諸天及生難處，不來聽受，是此意也。譬如繫人，或以財物求諸大力，申延日月，冀逢恩赦。在人天中，亦復如是，冀善知識化導修乘，即能得脱。若於人天不修乘者，果報若盡，還墮三塗，百千佛出，終不得道。若理事俱緩者，永墜泥犁，失人天果報，神明惛塞，無得道期，迴轉沉淪，不可度脱。」〔二〕

校注

〔一〕深密解脱經卷三：「何等爲三？所謂聞慧、思慧、修慧，三種觀心，能識真如。」

〔二〕見智顗説、灌頂記摩訶止觀卷四上。佛教徒在持戒和聞法方面各有偏尚，謂之戒乘緩急，具體有戒緩乘急、戒急乘緩、戒乘俱急、戒乘俱緩等四種情況。戒急乘緩，謂急於持戒而緩於學習教法。因急於持守戒法，故得生於人、天，然以乘緩之故，懈怠於聞法。

故知處世俗家，拘三界獄，不求一念出離，猶如散禁之人。應須生如來家，遇善知識，聽聞正法，如理思惟，事戒理乘，雙行雙照，身律心慧，俱習俱持。以戒急故，受人天之身；以乘急故，紹祖佛之位。如是則方諧本願，不負初心，可以上合慈風，下同悲仰。難逢良便，恐慮緣差，深勸諸賢，莫成後悔。

又，我此宗鏡所録之文，但爲最上根人，不入餘衆生手，唯令佛種不斷，聞於未聞，誓報慈恩，不孤本願。若涉名利，非被此機。如古德釋華嚴教所被機，五簡非器〔一〕：

一、違真非器，謂不發菩提心，不求出離，依傍此經，求名求利，莊飾我人，經非彼緣，故非其器。經云：爲名利説法，是爲魔業〔二〕。又云〔三〕不净説法墮惡道〔四〕等。

二、背正非器，謂詐現大心，僞飾邪善，近滅人天，遠違成佛，墮阿鼻獄，多劫受苦。經云：「忘失菩提心，修諸善根，是爲魔業。」〔五〕

三、乖實非器，謂雖不邪僞，然隨自執見以取經文，遂令超情至教，迴不入心，故成非器。地論云：聞作聞解，不得不聞〔六〕。又如隨聲取義五過失〔七〕等。

此上三位，俱是凡愚衆生境界。經云：「此經不入一切餘衆生之手，唯除菩薩〔八〕。」良以此經非是衆生流轉之緣，故不入手。

四、狹劣非器，謂一切二乘無廣大心，亦非此器。經云：「一切聲聞、緣覺不聞此經，何

況受持！」〔九〕

五、守權非器，謂三乘共教諸菩薩等，隨自宗中修行，未滿初阿僧祇，此亦非器。經云：「菩薩摩訶薩雖無量億那由他劫行六波羅蜜，修習道品，若未聞此經，雖聞不信受持隨順，是等猶爲假名菩薩。」

問：瓔珞經等十千劫修十信行滿〔一〇〕，何故此中無量億等時不信此經？

答：以彼但於行布位中修行、信等，於此圓融普賢十信一攝一切〔一一〕猶未聞信。

校　注

〔一〕按，以下詳見法藏述華嚴經探玄記卷一。「古德」者，法藏。非器，不堪受持佛法的根器。

〔二〕佛陀跋陀羅譯大方廣佛華嚴經卷四二：「慳惜正法，訶責法器衆生，貪求利養，爲人説法，爲非器人説深妙法，是爲魔業。」

〔三〕「云」，華嚴經探玄記作「如」。

〔四〕佛藏經卷中：「不浄説法者，有五過失。何等爲五？一者、自言盡知佛法；二者、説佛經時，出諸經中相違過失；三者、於諸法中，心疑不信；四者、自以所知，非他經法；五者、以利養故，爲人説法。舍利弗，如是説者，我説此人當墮地獄，不至涅槃。」

〔五〕見佛陀跋陀羅譯大方廣佛華嚴經卷四二，實叉難陀譯本見卷五八。

〔六〕天親造、菩提流支譯十地經論卷一：「聞者即聞，非是不聞。」

〔七〕天親造、菩提流支譯十地經論卷二：「隨聲取義，有五種過：一、不正信；二、退勇猛；三、誑他；四、謗佛；五、輕法。」

〔八〕佛陀跋陀羅譯大方廣佛華嚴經卷三六：「此經不入一切衆生之手，唯除菩薩。」

〔九〕見佛陀跋陀羅譯大方廣佛華嚴經卷三六。下一處引文同。

〔一〇〕菩薩瓔珞本業經卷下大衆受學品第七：「是信想菩薩，於十千劫行十戒法，當入十住心。」

〔一一〕普賢：即普賢行，謂依圓融法門，隨修一行，即具一切諸行。一行者，即於四十二位之中隨修一行，即攝一切餘行。　十信：信心、念心、精進心、慧心、定心、不退心、護法心、回向心、戒心、願心。

故知不偶斯文，虚功累劫；纔聞此旨，便入圓通。但不涉前五非器之中，則永固一乘之佛種，可以手得，可以心傳，深囑後賢，無失法利。

又，若過去曾聞此法，未得信入，以法力所熏，方起疑心；若未曾聞，疑終不起。如入大乘論云：「薄福之人，不生於疑，能生疑者，必破諸有。」〔一〕是以著有衆生，皆因染習。如輕毛之不定，垢、浄隨緣；猶素絲之攬色，青、黄任受。悉是聞熏之力，各入三乘之門。況聞宗鏡之中速發一乘之種，但有心者，熏皆得成。

校　注

〔一〕見堅意造、道泰等譯入大乘論卷上。

華嚴論云：「如世間一切井泉，以海爲體，若人飲者，皆得海味，一體無異，但隨業力而得鹹味。此經亦爾，若有大心衆生聞持信入，便得如來法身佛性大悲智味。闡提之人，無所堪任，然如來智性，常作生因。」〔一〕

校注

〔一〕見李通玄撰新華嚴經論卷二。

故知具大信根者，聞之成佛。如不信者，即是闡提。然雖不信，亦熏其種，故云「如來智性，常作生因」。所以法華經偈云：「若有聞法者，無一不成佛。」〔一〕昔泥蛤聞法而生天，厩象聽經而悛惡，比丘戲笑而獲果，女人思惟而悟空，何況聞宗鏡中純圓頓教？

校注

〔一〕見妙法蓮華經卷一方便品。

如善見律論云：「昔佛在世時，到瞻婆羅國迦羅池邊爲衆説法。時彼池中，有其一蛤，聞佛池邊説法之聲，即從池出，入草根下，聽佛説法。時有一人，持杖放牛，見佛在坐爲衆説法，即往佛所，欲聞法故。以杖刺地，悞著蛤頭，即便命終，生忉利天。以福報故，宫殿縱廣十二由旬，與諸天女娱樂受樂。即乘宫殿，往至佛所，頭頂禮足。佛知故問：『汝是何人，忽禮我足，神通光明，相好無比，照徹此間？』蛤天即以偈而答曰：『往昔爲蛤身，於水中覓食，聞佛説法聲，出至草根下。有一牧牛人，持杖來聽法，杖劖刺我頭，命終生天上。』佛以蛤人所説偈，爲四衆説法。是時衆中八萬四千人皆得道跡，蛤天人得須陁洹果，含笑而去。」〔一〕

校注

〔一〕見善見律毗婆沙卷四。

大智度論云：「昔王不立厩於寺者，謂此王有象，可以敵國，每有怨敵，莊嚴器仗，無不剋勝。後敵國皆懼，久而無敵，遂於寺中立厩養之，久聞僧衆禮念熏心，馴善成性。後有隣國兵衆相侵，嚴象敵之，都不肯戰。其王憂愁，慮國衰敗。智臣白王：『此象久久處之精舍，見聞善事，與之化矣。可處屠坊，令常見殺。』後未經久，惡心還起。畜生尚爾，況復於人近善不善、近惡不惡？」〔二〕故儒典中亦令君子慎所習也〔三〕。今若聞宗鏡，熏起一乘，廣大難量，善利無盡。

校注

〔一〕此段引文出澄觀述大方廣佛華嚴經隨疏演義鈔卷七一。演義鈔引云「智論文」，當誤，此出付法藏因緣傳卷六：「如昔往日華氏國王有一白象，氣力勇壯，能滅怨敵。若有罪人，令象蹈殺。後時象厩爲火所燒，移在異處，近一精舍。聞有比丘誦法句曰：『爲善生天，爲惡入淵。』心便柔和，起慈悲意。後付罪人，都不殺害，但以鼻嗅，舐之而去。王見斯已，心大惶怖，召諸智臣，共謀此事。時有一臣，即白王言：『此象繫處，近在精舍，必聞妙法，是故爾耳。今可移繫，令近屠肆，彼覩殺害，惡心當盛。』王用其計，繫象屠所。象見殺戮，剥皮斬截，惡心猛熾，殘害增甚。以是當知，衆生之類，其性不定。所以者何？畜生猶尚聞法生慈，見有屠殺，便爲殘害，況復於人而不染習起善惡業？」

〔二〕論語公冶長：「性相近也，習相遠也。」何晏集解引孔安國曰：「君子慎所習。」

雜寶藏經云：「佛法寬廣，濟度無涯，至心求道，無不獲果，乃至戲笑，福不唐捐。如往昔時，有老比丘年已朽邁，神情昏塞，見諸年少比丘種種説法，聞説四果，心生羡尚，語少比丘言：『汝等聰慧，願以四果以用與我。』諸少比丘嗤而語言：『我有四果，須得好食，然後相與。』時老比丘聞其此語歡喜，即設種種餚饍，請少比丘食。共食已，更相指揮，弄老比丘，語言：『大德，汝在此舍一角頭坐，當與汝果。』時老比丘聞已歡喜，如語而坐。諸少比丘即以皮毱打其頭上，而語之言：『此是須陁洹果。』老比丘聞已，繫念不散，即獲初果。

「諸少比丘復弄之言：『雖與汝須陁洹果，然其故有七生七死〔一〕，更移一角，次當與汝斯陁含果。』時老比丘獲初果故，心轉增進，即復移坐。諸少比丘復以毱打頭而語之言：『與汝二果。』時老比丘益加專念，即證二果。

「諸少比丘復弄之言：『汝今已得斯陁含果，猶有往來生死之難，汝更移坐，我當與汝阿那含果。』時老比丘如言移坐。諸少比丘復以毱打而語之言：『我今與汝第三之果。』時老比丘聞已歡喜，倍加至心，即時復證阿那含果。

「諸少比丘復弄之言：『汝今已得不還之果，然故於色、無色界受有漏身，無常遷壞，念念是苦。汝更移坐，次當與汝阿羅漢果。』時老比丘如語移坐。諸少比丘復以皮毱撩打其頭而語之言：『我今與汝彼第四果。』時老比丘一心思惟，即證阿羅漢果。

「得四果已，甚大歡喜，設諸餚饍、種種香華，獻諸比丘，報其恩德，與少比丘共論道品無漏功德，諸少比丘發言滯塞。時老比丘方語之言：『我已證得阿羅漢果已。』諸少比丘聞其此音，咸皆謝悔先戲弄罪。是故行人宜應念善，乃至戲弄猶獲實報，況至心也？」〔二〕

校注

〔一〕七生七死：即「七有天人往生」，又稱「極七返有」等，謂住於預流果而尚未斷除煩惱的聖者，必須在人天之中往返七次受生，始得入於涅槃。

〔二〕見雜寶藏經卷九老比丘得四果緣。

又，雜寶藏經云：「昔有一女，聰明智慧，深信三寶，常於僧次請一比丘就舍供養。後時便有一老比丘，次到其舍，年老根鈍，素無知曉。齋食訖已，女人至心求請説法，敷坐頭前，閉目静坐。比丘自知不解説法，趣其泯眼，棄走還寺。然此女人至心思惟有爲之法無常苦空，不得自在，深心觀察，即時獲得須陁洹果。既得果已，向寺求覓，欲報其恩。然此比丘自審知棄他逃走，倍生慚恥，轉復藏避。而此女人苦求不已，方自出現。女人見已，具説蒙得道果因緣，齎供報恩。老比丘聞，甚大慚愧，深自剋責，亦復獲得須陁洹果。是故行者，應當至心精誠求法。若至心者，所求必證。」〔一〕

校　注

〔一〕見雜寶藏經卷九老女人至誠得道果緣。

如上所獲聖果，豈有前人爲説深妙法耶？皆是自悟，從心所證。可驗宗鏡，達者無疑。如大乘本生心地觀經云：「佛言：我今演説心地妙法，引導衆生，令入佛智。如是妙法，諸佛如來過無量劫時乃説之。乃至〔二〕以是因緣，難見難聞菩提正道心地法門。若有善男子、善女人聞是妙法，一經於耳，須臾之頃，攝念觀心，熏成無上大菩提種，不久當坐菩提樹王金剛寶座，得成阿耨多羅三藐三菩提。」〔三〕

校注

〔一〕乃至：表示引文中間有删略。
〔二〕見大乘本生心地觀經卷二。

華嚴十地品云：「金剛藏菩薩云：『佛子，此集一切種、一切智功德菩薩行法門品〔一〕，若諸衆生不種善根，不可得聞。』解脱月菩薩言：『聞此法門，得幾所福？』金剛藏菩薩言：『如一切智所集福德，聞此法門，福德如是。何以故？非不聞此功德法門而能信解、受持、讀誦，何況精進、如説修行？是故當知，要得聞此習一切智功德法門，乃能信解、受持、修習，然後至於一切智地。』」〔二〕

校注

〔一〕「品」，原作「典」，據大方廣佛華嚴經改。
〔二〕見實叉難陀譯大方廣佛華嚴經卷三九。

故知若不聞此不思議廣大威德圓頓法門，何由修行速證究竟一乘常樂我淨大涅槃果？以衆生處不定聚〔一〕中，聞小修小，遇權習權，不偶斯文，俱成大失。今所集者，所益弘多，設聞而不修，亦成其種，何況聞思修者？

如先德云：如今若要直會，但不取一切相即得，更無別語。佛是自心義，亦名爲道，亦云覺義。覺是靈覺之性，只今自鑒照語言，應機接物，揚眉動目，運手動足，皆是自靈覺之性。亦是心，心即道，道即佛，佛即是禪。禪之一字，非凡所測。若知諸法從心生，即不應執，執即不知。若不見本性，十二分教則爲虚設〔二〕。

校注

〔一〕不定聚：即不定性聚，此性或邪或正，無一定向，故名不定性聚。玄奘譯阿毗達磨俱舍論卷一〇：「何謂三聚？頌曰：正邪不定聚，聖造無間餘。論曰：一、正性定聚，二、邪性定聚，三、不定性聚。何名正性？謂契經言，貪無餘斷，瞋無餘斷，癡無餘斷，一切煩惱皆無餘斷，是名正性。定者謂聖，聖謂已有無漏道生，遠諸惡法，故名爲聖。獲得畢竟離繫得故，定盡煩惱，故名正定。諸已獲得順解脱分者，亦定得涅槃。何非正定？彼後或墮邪定聚故，又得涅槃時未定故，非如預流者極七返有等。又彼未能捨邪性故，不名正定。何名邪性？謂諸地獄傍生餓鬼，是名邪性，定謂無間，造無間者，必墮地獄，故名邪定。正、邪定餘，名不定性，彼待二緣可成二故。」

〔二〕達磨大師血脉論：「問曰：因何不得禮佛菩薩等？答曰：天魔波旬阿脩羅示見神通，皆作得菩薩相貌。種種變化，是外道，總不是佛。佛是自心，莫錯禮拜。佛是西國語，此土云覺性。覺者靈覺。應機接物，揚眉瞬目，運手動足，皆是自己靈覺之性。性即是心，心即是佛，佛即是道，道即是禪。禪之一字，非凡聖所測。又云：見本性爲禪，若不見本性，即非禪也。假使説得千經萬論，若不見本性，只是凡夫，非是佛法。至道幽深，不可話會典教，憑何所及？但見本性，一字不識，亦得見性。即是佛聖體本來清浄，無有雜穢，所有言説，皆是聖人。從心起用，用體本來空，名言猶不及，十二部經憑何得及？道本圓成，不用脩證。道非聲色，微妙難見。如人飲水，冷暖自知，不可向人説也，唯有如來能知，餘人天等類都不覺知。凡夫智不及，所以有執相，不了自心本來空寂，妄執相及一切法，即墮外道。若知諸法從心生，不應有執，執即不知。若見本性，十二部經總是閑文字，千經萬論只是明心，言下契會，教將何用？至理絶言，教是語詞，實不是道。道本無言，言説是妄。」此處所引，顯然出血脉論或與血脉論有共同的上源。血脉論，舊云達摩撰，顯係附會之説。宋史藝文志著録「僧慧可達摩血脉論一卷」，則認爲其撰者爲慧可。後代或説其撰者應屬馬祖系傳人，或説應是牛頭系弟子，若無新材料發現，似已不能明矣。

故知因教明心，何執文義？又，教從心生，心由教立，離心無教，離教無心，豈心外別有教而可執乎？所以唯識疏云：「若頓教門，大不由小起，即無三時前後次第，即華嚴經中説唯一心是。初成道竟，最初〔二〕一説。」〔三〕又云：「諸愚夫類，從無始來，虚妄分別因緣力故，執離心外，定有真實能取、所取。如來大悲，以甘露法授彼令服，斷妄狂心，棄執空有，證真了義。華嚴等中説一切法皆唯有識。」所以「佛證唯識，説一心經，令依修學」。

校注

〔一〕「初」，成唯識論述記作「第」。

〔二〕見窺基撰成唯識論述記卷一。下兩處引文同。

釋云：天親造頌，成立佛經，令諸學者了知萬法皆不離心，即大乘中道義理顯矣。是知圓中之信，此信難成。

如起信鈔〔一〕問云：此信若言本有，衆生何故沉迷？如其本無，憑何發起？答：此信本來非有非無。以非有故，衆生沉迷；以非無故，遇緣即起。若言定無，發起何物？若言定有，何假因緣？然上所述，是約迷悟因緣説。若論此信，須不信一切法，乃能成信，亦不是非有非無。何者？以衆生不覺，似迷非迷，真性不沉故，即不是非有；以一念復本，似悟非悟，不從新得故，不是非無。故云「自心起信，還信自心」〔二〕。

又，何故此心難信？以如來本覺體即衆生心，諸佛菩薩不能見，如來本覺體離見相故，當知衆生心綿密亦不可見。大品經云：「佛觀衆生心，五眼不能見。」〔三〕無自他能所相故。昔人詩云：「海枯終見底，人死不知心。」〔四〕又云：「相識滿天下，知心能幾人？」〔五〕

校注

〔一〕按，本書引起信鈔，多見於起信論疏筆削記，故此起信鈔者，或亦即傳奥大乘起信論隨疏記，參見本書卷六注。

〔二〕按，知禮集千手眼大悲心呪行法：「馬鳴云：自心起信，還信自心。」

〔三〕見摩訶般若波羅蜜經卷一四佛母品。

〔四〕見杜荀鶴詩感寓。

〔五〕按，據祖堂集卷一〇長生和尚：「雪峰曰：相識滿天下，知心能幾人？」長生和尚，即詩僧皎然。雪峰，即義存，傳見宋高僧傳卷一二唐福州雪峰廣福院義存傳。

是以宗鏡深旨，一心妙門，非大智而不能觀，匪大根而不能信。觀之即齊佛智，信之即入圓通。但懇志無疑，決取成辦。如管子云：「利之所在，雖千仞之山，無所不上；深源之下，無所不入。商人通賈，倍道兼行，夜以續日，千里不遠，利在前也。漁人入海，海水百仞，衝波逆流，宿夜不出，利在水也。」〔一〕此乃世間勤苦求利之志耳。如或堅求至道，曉夕忘疲，不向外求，虚襟澄慮，密室静坐，端拱寧神，利在心也。如利之所在，求無不獲，況道之在心，信無不得矣。

故知訓格之言，不得暫捨，可以鏤於骨，書於紳，染于神，熏于識。所以楚莊輕千乘之國而重申叔一言〔二〕，范獻賤萬畝之田以貴舟人片説〔三〕。此乃成家立國，尚輕珍重言，況宗鏡中，言下契無生，聞之成大〔四〕道，寧容輕慢乎？

校注

〔一〕見管子禁藏。

〔二〕按，左傳宣公十一年：「冬，楚子爲陳夏氏亂故，伐陳。（中略）因縣陳，陳侯在晉。（中略）（申叔時）曰：『夏徵舒弑其君，其罪大矣。討而戮之，君之義也。抑人亦有言曰：牽牛以蹊人之田，而奪之牛，牽牛以蹊者，信有罪矣。而奪之牛，罰已重矣。諸侯之從也，曰討有罪也，今縣陳，貪其富也。以討召諸侯，而以貪歸之，無乃不可乎？』王曰：『善哉，吾未之聞也！反之，可乎？』對曰：『吾儕小人，所謂取諸其懷而與之也。』乃復封陳。」

〔三〕尸子貴言：「范獻子游于河，大夫皆在。君曰：『孰知欒氏之子？』大夫莫答。舟人清涓捨楫而答曰：『君奚問欒氏之子爲？』君曰：『自吾亡欒氏也，其老者未死，而少者壯矣，吾是以問之。』清涓曰：『君善修晉國之政，内得大夫而外不失百姓，雖欒氏之子，其若君何？君若不修晉國之政，内不得大夫而外失百姓，則舟中之人皆欒氏之子也。』君曰：『善哉言！』明日朝，令賜舟人清涓田萬畝，清涓辭。君曰：『以此田也易彼言也，子尚喪，寡人猶得也。』」

〔四〕「大」，諸校本作「入」。按，心賦注卷一作「大」。

問：一心具實性，凡聖是虚名者，云何作凡之時，熾然繫縛諸有？證聖之日，豁爾解脱真空？乃知不唯但名，的有其事。

答：雖有其事，如同夢中之事；設有其名，皆非得物之名。故知夢、覺俱虚，名、體雙寂。如淨名私記〔一〕云：法相如是，豈可説乎？若説，則言有一法可得，存法作解，還是生死業。今時只欲令衆生除一切見，此中見無别義，亦無巧釋。如人夜夢，種種所見，比至覺時，總無一物。今亦爾，虚妄夢中，言有萬法，若悟其性，畢竟無一物可得。此中亦無能説能示，亦無能聞能得。是以異生非墮凡夫地，迷處全空；諸佛不證真如門，悟時無得。則不見有一法可斷，無生死所出之門；不見有一法可成，無菩提能入之路。

校注

〔一〕淨名私記：或爲道邃、或爲道暹、或爲法融所撰。詳見本書卷一五注。

思益經云：「諸佛出世，不爲令衆生出生死、入涅槃，但爲度生死、涅槃之二見耳。」〔一〕

校注

〔一〕見思益梵天所問經卷一分别品。

現寶藏經云：「文殊師利言：『大德迦葉，如人熱病，是人種種妄有所説，是中寧有天鬼持耶？有大明醫，飲彼人酥，熱病即愈，止不妄説，是中頗有天鬼去不？』答言：『不也。』乃至〔一〕世間如是顛倒熱病，無我我想，住我想已，流轉生死。是故如來出現於世，隨彼形色應解法門，知解我想，斷於顛倒，爲彼衆生而演説法。既聞法已，除一切想，無所執著。知解想已，越度諸流，到於彼岸，名爲涅槃。是中頗有我及衆生、壽命、養育、人及丈夫可涅槃者不？』答言：『無也。』文殊言：『爲是利故，如來出世，但爲顯示平等相故，不爲生，不爲滅，但爲解知煩惱不實。』」〔二〕

釋曰：「如來出世，但爲顯示平等相」者，夫執妄苦而求離，望聖量而欲修，皆是妄我施爲，情識分別。是以大雄垂跡，但示正宗，破妄我而顯真我之門，斥情識而歸浄識之道。真我浄識，即平等相，以浄識絶分別，真我無執情。絶分別故，差別自亡；無執情故，平等自現。

校注

〔一〕乃至：表示引文中間有删略。

〔二〕見求那跋陀羅譯大方廣寶篋經卷中。按，現寶藏經，即文殊師利現寶藏經。據開元釋教録，文殊師利現寶藏經共四譯。第一譯爲竺法護譯文殊師利現寶藏經三卷，第二譯爲安法欽譯文殊師利現寶藏經二卷，第三譯爲支法度譯文殊師利現寶藏經二卷，第四譯爲求那跋陀羅譯大方廣寶篋經三卷（或二卷）。現存第一、第四譯。此處所引，據求那跋陀羅譯本。

首楞嚴經云：「由汝無始心性狂亂，知見妄發，發妄不息，勞見發塵，如勞目睛，則有狂華，於湛精明，無因亂起，一切世間山河、大地、生死、涅槃，皆即狂勞顛倒華相。」〔一〕

校注

〔一〕見大佛頂如來密因修證了義諸菩薩萬行首楞嚴經卷五。

大般若經云：「佛言：善現，一切法皆以無起無作爲趣，諸菩薩摩訶薩於如是趣不可超越。何以故？無起無作中，趣與非趣不可得故。」〔一〕

校注

〔一〕見大般若波羅蜜多經卷三一六。

大集經云：「佛言：若有菩薩成就自然慧，方便而求菩提，於此五陰中，爲如實覺故，求於菩提，是菩薩知色無常而行布施。乃至〔一〕受、想、行、識亦如是，知識無常，應行布施，知識苦、知識無我，知識鈍、知識無智，知識如幻、知識如野馬、知識如水中月、知識如夢、知識如影、知識如響、知識如旋火輪，知識無我、知識無衆生、知識無命、知識無人、知識無主、知識無養，知識如空、知識無相、知識無願、知識無作、知識無生、知識無起、知識無出、知識無形，知識寂静、知識離，知識無終、知識無成、知識與虚空等，乃至〔二〕知識如涅槃性，而行布施。菩薩如是行施時，以施離故知識亦離，以識離故知施亦離。以識、施離故知願亦離，以願離故知識、施、願亦離，以識、施、願離故知菩提亦離，以菩提離故知識、施、願離，而知一切法同菩提性。善男子，是爲菩薩出世間檀波羅蜜。」〔三〕

校　注

〔二〕乃至：表示引文中間有删略。

〔二〕「乃至」，經中無。按，此處並無删略。

〔三〕見大方等大集經卷一七。

是知識空故，一切凡聖萬法皆空。以了此空故，方能行無上菩提，具足十波羅蜜，則悲、智圓滿，二利無虧。具此悲、智，何所爲耶？佛種不斷故。佛種不斷，有何相耶？謂成三德：救護衆生，成就恩德；永斷煩惱，成於斷德；了知諸行，成於智德。是以入此宗鏡，動止唯心，更無一法而能破壞。如大虚空藏菩薩所問經云：「譬如有情於空中行，而彼虚空無有破壞。如是一切有情，於真如中行，而彼真如無有斷壞。菩薩如是，由以智故，於色、於法，以真如印之，不於真如間斷破壞，是爲菩薩以如來印印於真如，不間斷善巧智故。」〔一〕

校注

〔一〕見大集大虚空藏菩薩所問經卷三。

問：歸命三寶，是仗他勝緣。四諦法門，依真俗二境，乃至三乘三藏、六度六通、三十七品〔一〕助道之門、十八不共果位之法〔二〕，云何總歸一心正義而悉圓通？

答：諸聖以無爲而得名，圓修以無作而成行。不分別諸境，是真調伏心。了一切法空，則常在三昧。超日三昧經云：知色心空，得佛何難〔三〕？斯之謂矣。故知一切諸法，頗〔四〕有不由心者，心攝一切，如如意珠，無不具足。

校注

〔一〕三十七品：達到涅槃境界的三十七種修行方式。詳見本書卷二注。

〔二〕十八不共果位之法：即十八不共法。智顗撰法界次第初門卷下之下十八不共法初門第五十五：「十八不共法者，諸佛十力之智内充，無畏之德外顯，故所有一切功德智慧，超過物表，不與世共。」「一、身無失，二、口無失，三、念無失，四、無異想，五、無不定心，六、無不知已捨，七、欲無減，八、精進無減，九、念無減，十、慧無減，十一、解脱無減，十二、解脱知見無減，十三、一切身業隨智慧行，十四、一切口業隨智慧行，十五、一切意業隨智慧行，十六、智慧知過去世無礙，十七、智慧知未來世無礙，十八、智慧知現在世無礙。（中略）此十八通名不共者，極地之法，不與凡夫、二乘及諸菩薩共有，故云不共也。」

〔三〕按，超日明三昧經卷下：「於時，太子聞佛所説，即時踊躍，即發無上正真道意，得不起法忍，行大慈悲，解一切法如幻、影、響，如野馬，如夢、芭蕉、水中之月，千人之中第四得佛，號曰釋迦文如來、至真、等正覺。其餘諸子，次第得佛。」或爲此説所本。

〔四〕「頗」，據文意，似當作「無」。然作「頗」其來有自。智顗説妙法蓮華經玄義卷四上：「自性禪者，即是觀心實性，名爲上定。一切諸法，頗有不由心者，心攝一切，如如意珠。」

且論三寶，義廣恒沙。今依古德，約五教門，略論同、别二種三寶：

一、約觀别論三寶者：一、小乘，以妄心即空爲佛寶，寂滅爲法寶，無諍爲僧寶；二、大乘初教，妄心不可得爲佛寶，離思惟爲法寶，無我爲僧寶；三、終教，妄心無自性無礙自在爲佛寶，以是寥廓名法寶，以無所求爲僧寶；四、頓教，以妄心本無生爲佛寶，絶念爲法寶，無分别爲僧寶；五、一乘圓教，以妄心起無初相不動爲佛寶，以無非是爲法寶，以無非是爲僧寶。

二、同體三寶者：一、小乘，約立事就義門，以末歸本故，佛體上覺照義邊爲佛寶，軌則義邊爲法寶，違諍過盡爲僧寶；二、初教，約會事從理門，以能見三寶差别相即平等故，以真空爲佛寶，此空離自他爲法寶，此離無二爲僧寶；三、終教，約理事融顯門，以即事中有理、理中有事故，以本覺爲佛寶，恒沙性德爲法寶，性德不二爲僧寶；四、頓教，約絶相理實門，以三寶無爲相與虚空等故爲佛，佛即是法，法即是僧；五、圓教，約融通無礙門，以法界諸法無不是寶故，以覺故，約義而論皆佛寶，軌則而言無非是法，和合而言無不是僧，是以不動真心，成一體三寶。

雖約機開五教，隨智各不同，然不離一心門，而[一]分同别理。所以教中但云「自歸依佛」等，終不云「歸依於他」，故云：「自性不歸，無所歸處。」[二]夫歸者，是還原義。衆生六根，從一心起，既背自原，馳散六塵。今舉命根，總攝六情，還歸其本一心之原，故曰歸命一心，即具三寶。

夫一體三寶者，只是一心。心性自能覺照，即佛寶；心體本自性離，名法寶；心體無二，即僧寶。思益經云：「知法名爲佛，知離名爲法，知無爲名僧，是菩薩徧行。」[三]「知法名爲佛」者，即是真佛法身如來，佛即是法故，法即是佛，亦猶如來者，即諸法如義。次應問言：法即是佛，於義已解，何者是法？故次句云：離即是法。以一切法本性離故，心體離念，即是覺故。次應問言：法本自離，則無所修，何得有僧？次解云：「知無爲名僧。」無爲即法，法本自離，由知無爲，故得成僧。故大品經云：由知諸法空，分別須菩提等〔四〕。故大般若經云：般若甚深，知一切法本性離故。又文殊云：如佛世尊堪受供養，以於一切法覺實性故〔五〕。是故經云：如實覺一切法，名爲大捨〔六〕。

釋曰：於一切法見心自性，即是如實究竟之覺，即是頓成佛義，三寶常現世間義，真實慈義，同體悲義，大喜捨義，具足檀波羅蜜義，一切願行成就義。

校注

〔一〕「而」，諸校本作「即」。

〔二〕見法海本壇經。

〔三〕見思益梵天所問經卷一分别品。

〔四〕按，此爲據經意概述者。

〔五〕大般若波羅蜜多經卷五七四：「若諸菩薩聞説如是甚深般若波羅蜜多，心不沈没，亦不驚怖，是諸菩薩如佛世尊堪受世間供養恭敬。何以故？於一切法覺實性故。」

〔六〕「知法名爲佛者」至此，見澄觀述大方廣佛華嚴經隨疏演義鈔卷二七。「是故經云」者，大般若波羅蜜多經卷五六七：「諸菩薩摩訶薩行深般若波羅蜜多，普於一切眼所見色，耳所聞聲，鼻所嗅香，舌所嘗味，身所覺觸，意所了法，不著不離而起捨心，如是等類名爲大捨。」

又，璨大師問可大師曰：「但見和尚，即知是僧，未審何者是佛？云何爲法？」答曰：「是心是佛，是心是法，法、佛無二，汝知之乎？」〔一〕

校注

〔一〕璨大師：僧璨，禪宗此土三祖。可大師：慧可，禪宗此土二祖。祖堂集卷二慧可禪師：「後周第二主孝閔己卯之歲，有一居士，不説年幾，候有十四，及至禮師，不稱姓名，云：『弟子身患風疾，請和尚爲弟子懺悔。』師云：『汝將罪來，爲汝懺悔。』居士曰：『覓罪不可見。』師云：『我今爲汝懺悔竟，汝今宜依佛、法、僧寶。』居士問：『但見和尚，則知是僧，未審世間何者是佛？云何爲法？』師云：『是心是佛，是心是法，法、佛無二，汝知之乎？』居士曰：『今日始知罪性不在内、外、中間，如其心然，法、佛無二也。』師知是法器，而與剃髮，云：『汝是僧寶，宜名僧璨。』亦受具戒。」此事亦見景德傳燈録卷三慧可傳等。

若有不信如上所引祖佛誠言、一體三寶歸依自心之旨，不唯後果永墮泥犁，亦乃現受人間華報〔二〕。如大涅槃經云：佛告迦葉菩薩：「善男子，汝今不應如諸聲聞、凡夫人分別三寶，於此大乘無有三歸分別之相。所以者何？於佛性中即有法、僧，爲欲化度聲聞、凡夫故，分别説三歸異相。」〔二〕又云：「若有不識三寶常存，以是因緣，脣口乾燋。如人口爽，不知甜、苦、辛、醋、鹹、淡六味差别。一切衆生，愚癡無智，不識三寶是長存法，是故名爲脣口乾燋。復次，善男子，若有衆生不知如來是常住者，當知是人則爲生盲。若知如來是常住者，如是之人，雖有肉眼，我説是等名爲天眼。」〔三〕

校　注

〔一〕華報：衆生善惡業因正得果報（正報）之前所兼得者。華開在結果之前，故「華報」者，相對後得之「果報」而言。如人爲獲果實而植樹，正得果實（果報），兼可得華（即華報）。龍樹造、鳩摩羅什譯大智度論卷一一：「如人求蔭故種樹，或求華、或求果故種樹。布施求報亦復如是，今世、後世樂如求蔭，聲聞、辟支佛道如華，成佛如果。」

〔二〕見大般涅槃經卷八。

〔三〕見大般涅槃經卷一〇，南本見卷九。

又，若決定直心信伏入宗鏡中，於刹那間念念見一心三寶，常現世間。或障重遮深，任經塵劫，終不省信，尚不聞三寶之名，豈遇一真之道？如法華經偈云：「衆生既信伏，質直意柔軟，一心欲見佛，不自惜身命。時我及衆僧，俱出靈鷲山，我時語衆生：常在此不滅，以方便力故，現有滅不滅。」乃至「是諸罪衆生，以惡業因緣，過阿僧祇劫，不聞三寶名。諸有修功德，柔和質直者，則皆見我身，在此而説法。」〔一〕故知親見佛、親聞法人難得，阿難二十年爲佛侍者，尚不見佛面，唯觀救世者，輪迴六趣中。

校注

〔一〕見妙法蓮華經卷五如來壽量品。

又，但與〔一〕緣心聽法，此法亦緣，非得法性。如大寶積經云：「實行沙門以正法身尚不見佛，何況形色？以空遠離尚不見法，何況貪著音聲言語？以無爲法尚不見僧，何況當見有和合衆？」〔二〕又，「舍利弗問諸比丘：『汝等從何聞法？』答：『無有五陰、十二入、十八界，從是聞法。』又問：『汝等爲誰弟子？』答：『無得無知者，是彼弟子』」。是以悟者方知，非言所示。

校注

〔一〕「與」，清藏本作「以」。

〔二〕見大寶積經卷一一二。下一處引文同。

又，心爲苦實際，名苦諦；心性無和合，名集諦；心本寂滅，名滅諦；心本圓通，名道諦。觀心空，出聲聞乘；觀心假，出菩薩乘；觀心中，出諸佛乘。觀實相心，非色非心。不同頑礙，故非色；不同受等妄情分别，故非心〔一〕。非色非心以爲戒體〔二〕，出律藏〔三〕。

校注

〔一〕按，明曠删補天台菩薩戒疏卷上：「戒體無盡，故云『光光』。此之戒體，凡聖一如，故勸大衆受持誦學。問：上釋戒體云『實相心』，今言非心，如何得同？答：實相之心，不同頑礙，故云『非色』。不同受等妄情分别，故云『非心』。不同六道之有，不同二乘之無，故云『非有非無』。理亘始終，故云『非因非果』。從迷辨異，是故云『非』。」此乃對梵網經卷下「光光非青黄赤白黑、非色非心、非有非無、非因果法，是諸佛之本源、菩薩之根本、是大衆諸佛子之根本」中相應句子的解釋。隋慧遠撰大乘義章卷一〇三聚戒七門分别：「無作戒者，於彼宗中非色非心。以非形礙，所以非色；又非慮知，所以非心。」

〔二〕戒體：戒之體性，指受戒後内心所産生的防非止惡的持戒功能。舊譯「無作」，新譯「無表」。戒體雖由作禮乞戒等而生起，但發得之後即不假造作，恒常相續，故稱無作；其外相不顯著，故稱無表。

〔三〕明曠删補天台菩薩戒疏卷上：「諸大乘經無第三聚，不同聲聞律儀，非色非心以爲戒體。」智顗説摩訶止觀卷四上：「小乘明義，無作戒即是第三聚。大乘中，法鼓經但明色、心，無第三聚，心無盡故，戒亦無盡。若就律儀戒，論無作可解。」湛然述止觀輔行傳弘決卷四之一：「大乘中雖以心性而爲戒體，若發無作，亦依身口作戒而發，雖依身口，體必在心。」

廣博嚴浄經云：「若能持此經，具足一切戒。」〔一〕

校注

〔一〕見廣博嚴浄不退轉輪經卷六。

金剛三昧經明悟本覺者，「佛言：如是之人，不存二相。雖不出家，不住在家。雖無法服，雖不具戒，能以自心無爲自恣，而獲聖果。」〔一〕

校注

〔一〕見金剛三昧經入實際品。

大寶積經云：「文殊師利言：一切諸法，畢竟寂滅。心寂滅故，名究竟毗尼。」〔一〕又云：「若不得心，則不念戒；若不念戒，則不思慧；若不思慧，則無復起一切疑惑。既無疑惑，則不持戒；若不持戒，是則名爲真持戒也。」〔二〕

校注

〔一〕見大寶積經卷九〇。

〔二〕見大寶積經卷一〇四。

文殊師利所問經云：「若以心分別男女、非男非女等，是菩薩犯波羅夷。」〔一〕

校注

〔一〕見文殊師利問經卷上出世間戒品。波羅夷，又作「波羅闍已迦」等，意譯「他勝」「極惡」「斷頭」等，戒律中的根本極惡戒。玄應一切經音義卷二三：「波羅闍已迦，此云『他勝』，謂破戒煩惱爲『他』，勝於善法也。舊云『波羅夷』，義言『無餘』。若犯此戒，永棄清衆，故曰『無餘』也。」道宣四分律删繁補闕行事鈔卷中：「初言波羅夷者，僧祇義當極惡，三意釋之：一者，退没，由犯此戒，道果無分故；二者，不共住，非失道而已，更不入二種僧數；三者，墮落，捨此身已，墮在阿鼻地獄故。十誦云：墮不如意處。薩婆多解云：由與魔鬭，以犯此戒，便墮負處。四分云：波羅夷者，譬如斷人頭不可復起，若犯此法，不復成比丘故。此從行法非用爲名。又云：波羅夷者，無餘也。此從衆法絶分爲名。故偈云：諸作惡行者，猶如彼死尸，衆所不容受，以此當持戒。又名不共住者，不得於説戒、羯磨二種僧中共住故。」

菩薩瓔珞本業經云：「一切菩薩凡聖戒，盡心爲體，是故心亦盡，戒亦盡；心無盡故，戒亦無盡。」〔一〕

校　注

〔一〕見菩薩瓔珞本業經卷下大衆受學品。

大乘千鉢大教王經云：「一者如來一切心法，金剛自性，本來清浄，畢竟寂滅。菩薩若於大乘性中能持十重戒〔一〕者，覺心真浄，了見心性無染無著。是故菩薩能持十重戒者，是則名爲不壞毗尼。」〔二〕

校　注

〔一〕十重戒：指已發菩提心、具菩薩戒後應修持的十種重戒。無畏三藏禪要第十一十重戒門：「一者、不應退菩提心，妨成佛故；二者、不應捨三寶歸依外道，是邪法故；三者、不應毁謗三寶及三乘教典，背佛性故；四者、於甚深大乘經典不通解處，不應生疑惑，非凡夫境故；五者、若有衆生已發菩提心者，不應説如是法令退菩提心趣向二乘，斷三寶種故；六者、未發菩提心者，亦不應説如是法令彼發於二乘之心，違本願故；七者、對小乘人及邪見人前，不應輒説深妙大乘，恐彼生謗獲大殃故；八者、不應發起諸邪見等法，令斷善根故；九者、於外道前，不應自説我具無上菩提妙戒，令彼以瞋恨心求如是物，不能辦得，令退菩提心，二俱有損故；十者、但於一切衆生有所損害及無利益，皆不應作，及教人作，見作隨喜，於利他法及慈悲心相違背故。」

〔二〕見大乘瑜伽金剛性海曼殊室利千臂千鉢大教王經卷五。毗尼，又作「毗奈耶」「鼻奈耶」等，義譯「律」

「調伏」等，指戒律。

又，一切善惡等法，可軌可持，出經藏。觀心能研妙義，出論藏。

是以檀因心捨，圓清淨之施門；戒因心持，成自性之淨律；辱因心受，具無生之大忍；進因心作，備牢強之進門。能觀心性，名爲上定，則禪因心發；般若靈鑒，窮幽洞微，則智從心起，即六度門。故經云：「空心不動，具足六波羅蜜。」〔一〕何者？經云：無可與者，名爲布施〔二〕。豈心外有法，可住相〔三〕耶？經偈云：「戒性如虚空，持者爲迷倒。」〔四〕寧執事法分持犯耶？經云：「忍者，於一刹那盡一切相及諸所緣。」〔五〕又云：「何謂菩薩能行忍辱？佛言：見心相念念滅。」〔六〕豈可伏捺自心，對治前境而爲忍受耶？經偈云：「若能心不起，精進無有涯。」〔七〕又云：「何謂菩薩能行精進？佛言：求心不可得。」〔八〕寧著有爲妄興勞慮耶？經云：「不見心相，名爲正定。」〔九〕豈避喧雜而守静塵耶？經云：「不求諸法性相因緣，是名正慧。」寧外徇文言，强生知解耶？是知心外見法，盡名外道。故經云：「外道樂諸見。」〔一〇〕若直了自心，則不爲諸見所動。如經云：「菩薩無所見者，即無所有。無所有者，則〔一一〕一切法。」〔一二〕夫言無所見者，非是離一切法云無所見，即見一切法而無所見，以無所有即一切法，一切法即無所有故。首楞嚴經云：「法法何狀？」〔一三〕所

以經頌云：「若能除眼翳，捨離於色想，不見於諸法，則得見如來。」[二四]

校注

〔一〕見金剛三昧經無相法品。

〔二〕按，此非經文，而是對經義的概括。參後注。

〔三〕住相：指住相布施。鳩摩羅什譯金剛般若波羅蜜經：「菩薩於法應無所住，行於布施，所謂不住色布施，不住聲、香、味、觸、法布施。須菩提，菩薩應如是布施，不住於相。何以故？若菩薩不住相布施，其福德不可思量。」智顗説、灌頂記摩訶止觀卷二上：「金剛般若云：若住色、聲、香、味、觸、法布施，是名住相布施，如人入闇，則無所見。不住聲、味布施，是無相布施，如人有目，日光明照，見種種色。」有嚴注止觀輔行助覽卷一：「若計有施物、施者、受人，是名爲住。所得果報，止在人天。若達三事皆空，名無住相。乃是不住能施、不住所施、不住施物，故空。財物是色，音樂是聲，乃是衣物是觸，皆達能施心、所施塵、所受人，皆不可得，名無住相布施。」

〔四〕見大乘瑜伽金剛性海曼殊室利千臂千鉢大教王經卷七。

〔五〕見大寶積經卷五四。

〔六〕見思益梵天所問經卷一分別品。

〔七〕見敦煌本法句經普光問如來慈偈答品。

〔八〕見思益梵天所問經卷一分別品。

〔九〕見大般涅槃經卷二七，南本見卷二五。下一處引文同。

〔一〇〕見維摩詰所説經卷中文殊師利問疾品。

〔一一〕「則」，嘉興藏本作「即」。

〔一二〕見大般涅槃經卷二六，南本見卷二四。

〔一三〕見大佛頂如來密因修證了義諸菩薩萬行首楞嚴經卷三。

〔一四〕見實叉難陀譯大方廣佛華嚴經卷一六。

大足法師臨終題壁偈云：「實相言思斷〔一〕，真如絶見聞。此是安心〔二〕處，異學但云云。」〔三〕

校注

〔一〕「斷」，原作「取」，據顯密圓通成佛心要集卷上等引改。參後注。

〔二〕「心」，原作「安」，據顯密圓通成佛心要集卷上等引改。參後注。

〔三〕大足法師：不詳。此偈顯密圓通成佛心要集卷上引，云「古德云」，大方廣佛華嚴經談玄決擇卷五、釋摩訶衍論通玄鈔卷四等引，皆云「古師偈曰」，個别文字與此處不同：「實相言思斷，真如絶見聞。此是安心處，異學徒云云。」

音義

錙，側持反。　銖，市朱反。　慨，苦蓋反，慷慨。　悼，徒到反。　沮，子魚反。　孕，以證反。　肖，私妙反。　隙，去戟反，壁孔也。　曩，奴朗反。　廁，初吏反。　劬，其俱反。　罕，呼旱反。　繕，時戰反，補也。　澡，子浩反，洗也。　躭，丁含反。　湎，弥兗反，遠也。　惛，呼昆反，不明也。　蛤，古沓反。　厩，居祐反。　悛，此緣反。　劖，鋤銜反，刺也。　馴，詳遵反。　寬，苦官反。　邁，莫怪反，遠也。　嗤，赤之反，笑也。　餚，胡茅反。　毱，渠六反。　撩，落蕭反。　豁，呼括反。　酥，素姑反。　愈，以主反，差愈也。　寥，落蕭反，空也。　廓，苦郭反。　璨，倉案反。　捺，奴曷反，按也。

丙午歲分司大藏都監開板

宗鏡録卷第二十七

慧日永明寺主智覺禪師延壽集

夫身、受、心、法，俱無自性，了不可得，即四念處觀〔一〕；善、不善法，從心化生，即四正勤〔二〕；心性靈通，隱顯自在，即四神足〔三〕；信心堅固，湛若虚空，即五根、五力〔四〕；覺心不起，即七覺支〔五〕；直了心性，邪正不干，即八正道〔六〕；眼如乃至意如，心境虚融，即六神通〔七〕。所以舍利弗不達常寂三昧〔八〕，目連通不現前，説法不當〔九〕，以未得法空神通故。

校注

〔一〕四念處觀：即四念處，身念處（觀身不浄）、受念處（觀受是苦）、心念處（觀心無常）、法念處（觀法無我）。念即能觀之智，處即所觀之境。

〔二〕四正勤：即方便精勤於斷惡生善的四個方面，即已生惡令永斷、未生惡令不生、已生善令增長、未生善令得生。

〔三〕四神足：又稱四如意足，四種可以得到神通的定：欲定、勤定、心定、觀定。阿毗達磨集異門足論卷六：「四神足者，一、欲三摩地斷行成就神足；二、勤三摩地斷行成就神足；三、心三摩地斷行成就神足；四、觀三摩地斷行成就神足。」

〔四〕五根：謂信根、勤根、念根、定根、慧根。根者，出生善故。五力：信力、進力、念力、定力、慧力。體即五根，難屈伏故，離根別立。

〔五〕七覺支：謂擇法、精進、喜、念、定、捨、輕安等七種修行法。詳見本書卷九等注。

〔六〕八正道：謂正見、正思惟、正語、正業、正命、正念、正定、正精進等八種修習解脱境界的法門。

〔七〕六神通：天眼通、天耳通、知他心通、宿命通、身如意通、漏盡通。詳見本書卷六注。

〔八〕詳見維摩詰所説經卷上弟子品。敦煌遺書伯二〇四九卷維摩經疏卷三：「舍利弗聲聞人中智惠第一，以其不達常寂三昧，是故致呵。」

〔九〕詳見維摩詰所説經卷上弟子品。敦煌遺書伯二〇四九卷維摩經疏卷三：「目揵連神通第一，以其通不現前，説法不當，故亦被呵。」

台教云：「觀於一心欻有一切心，觀一切心倏無諸心，心無有無，通至實相，即神通也。」〔一〕

校注

〔一〕見智顗説妙法蓮華經文句卷一下。

義海云：「謂此塵無體，不動塵處，恒偏十方刹海，無來去之相，是神足通。不起于本座，徧遊於十方〔一〕。又，見塵法界無際而有理事教義，一切菩薩皆同證入，皆同修習此法，更無別路，是他心通。見塵法界解行現前之時，即知過去曾於佛所親聞此法，以觀心不斷，是故今日得了，是宿命通。又，見塵性空寂，無相可得，即不二見，若見相即爲二也，由無相即無有二，名天眼通。經云：不以二相見，名真天眼〔二〕。又，了塵無生，無性空寂，即執心不起，是漏盡通。經云：『斷結空心我，是則無有生。』〔三〕又，聞説塵法界差別之聲，即知一切聲全是耳，不復更聞也。然此聞無緣，無得於聲，悟一切法，是常聞一切佛法，爲天耳通。」〔四〕

校注

〔一〕佛馱跋陀羅譯大方廣佛華嚴經卷二九：「未曾離於一坐處，而能遍遊十方界。」

〔二〕維摩詰所説經卷上弟子品：「有佛、世尊得真天眼，常在三昧，悉見諸佛國，不以二相。」

〔三〕見金剛三昧經無生行品。

〔四〕見法藏述華嚴經義海百門種智普耀門第三。

金剛三昧經云：「大力菩薩言：『何謂存三守一，入如來禪？』佛言：『存三者，存三

解脱；守一者，守一心如。入如來禪者，理觀心如，入如是地，即入實際。』」〔一〕

校注

〔一〕見金剛三昧經入實際品。又，金剛三昧經入實際品：「三解脱者，虚空解脱、金剛解脱、般若解脱。」明圓澄注金剛三昧經注解卷三：「虚空解脱者，即是法身，猶如虚空，充塞十方，無乎不在，無形段可得，非邊表可求；金剛解脱，即是妙有，猶如金剛，入泥入水，不爲污損；般若解脱，即真空，破一切幻有。故是三者，非一非三而亦即三即一，故名不可思議也。」

華嚴經頌云：「佛子住於此，念念入三昧，一一三昧門，闡明諸佛境。」〔一〕

校注

〔一〕見實叉難陀譯大方廣佛華嚴經卷七七。

禪經序云：「質微則勢重，質重則勢微。如地質重故，勢不如水。水性重故，力不如火。火不如風，風不如心。心無形故，力最無上，神通變化，八不思議〔一〕，心之力也。」〔二〕

校注

〔一〕八不思議者，涅槃經以大海之八不思議譬涅槃，此處借譬心之力。大般涅槃經卷三二：「譬如大海，有八不思議。何等爲八？一者、漸漸轉深，二者、深難得底，三者、同一醎味，四者、潮不過限，五者、有種種寶藏，六者、大身衆生在中居住，七者、不宿死尸，八者、一切萬流大雨投之，不增不減。」

〔二〕出僧叡關中出禪經序，見出三藏記集卷九。

又，能、所融通，自、他一體，即四攝法〔一〕。不得身、口、意，常隨智慧行，即十八不共法〔二〕等。畢至得果受記，皆不離一心。如海龍王經云：「心淨無垢，則爲受訣。乃至〔三〕佛語龍王：其心意識無所住立，則爲受決。諸法如是，以無因緣諸法本諦，覺了諸法平等無異，則成無上正真之道。究竟求本，無有受決及成佛道，若授〔四〕決者，若受決已。所以者何？諸法無形，本末悉斷，皆無有主，一切諸法，從因緣轉。乃至諸法無二，用本一故。諸法本一，離若干故。」〔五〕乃至無量無邊教海行門，皆是自心發現，自心引出，終無一法一行從外而成。若起念外求，隨他勝境，悉是魔事。故經云：「作斯觀者，名爲正觀。若他觀者，名爲邪觀。」〔六〕

校注

〔一〕四攝法：布施攝（若衆生樂財則布施財、樂法則布施法）、愛語攝（隨衆生根性而善言慰喻）、利行攝（起身、口、意善行，利益衆生）、同事攝（以法眼見衆生根性，隨其所樂而分形示現）。攝者，攝受，謂菩薩欲化導衆生，須以此四法攝受，使其依附，然後導以大乘正道。

〔二〕十八不共法：唯佛所有，不與世共的十八種功德法。詳見本書卷六注。

〔三〕乃至：表示引文中間有删略。下一「乃至」同。

〔四〕「授」，嘉興藏本作「受」。

〔五〕見海龍王經卷三無焚龍王受決品。

〔六〕見維摩詰所説經卷下見阿閦佛品等。

故知心正事正，心邪事邪。若未達一心，觸途皆僞，正行亦成邪行，佛門變作魔門。若入宗鏡之中，無往不利，苦行亦成妙行，邪宗即是正宗。只如五熱炙身外道〔一〕一法，若了之，則勝熱〔二〕爲無分別智燄之門；若昧之，則尼乾作大我見嚴熾〔三〕之解。是以法無邪正，道在變通。如西天尼乾子〔四〕五熱炙身，生大邪見，佛弟子謂之言曰：「善男子，如世人駕牛車於路，欲速有所至，打牛即是？打車即是？」尼乾聞之，勃然作色。佛弟子曰：「善男子，牛喻於心，車喻於身，何得苦身而不修心？不用炙身，應當炙心。」〔五〕

校注

〔一〕五熱炙身外道：指六師外道中之阿耆多翅舍欽婆羅。其人起計，非因計因（本非得樂之因，而妄計此因能得樂），著麁皮衣，拔髮、煙熏鼻、五熱炙身等，以諸苦行爲道。五熱炙身，即身體曝曬於烈日之下，又於四邊燃火炙烤。澄觀撰大方廣佛華嚴經疏卷五七：「四面火聚者，更加頭上有日，即五熱炙身。」

〔二〕勝熱：即華嚴經所云善財童子五十三參中之第九位善知識。澄觀述華嚴經行願品疏卷五：「婆羅門名勝熱者，五熱炙身，勝彼熱故。具足梵音云『惹（原注：平聲）耶』，唐言『勝』；『鄔澀摩』，唐言『火熱』。表體煩惱熱成勝德故。」

〔三〕我見：即我執。成唯識論卷四：「我見者，謂我執，於非我法妄計爲我，故名我見。」真諦譯大乘起信論：「一切邪執，皆依我見，若離於我，則無邪執。」嚴熾：音譯「旃陁羅」，或云「旃荼羅」，屠夫、獄卒、劊子手等以屠殺爲業者。玄應一切經音義卷三：「謂屠煞者，種類之名也，一云主煞人，獄卒也。案西域記云：其人若行，則搖鈴自摽，或拄破頭之竹。若不然，王即與其罪也。」

〔四〕尼乾子：外道名。慧琳一切經音義卷二五：「尼乾子，此云『無繫』，是裸形外道，不繫衣食，以爲少欲知足者也。」又卷四五：「尼乾子，應云『泥揵連佗』，此云『不繫』，其外道拔髮露形，無所貯畜，以手乞食，隨得即噉者也。」

〔五〕大莊嚴論經卷二：「我昔曾聞，有比丘尼至賒伽羅國，於彼國中，有婆羅門五熱炙身，額上流水，胸、腋、懷中悉皆流汗，咽喉乾燥，脣舌燋然，無有涎唾。四面置火，猶如鎔金，亦如黃髮，紅赤熾然。夏日盛熱，以炙其上。展轉反側，無可避處，身體燋爛，如餅在鏊。此婆羅門常著縷褐，五熱炙身，時人因名號縷褐炙。時比丘尼見是事已，而語之言：『汝可炙者而不炙之，不可炙者而便炙之。』爾時，縷褐聞是語已，極生瞋恚而作是言：『惡剃髮者！何者可炙？』比丘尼言：『汝若欲知可炙處者，汝但炙汝瞋忿之心，若能炙心，是名真炙。如牛駕車，車若不行，乃須策牛，不須打車。身猶如車，心如彼牛。以是義故，汝應炙心，云何暴身？又復身者，如林如牆，雖復燒炙，將何所補？』」

華嚴經云：「復有十千緊那羅王，於虚空中唱如是言：善男子，此婆羅門五熱炙身時，我等所住宫殿諸多羅樹、諸寶鈴網、諸寶繒帶、諸音樂樹、諸妙寶樹及諸樂器，自然而出佛聲、法聲及不退轉菩薩僧聲，願求無上菩提之聲，云某方某國有某菩薩發菩提心；某方某國有某菩薩修行苦行，難捨能捨，乃至清浄一切智行；某方某國有某菩薩往詣道場；乃至某方某國有某如來，作佛事已而般涅槃。善男子，假使有人以閻浮提一切草木抹爲微塵，此微塵數可知邊際，我宫殿中寶多羅樹乃至樂器、所説菩薩名、如來名、所發大願、所修行等，無有能知其邊際。善男子，我等以聞佛聲、法聲、菩薩僧聲，生大歡喜，來詣其所。時婆羅門即爲我等如應説法，令我及餘無量衆生於阿耨多羅三藐三菩提得不退轉。」〔一〕

校注

〔一〕見實叉難陀譯大方廣佛華嚴經卷六四。

是以於一心正觀之中，最爲樞要，少用心力，成大菩提。故華嚴私記〔二〕云：此經中總是法身，作多種名字，如人天十善、五戒爲身，聲聞四諦、緣覺十二因緣、菩薩六度、佛種智爲身，身是聚義。於法身中，隨行位功德聚處名身。若有情身相，皆是法身所起；若無情國土，盡從佛智所現。終無纖毫於宗鏡外，別有異體而能建立。故經云：若一法是有非無，摩訶衍不能勝出。若更有一法，則不得稱獨尊獨勝，爲萬有之所依矣〔二〕。

校注

〔一〕按，日圓珍福州温州台州求得經律論疏記外書等目録，著録「華嚴經私記兩卷」，子注曰：「上、下，牛頭。」牛頭，即法融，傳見續高僧傳卷二一唐潤州牛頭沙門釋法融傳。詳見本書卷一九注。

〔二〕「經云」者，參見摩訶般若波羅蜜經卷六勝出品。

所以隨根不同，見有多種，遂於〔一〕十波羅蜜，五教不同：一、小乘教，不成波羅蜜；二、始教，要是菩薩種性人方有故，又各有體性，或説俱空；三、終教，一一皆從真如性功德起；四、頓教，一一皆不可説，謂不施不慳，乃至不智不愚等，一切皆絶，若十若六，皆悉亡言；五、圓教，一一圓融，具德無盡。

校注

〔一〕「於」，嘉興藏本作「爲」。

又，此十波羅蜜可以意得，一念相應心捨，則具十度〔一〕：捨而不取爲施，不爲諸非所污即戒，忍可非有爲忍，離身心相爲進，寂然不動爲定，決了無生爲般若，雖空不礙知相爲方便，希齊佛果是願，思擇不動爲力，決斷分明爲智。一念方寸，十度頓圓。

校注

〔一〕十度：六度（布施、持戒、忍辱、精進、禪定、智慧）外，第七、方便（善巧方便，自積功德，又濟度一切有情），第八、願（修上求菩提、下化衆生之大願），第九、力（行思擇力與修習力，謂思惟諸法而修習之），第十、智（修自利、利他之二智）。

故華嚴經中，七地菩薩念念具足十波羅蜜。是以十度若圓，八萬四千法門一時齊應。凡曰祖教，或淺或深，但即之於心，理無不盡。若心外行事，則取相輪迴，任歷三祇，終成妄想。是以儒童曰：「昔我於無數劫，國財身命施人無數，以妄想心施，非爲施也。今日以無生心五華施佛〔二〕，始名施耳。」〔三〕故華嚴經頌云：「設於無數劫，財寶施於佛，不知佛實相，此亦不名施。」〔三〕又云：「於一切善根，生自善根想。乃至〔四〕於一切行，生自行想。」〔五〕

校注

〔一〕遵式注肇論疏卷六：「言『五華施佛』者，經説佛因中昔名摩衲婆，此云儒童，買五莖優鉢羅華，即青蓮華，施然燈佛。此時心詣無生，三輪同寂，故然燈與記釋迦牟尼。」按，「經説」者，詳見佛本行集經卷三受決定記品。

〔二〕「儒童曰」至此，見肇論涅槃無名論動寂第十五。

〔三〕見實叉難陀譯大方廣佛華嚴經卷二三。

〔四〕乃至：表示引文中間有删略。

〔五〕見實叉難陀譯大方廣佛華嚴經卷五三。

夫一切差別事相，縱横境界，若於相上觀察，則行布難明；若於體内消融，悉皆平等。故先德云：「萬事驅〔一〕歸體處平，是非自向心中混。」所以傅大士頌云：「還原去〔二〕，心性不沉浮，安住王三昧，萬行悉圓收。」〔三〕

校注

〔一〕「驅」，明通潤述大乘起信論續疏卷下引作「須」。

〔二〕「還原去」，嘉興藏本作「返本還原去」。按，此頌出傅大士還源詩十二章之第十章，每章皆以「還原（源）去」開頭。

〔三〕見善慧大士語録卷三還源詩十二章，此爲第十章。

問：萬行唯心，則因心起行。夫道場法，則全在事相而修。云何總攝千途，咸歸一道？答：我此宗門一乘之妙，唯以一念心，照真達俗，成無上覺，名爲道場。何者？照真則理無不統，達俗則事無不圓。所以維摩經云：「一念知一切法是道場，成就一切智故。」〔一〕什法師釋云：「二乘法以三十四心〔二〕成道，大乘一念則確然大悟，具一切智也。」〔三〕肇法師解云：「一切智者，智之極也。明〔四〕若晨曦，衆冥俱照；澄若静淵，群像並鑒。無知而無所不知者，其唯一切智乎！何則？夫有心則有封，有封則有疆。封疆既形，則其智有涯。其智有涯，則所照不普。至人無心，無心則無封，無封則無疆。封疆既無，則其智無涯。其智無涯，則所照無際。故以一念一時，必知一切法也。」又，「道場者，實相理徧爲場，萬行通證爲道，則道無不至，場無不在。若能懷道場於胸中，遺萬累於身外者，雖復形處憒鬧，跡與事隣，乘動所遊，無非道場也」〔五〕。

校　注

〔一〕見維摩詰所説經卷上菩薩品。

〔二〕三十四心：即八忍、八智十六心，九無礙、九解脱十八心。忍即忍可、印證。八忍者，一、苦法忍，謂觀欲界苦諦之法而能忍可。二、苦類忍，謂以色界、無色界苦諦之法，比類欲界苦諦觀之，而能忍可。三、集法忍，謂觀欲界集諦煩惱之法而能忍可。四、集類忍，謂以色界、無色界集諦煩惱之法，比類欲界集諦觀之而能忍可。五、滅法忍，謂觀欲界滅諦之法而能忍可。六、滅類忍，謂以色界、無色界滅諦之法，比類欲界滅諦觀之而能忍可。七、道法忍，謂觀欲界道諦之法而能忍可。八、道類忍，謂以色界、無色界道諦之法，比類欲界道諦觀之而能忍可。　智即明了。八智者，一、苦法智，謂因觀欲界苦諦而斷見惑之智明發也。二、苦類智，謂以色界、無色界苦諦，比類欲界苦諦觀之而斷上二界見惑之智明發也。三、集法智，謂因觀欲界集諦而斷見惑之智明發也。四、集類智，謂以色界、無色界集諦，比類欲界集諦觀之而斷上二界見惑之智明發也。五、滅法智，謂因觀欲界滅諦而斷見惑之智明發也。六、滅類智，謂以色界、無色界滅諦，比類欲界滅諦觀之而斷上二界見惑之智明發也。七、道法智，謂因觀欲界道諦而其斷惑之智明發也。八、道類智，謂以色界、無色界道諦，比類欲界道諦觀之而斷上二界見惑之智明發。　無礙者，謂念念修觀斷惑，不爲惑所礙。九無礙者，欲界爲一地，色界初禪、二禪、三禪、四禪爲四地，無色界空處、識處、無所有處、非想非非想處爲四地，則三界共爲九地，每地各有九品思惑，於一一地修此無礙道以斷之也。　解脱即自在，謂惑業斷離，無所繫縛而得自在。九解脱者，欲界一地、色界四地、無色界四地，共爲九地。每地各有九品思惑，此惑既斷，即證解脱道。

〔三〕見注維摩詰經卷四。下一處引文同。

〔四〕「明」，諸校本及注維摩詰經作「朗」。

〔五〕出唐道液净名經集解關中疏（見敦煌遺書伯二一八八）卷上。

所以禪要經云：「棄諸蓋菩薩白佛言：『世尊，曾聞如來而坐道場，道在何處？爲近爲遠？而可見不？』佛言：『善男子，法身徧滿，無非佛土。十方世界、五陰精舍，性空自離，即是道場。云何問言爲近遠耶？善男子，若能悟解道在身心，如是之人，則名爲見。』」〔一〕

校　注

〔一〕按，此説見佛説禪門經。此禪要經者，即禪門經。參見本書卷二注。

諸法無行經云：「文殊師利言：『世尊，一切衆生皆是道場，是不動相。』『文殊師利，云何是事名不動相？』『世尊，道場者有何義？』『文殊師利，一切法寂滅相、無相、無生相、無所有相、不可取相，是名道場義。』『世尊，一切衆生不入此道場耶？』佛言：『如是，如是！』『是故，世尊，一切衆生皆是道場，名不動相。』」〔一〕

校　注

〔一〕見諸法無行經卷下。

華嚴經頌云：「如是一切人中主，隨其所有諸境界，於一念中皆了悟，而亦不捨菩提

行。」〔一〕

校注

〔一〕見實叉難陀譯大方廣佛華嚴經卷三一。

又，經云：「一剎那心，覺一切法，究竟無餘，是妙菩提。」〔一〕今亦不礙事相道場，以即法恒真，相在無相，理外無事，無相在相。又，無相在相，則隱顯同時；相在無相，則空有一際。

校注

〔一〕見説無垢稱經卷二菩薩品。

悲華經云：「雖修净土，其心平等，猶如虛空；雖行道場，解了三界，無有異相。」〔一〕斯則行事而不失理，照理而不廢事，事理無礙，其道在中。

校注

〔一〕見悲華經卷九。

是以觀和尚於一心門立十淨土，成十種如來，坐十種道場，說十種法門〔二〕：

一、金剛如來，在於金剛道場，能說金剛法門。以自心智，見我心性。此心從本來，永無諸相，猶如虛空，湛然不動。明見之心，名金剛如來。所說金剛法門者，如經偈云：「菩薩智慧心，清淨如虛空，無性無依處，一切不可得。」〔三〕所云十淨土者，如經云：「十方國土，皆如虛空。」〔三〕

二、解脱如來，在於無著道場，能說無著法門。有爲、無爲一切諸法相，皆從心出，無不心也。能出自心尚無體相，云何依心所出諸法有實體也？即體與相一味無別，有何所著？是名解脱如來。所說無著法門，如論云：「以一切法皆從心起〔四〕，一切分別，皆分別自心，心不見心，無相可得。」〔五〕

三、般若如來，在於無住道場，能說無住法門。經云：入三世間中，自身所住處，隨求之處，永無自性，故不得住相〔六〕。是故當知一切諸相，一無住之法，隨緣之時，相即相融，從無住本，立一切法。能解無住之心，名般若如來，恒說無住法門。

四、摩訶衍如來，於無礙道場，說無礙法門。譬如虛空不動，出生諸色，雖出諸色，不虛空外，唯空所作色，色空無礙，融無二相。修心亦然，理事無礙。理者心也，事者身也。從本已來，色心無二，如是身心無礙，名爲摩訶衍如來，說無礙法門。

五、菩提如來，在於無相道場，能説無相法門。經云：「四大無主，身亦無我。」〔七〕此離能所之相，名爲佛身。如是觀心不絶者，觀心行處，圓備實相，名菩提如來，一切衆生即菩提相故。

六、實際如來，在於無際道場，能説實際法門。所謂以自眼見小物時，其物相入於眼内，其物至微，以無内故，則含無外法界大相，以此知一刹那心見物相時，即後念心中無有物相，前心後念皆自心故。明知不動塵量，徧至法界，則自心實際，徧一切處。經云：「有所興業而有所作，即爲魔事。」〔八〕六根無所進，不行諸法，名平等精進。

七、真如如來，在於常住道場，能説常住法門。觀心周遊於塵刹中，湛然凝寂。此凝寂心，稱至於緣，不失本體，以是故盡未來際，值緣恒不動，故名常住法也。如經云：有爲、無爲一切諸法，有佛無佛，性相常住，無有變異〔九〕。

八、法界如來，在於法界道場，能説法界法門。法者，實相心。界者，依此心所出諸刹。譬如大海所生諸物，皆無不海。一切諸法，皆從實相心所生，皆無不心。是故當知眼中所見色、耳中所聞聲，皆真法也，以一切法唯一法故。如經云：「一切法唯一相故。」〔一〇〕

九、法性如來，在於法性道場，説法性法門。不分凡聖、善惡之法，名爲性。是不分法法界同〔一一〕中，重重無盡，一中解無量，法性無盡故。所以得知皆無盡者，法界中入一一緣覓時，盡未來際無所得故。

十、涅槃如來，在於寂滅道場，能説寂滅法門。一切法皆是涅槃，能得此意人者，於動作處，見寂滅法，不離生死，常得涅槃，不捨無常之身，恒得常身。經云：衆生如，一切法如，如無有生，如無有滅〔三〕。

以此義故，舉足下足，不離道場。於念念中，常作佛事。故知通達一念，法法周圓，諦了一心，門門具足。則無邊佛事，不出一塵矣。

校注

〔一〕觀和尚：當即澄觀。然此處所言「於一心門立十淨土，成十種如來，坐十種道場，説十種法門」者，出處俟考。

〔二〕見實叉難陀譯大方廣佛華嚴經卷五九。

〔三〕見維摩詰所説經卷下香積佛品。

〔四〕按，大乘起信論後有「妄念而生」，意謂一切法都是由心起妄念而生起。

〔五〕見真諦譯大乘起信論。

〔六〕按，此「經云」者，出處俟考。

〔七〕見維摩詰所説經卷中文殊師利問疾品。

〔八〕見魔逆經。

〔九〕「如經云」者，見新羅義湘撰華嚴一乘法界圖引。大般涅槃經卷二一：「若涅槃體本無今有者，則非無漏、常住之法。有佛、無佛，性相常住，以諸衆生煩惱覆故，不見涅槃，便謂爲無。菩薩摩訶薩以戒、定、慧勤修其心，斷煩惱已，便得見之。當知涅槃是常住法，非本無今有，是故爲常。」或即此「經云」者所本。

〔一○〕見實叉難陀譯大方廣佛華嚴經卷七一。

〔一一〕「同」，清藏本作「門」。

〔一二〕維摩詰所説經卷上菩薩品：「若以如生得受記者，如無有生；若以如滅得受記者，如無有滅。一切衆生皆如也，一切法亦如也，衆聖賢亦如也，至於彌勒亦如也。」

又，智身徧坐法性道場，法身非坐而坐道場，法門身安坐萬行道場，幻化身安坐水月道場〔一〕。智身者，即法性是所證，以能證智安處理故。證理之處，是得道之場。法身者，法身既無能所，故曰「非坐」。非坐之坐，湛然安住，名坐道場。法門身者，如云「布施是道場，不望報故」〔二〕等，以萬行爲得道之處，即是道場。幻化身者，涅槃經云：吾今此身，是幻化身〔三〕。則所得道處，如水中月。故昔人云：「修習空華萬行，安坐水月道場，降伏鏡像天魔，證成夢中佛果。」〔四〕意云若因若果，皆從緣生，如夢幻故〔五〕。

校注

〔一〕澄觀撰大方廣佛華嚴經疏卷四：「言『一切道場』者，略有十種：一、智身遍坐法性道場，二、法身非坐而坐道場，三、法門身安坐萬行道場，四、幻化身安坐水月道場。此四義便故來。若正約威勢身，略辯六類道場：一、遍一切同類世界道場，如名號品等説；二、一切異類世界，謂樹形等，如世界成就品；三、一切世界種中；四、一切世界海中，並如華藏説；五、一切微塵中，文云『如於此會見佛坐，一切塵中亦如是』等；六、剎塵帝網無盡道場。并前十種，故云『一切』。」

〔二〕見維摩詰所説經卷上菩薩品。

〔三〕大般涅槃經卷三三：「吾今此身，有老病死。」

〔四〕按，澄觀述大方廣佛華嚴經隨疏演義鈔卷一八引，已云「昔人云」。

〔五〕「又，智身徧坐法性道場」至此，詳見澄觀述大方廣佛華嚴經隨疏演義鈔卷一八。

是以若實若幻，皆是一心。以實是心之性，幻是心之相。以因了相虚，見自心性時，是得道之處，故云道場。如是解者，舉下之間無非道場矣。則念念皆成無盡法門，念念悉證法華三昧〔一〕。

校注

〔一〕法華三昧：是一種證悟真理的定境，三諦圓融的妙理分明現前，障中道的無明止息，攝一切法使歸實相。智顗說妙法蓮華經文句卷一〇下釋妙莊嚴王本事品：「法華三昧者，攝一切法歸一實相。」吉藏撰法華義疏卷一二：「心無所依，猶如虛空，不生心動念，故名無生法忍。雖空而有，縱任自在處處現身，即是普現色身三昧，三一開會，無所染著，即法華三昧也。」

如台教所明法華三昧者，即是四一：理一、教一、行一、人一。觀一心三諦，理一；一心三觀，行一；作是〔一〕觀者，人一；能詮觀境，教一。又，法身，理一；般若，教一；解脫，行一；和合三法成假名，人一，即觀行如來〔二〕。約六即位〔三〕，位位〔四〕四一；於一念中，念念四一。一色一香，無非四一。作如此觀行，何法不是法華三昧也〔五〕？何者？以教、理是心之所詮，人、行是心之所作，以俱不出一心故，云塵塵念念，皆是法華三昧。

校注

〔一〕「是」，原無，據法華文句記補。

〔二〕湛然法華文句記卷二下：「常觀三德，能、所皆四，法身，理也；般若，教也；解脫，行也。和合三法，成假名人，即觀行如來也。」

〔三〕六即位：天台圓教所立六種行位，即理即、名字即、觀行即、相似即、分真即（分證即）和究竟即。理即謂一切衆生悉住於佛性如來藏之理。名字即指聽聞一實菩提之說而於名字（名言概念）中通達解了，知一切皆爲佛法，一切皆可成佛之位。觀行即謂既知名字而起觀行，心觀明了，理慧相應，所行如所言，所言如所行之位。相似即謂止觀愈趨明静而得六根清浄，斷除見思煩惱，制伏無明，相似於真證者。即圓教内凡十信之位，又稱六根清浄位。分真即，又作分證即，謂分斷無明而證中道之位，即由十住、十行、十迴向、十地、等覺等位，漸次破除一品無明而證得一分中道者。究竟即，謂究竟諸法實相之位，此即妙覺位，爲圓教究竟極果。參見本書卷三七。

〔四〕「位」，原無，據法華文句記補。

〔五〕「觀一心三諦」至此，詳見湛然法華文句記卷二下。

問：既稱一心一身，云何立種種身相、種種法門？

答：斯乃萬化之原，一真之本，隨緣應用，猶如意珠；對物現形，若大圓鏡。是以能包萬像，是大法藏；出生無盡，是無盡藏；妙慧無窮，是大智藏；法法恒如，是如來藏。本性無形，是浄法身；體合真空，是虚空身；相好虚玄，是妙色身；妙辯無窮，是智慧身；隱顯無礙，是應化身；萬行莊嚴，是功德身。念念無滯，是入解脱法門；心心寥廓，是入空寂法門；六根自在，是入無礙法門；一念不生，是入無相法門。

又，此中旨趣，若相資，則唯廣唯大，演之無際；若相攝，則唯微唯細，究之無蹤。斯乃離有無而不壞有無，標一異而非一異，則四邊之火莫能燒，百非之垢焉能染？但隨緣顯現，如空谷響。故大涅槃經云：「譬如一人，多有所能，若其走時，則名走者；若收刈時〔一〕，復名刈者；若作飲食，名作食者；若治材木，則名工匠；鍛金銀時，言金銀師。如是一人，有多名字。法亦如是，其實是一，而有多名。」〔二〕

校注

〔一〕「時」，原作「者」，據嘉興藏本及大般涅槃經改。

〔二〕見大般涅槃經卷一三，南本見卷一二。

故知約用分多，體恒冥一。廬山遠大師〔一〕云：「唯一知性，隨用分多，非令〔二〕心外別有諸數。譬如一金，作種種器，非是金外別有器體。隨用別分受、想、行等，各守自相，得言有數。如金與器，非無差別，金器雖別，時無前後。心法如是〔三〕。若言定一，金時應當無其諸器；若言定別，器應非一金。心法一異，准此可知矣。」〔四〕

校注

〔一〕按，此慧遠，俗姓李，敦煌人，傳見續高僧傳卷八隋京師浄影寺釋慧遠傳。云「廬山遠大師云」者，誤。廬山慧遠，本姓賈，雁門婁煩人，傳見高僧傳卷六釋慧遠傳。

〔二〕「令」，原作「全」，據大般涅槃經義記改。

〔三〕按，「心法如是」後、「若言定一」前，大般涅槃經義記有：「今此且就事識論之。事識之中，義既如是，人聞不解，偏執成諍。聞説心外無別諸數，便言定一；聞説有數，便言與心迢然別體。」

〔四〕見隋慧遠述大般涅槃經義記卷九。

是以若但指金則失器，壞於世諦；若但指器則失金，隱於真諦。所以性淨隨染，舉體成俗，即生滅門；染性常淨，本來真淨，即真如門。斯則即淨之染，不礙真而恒俗；即染之淨，不破俗而恒真。是故不礙一心，雙存二諦〔一〕。乃至無量身雲、無量法門，隨義雖分，一心不動。

是以衆聖所歸，無非法也，法即心也，是以法能成佛。大報恩經云：「佛以法爲師。」〔二〕般若經云：我初成道，觀誰可敬、可讚，無過於法，法能成立一切凡聖故〔三〕。台教云：「若觀如來藏心地法門，即是觀如來眼、耳、鼻、舌、身、意，豁然真發，得見佛性，三智現前，三身具足。」〔四〕

校　注

〔一〕「性淨隨染」至此，見法藏述華嚴經探玄記卷一三。

〔二〕見大方便佛報恩經卷六。

〔三〕按，金光明經文句卷五引，云「般若云」。此爲撮述經意。

〔四〕見智顗説、灌頂記四念處卷四。

故知舒爲萬法，卷即一心，一中無量，無量中一。如華嚴經云：「爾時，文殊師利菩薩問德首菩薩言：『佛子，如來所悟，唯是一法，云何乃説無量諸法，現無量刹，化無量衆，演無量音，示無量身，知無量心，現無量神通，普能震動無量世界，示現無量殊勝莊嚴，顯示無邊種種境界？而法性中，此差别相皆不可得。』時德首菩薩以頌答曰：『佛子所問義，甚深難可了，智者能知此，常樂佛功德。譬如地性一，衆生各别住，地無一異念，諸佛法如是。亦如火性一，能燒一切物，火燄無分别，諸佛法如是。亦如大海一，波濤千萬異，水無種種殊，諸佛法如是。亦如風性一，能吹一切物，風無一異念，諸佛法如是。亦如大雲雷，普雨一切地，雨滴無差别，諸佛法如是。亦如地界一，能生種種芽，非地有殊異，諸佛法如是。亦如無雲曀，普照於十方，光明無異性，諸佛法如是。亦如空中月，世間靡不見，非月往其處，諸佛法如是。譬如大梵王，應現滿三千，其身無别異，諸佛法如是。』」〔一〕

校注

〔一〕見實叉難陀譯大方廣佛華嚴經卷一三。

故知此宗鏡一心之旨，名具足道，是圓頓門，就緣起則無邊，約真性則無二，一多交徹，存泯同時。如法藏法師云：「明不二者，若執塵與心爲一，遮言不一，以心所現，非無緣故；若執塵心〔一〕爲二，遮言不二，以離心外，無別塵故。一二無礙現前，方入不二。經頌云：『無二智慧中，出人中師子，不著一二法，知無一二故。』」〔二〕又云：「若以塵唯心現，則外塵都絶；若以心全現塵，則内心都泯。泯者，泯其體外之見；存者，存其全理之事。即泯恒存，即存恒泯。」所以一心總含萬有，萬有不異一心。

校注

〔一〕「心」，原無，據華嚴經義海百門補。

〔二〕見法藏述華嚴經義海百門實際斂跡門第二。下一處引文同。「經頌云」者，見佛駄跋陀羅譯大方廣佛華嚴經卷二三。

如起信論疏云：「所謂法者即衆生心者〔一〕，出其法體，謂如來藏心，含和合、不和合〔二〕二門，以其在衆生位故。若在佛地，即無和合義。以始覺同本，唯是真如，即當所顯義也。今就隨染衆生位中故，得具其二種門也。

「次、攝一切世出世法者，辯法功能，以其此心體、相無礙，染、淨同依，隨流返流，唯轉此心。是故若隨染成於不覺，即攝世間法；不變之本覺及返染始覺，攝出世間法。此猶〔三〕約生滅門辯。若約真如門者，即鎔融含〔四〕攝，染、淨不殊，故通攝也，下文具顯。

「三、依於此心，顯示大乘義者，釋其法名，謂依此一心宗本法上，顯示大乘三大〔五〕之義，故名此心以爲法也。別中二，先責總立難，後開別釋成。前中責有二意：一云心通染、淨，大乘唯淨，如何此心能顯大乘〔六〕之義？又云心法是一，大乘義廣，如何此心能示三義？釋意云：大乘雖淨，相用必對染成故。今生滅門中，既具含染、淨，故能顯也，以廢染之時，即無淨用故。此釋初意也。又，心法雖一，而有二門，真如門中示大乘體，生滅門中具示三大。大乘之義，莫過是三，是故依此一心，得顯三大之義也。」〔七〕

校注

〔一〕「所謂法者即衆生心者」，大乘起信論義記作「所言法者謂衆生心，總中三句，初、衆生心者」。真諦譯大乘起信論：「摩訶衍者，總説有二種。云何爲二？一者法，二者義。所言法者，謂衆生心，是心則攝一切世間法、出世間法，依於此心，顯示摩訶衍義。何以故？是心真如相，即示摩訶衍體故；是心生滅因緣相，能示摩訶衍自體相用故。所言義者，則有三種。云何爲三？一者體大，謂一切法真如平等不增減故。二者相大，謂如來藏具足無量性功德故。三者用大，能生一切世間、出世間善因果故，一切諸佛本所乘故，一切菩薩皆乘此法到如來地故。」

〔二〕「不和合」，原無，據大乘起信論義記補。
〔三〕「此猶」，原作「猶此」，據大乘起信論義記改。
〔四〕「含」，磧砂藏、嘉興藏本作「合」。按，大乘起信論義記作「含」。
〔五〕三大：指體大、相大、用大。參前注引真諦譯大乘起信論及後文引大乘起信論義記卷上。
〔六〕「大乘」，原無，據大乘起信論義記補。
〔七〕見法藏撰大乘起信論義記卷上。

又，「何故真如門中云『即示』、生滅門中云『能示』者，以真如是不起門，與彼所顯體大無有異相，詮旨不別，故云『即示』也。以是不起故，唯示於體也。生滅是起動門，染、浄既異，詮旨又分，能、所不同，故不云『即』也。『自體相用』者，體謂生滅門中本覺之義，是生滅之自體，生滅之因故，在生滅門中亦辯體也，翻染之浄相及隨染之業用並在此門中，故具論耳。是故下文釋生滅門內，是所顯示三大之義，意在於此。何故真如門中直云『體』、生滅門中乃云『自體』等者，以所示三大義，還在能示生滅門中，顯非別外，故云『自』也。」

「問：真如是不起門，但示於體者，生滅是起動門，應唯示相、用？

「答：真如是不起門，不起不必由起，由無有起故，所以唯示體；生滅是起動門，起必賴不起，起含不起故，起中具三大」〔一〕。

又，「問：真如、生滅二門既齊相攝者，何故真如門中唯示大乘體，不顯於相、用，生滅門中，具顯三耶？

「答：真如是泯相顯實門〔二〕，不壞相而即泯故，得攝於生滅，已泯相而不存故，但示於體也。生滅是攬理成事門，不壞理而成事故，得攝於真如，以成事而理不失故，具示於三大」〔三〕。

校注

〔一〕見法藏撰大乘起信論義記卷上。

〔二〕「門」，原作「相」，據嘉興藏本及大乘起信論義記改。

〔三〕見法藏撰大乘起信論義記卷中本。

「體大者，真性深廣，凡聖、染净，皆以爲依，故受大名。隨流加染而不增，返流除染而不減。又，返流加净而不增，隨流闕净而不減，良以染净之所不虧，始終之所不易，故云『平等不增減』也。相大者，二種如來藏〔一〕不空之義。謂不異體之相，故云性德，如水八德〔二〕，不異於水。用大者，謂隨染等〔三〕幻自然大用，報、化二身，麁、細之用，令諸衆生始成世善，終成出世善故也。下文顯之。何故唯言善、不云不善者，以不善法違真故，是所治

故，非其用也。若爾，諸不善法，應離於真。釋云：亦不離真，以違真故，非其用也。」〔四〕

校注

〔一〕二種如來藏：空如來藏、不空如來藏。勝鬘師子吼一乘大方便方廣經空義隱覆真實章第九：「世尊，有二種如來藏空智。世尊，空如來藏，若離、若脱、若異一切煩惱藏。世尊，不空如來藏，過於恒沙不離、不脱、不異、不思議佛法。」從義述摩訶止觀義例纂要卷四：「一者、空如來藏，亦云如實空也。二者、不空如來藏，亦云如實不空也。空如來藏，則諸相咸亡，無有差别。不空如來藏，則具諸色像，世、出世間河沙功德。（中略）空如來藏是遮，故法爾空中；不空如來藏是照，故三千恒具耳。」

〔二〕水八德：即八功德水。具體説法，略有不同。稱讚浄土佛攝受經：「何等名爲八功德水？一者、澄浄，二者、清冷，三者、甘美，四者、輕軟，五者、潤澤，六者、安和，七者、飲時除飢渴等無量過患，八者、飲已定能長養諸根四大。」阿毗達磨俱舍論卷一一：「一、甘，二、冷，三、軟，四、輕，五、清浄，六、不臭，七、飲時不損喉，八、飲已不傷腹。」

〔三〕「等」，大乘起信論義記作「業」。

〔四〕見法藏撰大乘起信論義記卷上。

鈔喻顯云：「一心如水，真如如濕，生滅如波。是水濕相，即示水體，是真如門；是水波相，能示水之自體、相、用。」〔一〕濕爲自體，八功德相爲相，鑒像潤物爲用，是生滅門。真如門是體，不説相、用；生滅門是相、用，故具説三大自體、相、用〔二〕。又，是知生滅是真如家相，真如是生滅家體，體、相雖異而不相離也。其猶波、水雖〔三〕異，豈得水在波外耶？豈得水不與波爲自體耶〔四〕？

校注

〔一〕按，此説見起信論疏筆削記卷六，故此鈔者，即當傳奧大乘起信論隨疏記，參見本書卷六注。

〔二〕「濕爲自體」至此，參見起信論疏筆削記卷六，故知亦當出鈔，也即傳奧大乘起信論隨疏記。

〔三〕「雖」，原作「離」，據清藏本及起信論疏筆削記改。

〔四〕「是知生滅是真如家相」至此，參見起信論疏筆削記卷六，故知亦當出鈔，也即傳奧大乘起信論隨疏記。

所以疏云「起含不起」者，且真如不起之門，舉體成於起動生滅之相。今起中含不起，猶水起成波，波含於水。於生滅門，由有起故，示相、用二大；由含不起故，示於體大也，故能具示之。又云「真如門唯示體」者，無相、用可示故；「生滅門具示三」者，事、理具足故。又云「如金莊嚴具」者，真如隨緣成生滅，生滅無體即真如。猶真金隨工匠之緣，成諸器物，器物無體，即是真金。應立量〔一〕云：真如、生滅二門是有法，互相攝故，是宗。因云：不相離故。同喻：如金莊嚴具。

又云「真不待立、俗不待遣」者，一、約真故無所遣，以俗即真故；二、約真故不待立，即俗之真本現故；三、約俗無所乖，真即俗故；四、約俗不待立，即真之差别故。由是義故，不壞生滅門，説真如門；不壞真如門，説生滅門。良以二門唯一心故，是以真俗雙融，無障礙也〔二〕。

校注

〔一〕立量：因明中以宗、因、喻三支立比量的作法，也就是提出一個完整的因明論式。宗、因、喻者，因明之三支。宗爲所立之義，即命題；因爲成宗之理由；喻爲助成宗之譬喻。喻有同、異：存宗、因二義之喻法爲同喻，無宗、因二義之喻法爲異喻。

〔二〕法藏撰大乘起信論義記卷中本：「一切法言，此中應成四句：一、約真無所遣，以俗即真故；二、約真不待立，即俗之真本現故；三、約俗無所乖，以真即俗故；四、約俗不待立，即真之俗差别故。由是義故，不壞生滅門説真如門，不壞真如門説生滅門，良以二門唯一心故，是故真俗雙融，無障礙也。」

釋摩訶衍論云：依本論，略具三門：一者、本法所依決定門，二者、根本攝末分際門，三者、建立二種摩訶衍門。論云「所言法者謂衆生心」者，即本法所依決定門。論云「是心即攝一切世間法、出世間法」者，即是根本攝末分際門。論云：一法界心，總攝一切生滅門法，是故名爲攝世間；總攝一切真如門法，是故名攝出世間。論云「依於此心，顯示摩訶衍義」者，即是建立二種摩訶衍門：一者、心真如門，二者、心生滅門；一者、一體摩訶衍，二者、自體自相自用摩訶衍。作一法界心真如門，即顯示一體摩訶衍法；作一法界心生滅門，能示自體自相自用摩訶衍法。乃至〔一〕依真如門，所趣入之摩訶衍法，唯立體名；依生滅門，所趣入之摩訶衍法，立自名。以真如門中無他相故，生滅門中有他相故。他謂一切不善品法，自謂一切清浄品法。若所對治他無，能對治自無，故唯言體，不説自焉；若所對治他有，能對治自有，故名言自，不説體焉〔二〕。

校注

〔一〕乃至：表示引文中間有删略。

〔二〕詳見筏提摩多譯釋摩訶衍論卷一。

又，「二種本法，各有十名，名通義别：「一者、名爲廣大神王。此中有二：一者、鳩那耶神王，二者、遮毗佉羅神王。第一神王住金剛山，一向出生吉祥神衆。第二神王住大海中，徧通出生一切種種吉祥神衆、過患神衆。二種本法廣大神王，亦復如是：一體本法，一向出生真如浄法；三自本法，自體、自相、自用，徧通出生一切種種清白品法、染汙品法。故自體契經〔一〕中作如是說：『文殊師利前白佛言：世尊，甚深極妙二種大乘，不覺同異，極疑衆心。如宜，世尊爲衆更說。佛造作相而告文殊言：善男子，如是二法，譬如金剛神王及主海神王，其相各差別，謂如金剛神王住金剛山，見諸境界唯現金光，不現餘光。真如一心金剛神王亦復如是，唯有浄法，無有餘法故。又如金剛王，唯出清浄眷屬，當不出生雜亂眷屬。真如一心，亦復如是，唯出生無垢清浄法故。復次，譬如主海神王住大海中，出生種種麄惡眷屬、種種善妙眷屬。生滅一心主海神王，亦復如是，出生一切染浄法故。』

「二者、名爲大虚空王。此中有二：一者、空自在空王，二者、色自在空王。第一空王以空容受而爲自在，第二空王以色容受而爲自在。二種本法，亦復如是：一體空王，以無住處而爲自在；三自空王，以有住處而爲自在。故金剛三昧契經中作如是說：『心如法理，自體空無。如彼空王，本無住處。』〔二〕地契經〔三〕中作如是說：『一心法體，於諸障礙無有障礙，令住諸法。譬如空王，於一切色得自在故，容受大種故。』

「三者、名出生龍王。此中有二：一者、出生光明龍王，二者、出生風水龍王。第一龍王以浄光明而爲依止，第二龍王以風水德而爲依止。二種本法出生龍王，亦復如是：一體本法，以純浄法而爲其體；三自本法，以染浄法而爲其德。故順理契經〔四〕作如是說：『一心本法，純一無雜。譬如光明龍王，以浄光明而爲宫殿，以浄光明而爲身相，以浄光明而爲徒衆。』無始契經〔五〕中作如是説：『譬如大海中，有大龍王，名曰出生風水，從其頭頂出生澄水，從其尾末出生澍〔六〕嵐。由是龍故，大海水常恒相續，無有斷絶。一心龍王，亦復如是，能生一切差别平等種種諸法，常恒相續，無有斷絶。』

「四者、名爲如意珠藏。此中有二：一者、金王如意，二者、滿主如意。第一如意唯出金剛，第二如意具足出生善、不善物。二種本法，亦復如是：一體如意，唯生浄法；三自如意，通生染浄故。如如契經〔七〕中作如是説：佛告金剛藏言：『佛子，譬如金翅鳥王命終，然後其心入海，爲如意珠，能生金沙，利益龍王。一心本法，亦復如是，能生真理，利益圓滿者。』本性智契經〔八〕中作如是説：『譬如遮多梨鬼爲報恩故，於萬劫爲如意珠，利益海生。一心如意，亦復如是，能生長生死及涅槃法故。』

「五者、名爲方等〔九〕。此中有二：一者、白毫方等〔一〇〕，二者、亂色方等。第一方等中唯現前天像，第二方等中通現五趣。如是二毫，衆生身分顯了分明，譬如明鏡。二種本法，亦復如是。故攝無量契經〔一一〕中作如是説：『清浄法界，如白必薩伊尼羅；無盡法界，如亂必薩伊尼羅故。』

「六者、名爲如來藏。此中有二：一者、遠轉遠縛如來藏，二者、與行與相如來藏。實際契經〔一三〕中作如是説：『佛子，如來藏者，唯有覺者，唯有如如，離流轉因，離慮知縛，一一白白，是故名爲如來之藏。』楞伽契經中作如是説：『如來藏者，爲善、不善因。受苦樂與因俱，若生若滅，猶如技兒故。』〔一三〕

「七者、名爲一法界。此中有二：一者、純白一法界，二者、無盡一法界。第一法界如空劫時，第二法界如住劫時。真如法界契經〔一四〕中作如是説：『空種無礙，如空長時。徧種無礙，如有長時故。』」

「八者、名爲摩訶衍義。一者、一體摩訶衍，二者、自體自相自用摩訶衍。廣如前説。

「九者、名爲中實。此中有二：一者、等住中實，二者、別住中實。第一中實如獨明珠，第二中實如順明珠。中實契經〔一五〕中作如是説：『離邊真心，若真如依，如異同珠。若生滅依，如同異珠故。』

「十者、名爲一心。此中有二：一者、是一是一心。二者、是一切是一心。第一一心隨所作立名，第二一心隨能作立名。一心法契經〔一六〕中作如是説：『爾時，舍利弗白佛言：世尊，本地脩多羅作如是唱：其心體性，非大非小，非法非非法，非同非異，非一非一切。何因緣故，今日自言真如一心，因一故一；生滅一心，因多故一？將非世尊無有前後相違過耶？佛言：善男子，莫作是説。所以者何？心法非一，因所作一，故假名爲一。心法非一切，因所作一切，故假名一切。而言一心、不説一切心者，隨能作心立其名故。』乃至廣説，是名爲十。如是十名，總諸佛一切法藏根本名字訖。」〔一七〕

故知總立一心，别含多義。真如門内，無自無他；生滅門中，有善有惡。隨緣開合雖異，約性一理無差。如上十門，義味方足。

校注

〔一〕釋摩訶衍論卷一：「摩訶衍論别所依經，總有一百。（中略）八者，自性自體經。」此自體契經，當即自性自體經。

〔二〕見金剛三昧經入實際品第五。

〔三〕釋摩訶衍論卷一：「摩訶衍論别所依經，總有一百。（中略）六者，無盡一地經。」此一地契經，當即無盡一地經。

〔四〕釋摩訶衍論卷一：「摩訶衍論别所依經，總有一百。（中略）二者，甚深順理經。」此順理契經，當即甚深順理經。

〔五〕釋摩訶衍論卷一：「摩訶衍論别所依經，總有一百。（中略）二十二者，無始經。」

〔六〕㵱：即「漂」，漂浮。慧琳一切經音義卷一〇：「漂没，上疋遥反，考聲云：漂浮也。没，沉也。説文：從水票聲也。經中加『寸』作『㵱』，愚夫妄加，不成字也。一切字書，並無從『寸』作者，宜除之。」

〔七〕釋摩訶衍論卷一：「摩訶衍論别所依經，總有一百。（中略）七者，清浄如如經。」此如如契經，當即清浄如如經。

〔八〕釋摩訶衍論卷一：「摩訶衍論別所依經，總有一百。（中略）十五者，本性智經。」

〔九〕「方等」，大正藏本釋摩訶衍論作「方寸」。據大正藏校勘記，高麗藏本釋摩訶衍論作「方等」。後四「方等」同。志福撰釋摩訶衍論通玄鈔卷一：「『五者、名爲方寸』者，謂是毫毛形方一寸故。次論云『如是二毫，譬如明鏡』，故云『方寸』。」

〔一〇〕志福撰釋摩訶衍論通玄鈔卷一：「『一者、白毫方寸』者，然此『毫』字，後人寫誤，應是『色』字。次引證中，唯是『白』『亂』二言有異，其『必薩伊尼羅』兩名全同，故知『毫』字誤矣。若爾，寧知『色』字非誤？答曰：準彼前後所翻諸名及此論云『五者、名爲方寸』，即譯『必薩伊尼羅』但名『方寸』，不言『毫』『色』二言之名。而憑述理，論云『第一方寸中，唯現前天像。（此則白色，非是白毫。）第二方寸中，通現前五趣』。（此則亂色）二皆現色，不言現毫，故知『色』字是的，『毫』字是誤。」

〔一一〕釋摩訶衍論卷一：「摩訶衍論別所依經，總有一百。（中略）十七者，攝無量經。」

〔一二〕釋摩訶衍論卷一：「摩訶衍論別所依經，總有一百。（中略）九十三者，法性實際經。」此實際契經，當即法性實際經。

〔一三〕楞伽阿跋多羅寶經卷四：「七識不流轉，不受苦樂，非涅槃因。大慧，如來藏者，受苦樂與因俱，若生若滅。」

〔一四〕釋摩訶衍論卷一：「摩訶衍論別所依經，總有一百。（中略）十六者，真法界經。」此真如法界契經，當即真法界經。

〔一五〕釋摩訶衍論卷一：「摩訶衍論別所依經，總有一百。（中略）二十一者，中實經。」
〔一六〕釋摩訶衍論卷一：「摩訶衍論別所依經，總有一百。（中略）十四者，一心法經。」
〔一七〕見筏提摩多譯釋摩訶衍論卷二。

又，開則無量無邊之義爲宗，合即二門一心之法爲要。二門之内，容萬義而不亂；無邊之義，同一心而混融。是以開合自在，立破無礙，開而不繁，合而不狹；立而無得，破而無失。是爲馬鳴之妙術，起信之宗體也。所謂開合立破而不繁不狹、無得無失者，良由即是心故。設離斯旨，無法施爲。若論正宗，非多非一。如天台涅槃疏云：「如是正業，不可言三，不可言一。言一則失用，言三則傷體，即體而用，即用而體。」〔一〕

校　注

〔一〕見灌頂撰大般涅槃經疏卷七。

問：既不可言三，云何説三？亦不可言一，云何説一？

答：宗非數量，非一非三；説徧恒沙，而三而一。疏云：「昔爲破邪，説一爲三，三不乖一。今爲破別，説三爲一，一不乖三。如此三一，乃是諸佛境界。」〔二〕故云「即體而用」，一不違三;「即用而體」,三不違一。體用自在,破立無礙矣。

校注

〔一〕見灌頂撰大般涅槃經疏卷九。

音義

欻,許勿反,暴起也。　倏,式竹反,倏忽也。　熾,昌志反。　繒,疾陵反。　礭,苦角反。　曦,許羈反,日光也。　憒,胡對反。　鬧,奴教反。　刈,魚肺反。　鍛,丁貫反。　曀,於計反,陰風也。　鎔,余封反。　鳩,居求反。　佉,丘伽反。　澩,疋眇反。　嵐,郎含反。

丁未歲高麗國分司南海大藏都監開板